Adolf Henze

Die Chirogrammatomantie

Verone

Adolf Henze

Die Chirogrammatomantie

1st Edition | ISBN: 978-9-92500-078-4

Place of Publication: Nikosia, Cyprus

Erscheinungsjahr: 2016

TP Verone Publishing House Ltd.

Nachdruck des Originals von 1862.

Vorwort.

Seit langer Zeit hat wohl Nichts so viel Interesse erregt, Nichts so sehr die persönliche Betheiligung zahlreicher Kreise hervorgerufen, als die Beurtheilung von Handschriften in der Illustrirten Zeitung. Tausende haben dieses moderne Orakel befragt, Tausenden ist geantwortet und Tausende haben die Wahrheit der ausgesprochenen Urtheile aus eigner Ueberzeugung bestätigt.

Läge es nun auch vielleicht im Interesse des Verfassers, sein Wissen als ein selten verliehenes Pfund geheim für sich zu bewahren, so ist doch die Ueberzeugung, daß er durch die Mittheilung seiner Lehre Vielen einen Dienst erweist, bei ihm überwiegend, und er veröffentlicht deshalb in vorliegendem Werke die Erfahrungen, die er innerhalb eines Zeitraumes von zwanzig Jahren auf dem Gebiete der Handschriftendeutung sich erworben hat.

Er hegt dabei nur einen Wunsch, den nämlich, daß die Chirogrammatomantie durch Anregungen und gemeinsame Mittheilungen, welche das Buch herbeiführen kann, die höchste Stufe der Ausbildung erreichen möge.

Die genannte Kunst, welche bisjetzt ohne klare Vorstellung von dem innern Wesen derselben verehrt wurde, ist hier zum ersten Mal in ein System gebracht worden, und ihre zahlreichen Anhänger werden somit in die eigentlichen Geheimnisse derselben eingeweiht.

Der Verfasser hat bei dieser Veröffentlichung seiner Lehre das volle Vertrauen, daß Jeder, der sein Werk mit Aufmerksamkeit benutzt, nicht allein von der Wahrheit der Chirogrammatomantie überzeugt wird, sondern auch die Befähigung erlangt, selbst Schlüsse zu ziehen.

Die neue Lehre wird voraussichtlich bedeutenden Nutzen bringen, da sie die Regeln angiebt, wie man die Anlagen und Fähigkeiten sowohl an sich selbst, als auch an Andern erkennen, ermessen und verwerthen kann. Und da das „Γνῶθι σ' αὑτόν" schon im Alterthume als die wichtigste aller Aufgaben galt, so hoffe ich, daß die Chirogrammatomantie, welche für die Erlangung solcher Selbsterkenntniß eines der wirksamsten Mittel ist, jetzt, wo Jeder sich mit ihren Grundsätzen vertraut machen kann, mehr und mehr zum Gemeingut werde.

Neu=Schönfeld bei Leipzig, im November 1861.

Adolf Henze.

Inhaltsverzeichniß.

Die Lehre von der Chirogrammatomantie.
Erster Abschnitt.

Fünfzehnter Abschnitt.

Achtzehnter Abschnitt.

Neunzehnter Abschnitt.

Zwanzigster Abschnitt.

Einundzwanzigster Abschnitt.

Die Chirogrammatomantie.

Einleitung.

—

I.

Geschichte der Chirogrammatomantie.

Die menschliche Natur formt sich in jedem Individuum anders,
mit anderer Abstufung und Mischung der einzelnen Menschheits=
attribute. Jeder individuelle Mensch hat also eine, der übrigen
organischen Welt fehlende Eigenthümlichkeit, die sein Ich aus=
macht, ihn in jeder Hinsicht mehr oder weniger von allen an=
dern Menschen unterscheidet, ihn, wie die Schwerkraft die Körper,
in jeder Lage immer gleichmäßig beherrscht und regelt, sich folglich
sowohl im Körper, wie auch in allem Thun und Lassen desselben
treu ausprägt und abspiegelt, somit das Individuum unbewußt
gewissermaßen consequent macht. All die möglichen, mehr oder
weniger oder gar nicht freiwilligen Aeußerungsformen bilden die
einzelnen Kapitel dieses autologischen und autobiographischen Bu=
ches. Wer es versteht, darin zu lesen und der Vorstellung
gegenüber, die doch die Zeichen theilweise verwischt, mikroskopische
Untersuchung anzustellen, der wird das Innere einer Person in
ihrem Individualismus oder Charakter leicht durchschauen können.
Dieser Seher — die Römer bezeichneten ihn sehr schön mit „vates",
was zugleich Dichter und Wahrsager ausdrückt — wird um so
größere Entschiedenheit erringen, je mehr er zur Deutung jener
geheimnißvollen Zeichen Fähigkeit, Beruf und Drang in sich verspürt.

1 *

Jene einzelnen Kapitel in dem räthselhaften Buche haben nun, um bei dem passenden Vergleiche zu bleiben, folgende Ueberschriften: 1) Handschrift, orthographisches System, Stil; 2) Kopfform; 3) Gesicht, Auge, Mund und Nase; 4) Geberden, Mienen und Attituden, Gang; 5) Wahl der Kleidung, Wohnung, Möbel, Freunde; 6) Rede, Stimme und Sprache; 7) Farbe und Beschaffenheit der Haare.

Es entsteht nun die Frage: Müssen alle diese Aeußerungsformen befragt und zu Zeugen aufgerufen werden, um gemeinsam ein Zeugniß zu geben von dem Besitzer jener Formen, oder wird das Bild ebenso klar, wenn wir nur einen dieser Seelen-Telegraphen in Bewegung setzen?

Da alle diese Aeußerungen von einem Wesen ausgehen und nur dieses eine Wesen wiederspiegeln, so ist es natürlich, daß auch jede einzelne Aeußerung, wenn wir diese überhaupt als Spiegel betrachten dürfen, ein und dieselbe Wahrheit sagen muß. Ein vollendetes Studium aller dieser physiognomischen Zweige wäre aber auch gar nicht möglich, da es unendlich schwer ist, es in einem derselben nur zu einer annähernden Untrüglichkeit zu bringen. Hierin liegt auch der Grund, warum Physiognomiker, die gleich das ganze Feld in Angriff nahmen, bald vergessen wurden und der Physiognomik trotz der gelehrten Abhandlungen nicht die verdiente Geltung erringen konnten.

Welches ist nun aber der reinste und klarste dieser sieben Spiegel? Offenbar derjenige, welcher dem geistigen Wesen am nächsten liegt und den Rapport zuerst zur Aeußerlichkeit bringt. Und diese wichtige Rolle spielt die Handschrift. Die Ausbildung der Handschrift beginnt gleichzeitig mit der Ausbildung des Geistes, sie wird fest, wenn der Charakter fest wird, ist krank, wenn ihr Gebieter krank wird, sie ist freudig, wenn dieser zur Fröhlichkeit gestimmt ist, ja sie begleitet ihren Besitzer sogar in den Stand und nimmt gern Nüancirungen an, welche dieser den Lebensthätigkeiten aufprägt. Und welcher Theil der Physiognomik vermag es, den Stand zu bestimmen? Einzig und allein die Handschrift. Es spricht dies laut für ihre Wichtigkeit und volle Berechtigung. Welche geistigen Richtungen, Neigungen, Studien u. s. w. werden hierdurch nicht sofort enthüllt, und wie schnell lassen sich dann die übrigen bemerkten Eigenschaften in Einklang bringen!

Die Handschrift ist der getreue und unverrückbare Zeiger einer geistigen Uhr, sie ist der wunderbare Telegraph des geistigen Wesens, sie giebt eine Daguerreotypie der inneren Werkstätte und liefert uns den Schlüssel zu den verborgensten Geheimnissen des Geistes und Herzens. —

So wahr dieser Satz auch ist, so bedurfte es doch eines langen Zeitraums, diesen Zauber zu lösen. Ehe ich nun zu dem Zeit=punkte meines Auftretens übergehe, unterlasse ich nicht, auch die Literatur der Chirogrammatomantie, so dürftig und mangelhaft sie auch vor meinem Auftreten gewesen ist, anzuführen.

A. Literatur der Chirogrammatomantie.

a. Bücher.

Camillo Baldo, De ratione cognoscendi mores et qualitates scribentis ex ipsius epistola, sive de divinatione epistolaria. Bologna 1664. (Auch in italienischer Sprache erschienen.)

· Prosperi Aldorisci ideographia. (Dieses zu Anfang des 17. Jahrhunderts erschienene Werk soll die Grundsätze der Kunst, aus der Handschrift zu urtheilen, ebenfalls wie jenes enthalten.)

L'art de juger du caractère des hommes par leur écriture. Paris 1812. 8. mit 42 Kupfern. (Eine Anzeige dieser Schrift nebst einem Probekupfer befindet sich im Morgenblatte 1813, Febr., S. 176.)

Bücher über Autographen.

Fontaine, Manuel de l'amateur d'Autographes.

Paignot, Recherches sur les Autographes.

Klemm, Zur Geschichte wissenschaftlicher Sammlungen, S. 291.

Handbuch für Autographensammler, bearbeitet von Dr. Günther und O. A. Schulz. Leipzig.

Organ für Autographensammler, herausgegeben von Dr. Gün=ther. Jena, Deistung.

Bücher mit Facsimiles, oder Nachbildungen von Handschriften.

Sammlung historisch berühmter Autographen, oder Facsimiles von Handschriften ausgezeichneter Personen der alten und neuen Zeit. Auf Stein geschrieben. Aus einer Sammlung von mehr als

10,000 Nummern nur das Ausgezeichnetste. Stuttgart 1845. in 4., 8 Hefte, jedes mit ungefähr 40 Tafeln (das Heft à 1 Thlr. 8 Ngr.).

Dorow, Facsimiles von Handschriften berühmter Männer und Frauen mit historischen Erläuterungen. Berlin 1836, mit 16 Lithographien. 4 Hefte (à 1½ Thlr.).

Natan, Facsimiles von Handschriften berühmter Personen. Utrecht 1837. (1 Thlr. 4 Ngr.) Mit 9 lithographirten Blättern und 2½ Bogen Text, mit historischen Erläuterungen, aus den Sammlungen des Freiherrn von Boshol 2c. zu Utrecht.

Album zur Erinnerung an die zweite Germanisten-Versammlung zu Lübeck, 113 Facsimiles. Lübeck 1848 (24 Ngr.).

Hufeland's Stammbuch, oder eigentlich Glückwunsch an den Staatsrath Dr. Christ. Wilhelm Hufeland in Berlin am Tage seiner Jubelfeier den 24. Juli 1833. Berlin. (1⅓ Thlr.) Enthält 3200 Facsimiles der Handschriften von Medicinern in Deutschland, meist seiner Schüler 2c.; es stellt nur den eigenhändigen Namenszug dar, wogegen Stand und Ort mit gewöhnlicher Schrift lithographirt sind.

Autographen-Pracht-Album, zur 200jährigen Gedächtnißfeier (den 24. Octbr. 1848) des westphälischen Friedensschlusses, mit 22 Steintafeln und 80 S. Text. Leipzig, 1849, Weigel. 2 Abtheilungen, à 6 Thlr. (10 Thlr.) Es enthält gegen 1000 Facsimiles der Namensunterschriften berühmter Männer jener Zeit vom Auftreten Huß' an bis zum Abschluß des westphälischen Friedens, sowie 24 Portraits in Holzschnitt.

(Eine kleine Anzahl von Facsimiles der vorzüglichsten Personen jener Zeit befinden sich bereits in einem ähnlichen Werke: „Weber's Geschichte der Augsburgischen Confession. Bd. 1, 1783.")

Nemethy, Das Schloß Friedland 2c. nebst Urkunden und 30 Facsimiles, Prag 1818.

In Halthaus' Album deutscher Schriftsteller, 1840 zum Buchdruckerfeste, sind die Namenszüge der Verfasser in Holzschnitt eingedruckt.

Deutsches Stammbuch. Autographisches Album der Gegenwart. Herausgegeben von Franz Schlodtmann.

––––––––––

De Murr, Chirographa personarum celebrium. E collectione C. Th. de Murr. I. Vinar. 1804. Auf 12 Tafeln 30 Handschriften von Fürsten und Gelehrten des 16. bis 18. Jahrhunderts. (à 1½ Thlr.) Fortsetzung ist nicht erschienen.

In Jasii Epistolae ad viros aetatis suae etc., Ulm 1774, befinden sich Kupfertafeln mit den Handschriften von 13 Gelehrten (Peutinger, Cochläus, Pirckheimer, Spalatin, Fischart 2c.), wahrscheinlich der erste Versuch dieser Art in Deutschland, der auch in Bezug auf Treue der Nachbildung sehr glücklich gerathen war.

Isographie des hommes célèbres, de lettres autographes etc. Paris 1827, par Bérard, Chateau etc., Paris 1828—30, welches in 3 Bänden die Nachbildungen von 634 Handschriften enthält.

Fontaine (P. J.), Manuel de l'amateur d'Autographes.

British autography, a collection of the handwriting of illustrious persons of Great-Britan, with their portraits. Published by G. Thane, Lond. 1788, in 3 Bänden, 12 Lieferungen, mit vielen Kupfern (248).

Correspondence of Sir John Sinclair, London (mit 200 lithographirten Facsimiles der berühmtesten Gelehrten Europas).

---

b. Abhandlungen und Aufsätze.

Lavater, Von dem Charakter der Handschriften; Thl. III seiner physiognomischen Fragmente, S. 110—116, mit mehreren Kupfertafeln.

Böttiger, Facsimiles; im Freimüthigen, 1805, Nr. 229, S. 498 ff.

Struve, Chirographignomik, oder die Kunst verschiedene Geistes- und Gemüths-Eigenschaften eines Menschen aus seiner Handschrift zu erkennen; im Freimüthigen, 1805, Decbr., Nr. 247, S. 570 ff.

Schlüter, Ueber Handschriften in physiognomischer Hinsicht; in dem Taschenbuche für 1814, herausgegeben von Raßmann; erster Jahrgang, Düsseldorf 1815. 16.

Höck, Ueber Handschriften und Facsimiles; in dessen Miscellen, 1814. Gmünd. 8. S. 246—256.

Ueber Handschriften berühmter Personen; in dem Göttingischen Taschenbuche auf das Jahr 1810. S. 81—85. Mit 2 Kupfern.

Die Autographen=Sammlungen; in der deutschen Viertel=
jahrsschrift 1842. Heft 1.

Die Autographen=Sammlung, Zeitbild von Hofr. v. Falken=
stein; im Dresdener Album, Dresden 1847 (zur Unterstützung der
erzgebirgischen Nothleidenden). S. 74—82.

B. Urtheile berühmter Männer über Handschriften.

Goethe's Urtheil über die Handschriftendeutung.

(Aus einem Briefe.)

Daß die Handschrift des Menschen Bezug auf dessen Sinnes=
weise und Charakter habe, und daß man davon wenigstens eine
Ahnung von seiner Art, zu sein und zu handeln, empfinden könne,
ist wol kein Zweifel, so wie man ja nicht allein Gestalt und Züge,
sondern auch Mienen, Ton, ja Bewegung des Körpers als bedeu=
tend, mit der ganzen Individualität als übereinstimmend anerkennen
muß. Jedoch möchte wol auch hierbei mehr das Gefühl, als ein klares
Bewußtsein stattfinden; man dürfte sich wol darüber im Einzelnen
aussprechen; dies aber in einem gewissen methodischen Zusammen=
hange zu thun, möchte kaum Jemand gelingen. Indessen da ich
selbst eine ansehnliche Sammlung Handschriften besitze, auch hierüber
nachzudenken und mir Rechenschaft zu geben, oftmals Gelegenheit
genommen, so scheint mir, daß ein Jeder, der seine Gedanken auf
diese Seite wendete, wo nicht zu fremder, doch zu eigener Beleh=
rung und Befriedigung, einige Schritte thun könne, die ihm eine
Aussicht auf einen einzuschlagenden Weg eröffnen. Da die Sache
jedoch äußerst complicirt ist und man selbst über die Stelle in
Zweifel schwebt, wo der Ariadnische Faden, der uns durch dies.
Labyrinth führen soll, anzuheften wäre, so läßt sich, ohne weit
auszuholen, hierüber wenig sagen. Da mir aber nicht unmöglich
scheint, daß man dasjenige, was man bemerkt und bedacht, auch
Anderen zu einer Aufmunterung und zu einer Fortbemühung gar
wol überliefern könne, so gedenke ich, aufgeregt durch Ihre Anfrage,
in dem nächsten Stück von Kunst und Alterthum so viel darüber
zu äußern, wie zu solchem Zwecke eine Sammlung anzulegen, zu
bereichern und einem zu fällenden Urtheile vorzuarbeiten sei. Nehmen

Sie einstweilen Gegenwärtiges als eine Versicherung meines An=
theils auch an solchen Betrachtungen freundlich auf und fahren in=
dessen fort mit Eifer zu sammeln 2c.

Weimar, 3. April 1820.

W. Goethe.

—————

Lavater schrieb an seinen Freund Goethe, als dieser für
Selbstschriften denkwürdiger Männer eine Vorliebe gewann: „Je
mehr ich die verschiedenen Schriften, die mir zu Gesicht kommen,
mit einander vergleiche, desto mehr bestärkt sich in mir der Ge=
danke, daß alle ebenso viele Ausdrücke oder Ausflüsse des Charak=
ters der Schreiber genannt werden können; denn in dem Augen=
blicke, wo sie entstehen, sind sie die Repräsentanten der Gedanken,
und müssen daher den Zustand der Seele dessen, der sie dem Papiere
anvertraut, wiedergeben.“

—————

In den physiognomischen Fragmenten sagt Lavater: „Das ein=
fachste Wort, das so bald hingeschrieben ist, wie viele verschieden
angelegte Punkte enthält es! aus wie mancherlei Krümmungen ist
es zusammengebildet! Wird diese Verschiedenheit aller Handschriften
nicht allgemein anerkannt? — Richten nicht sogar förmliche Tri=
bunale, die sonst auch die Physiognomie des ganzen Menschen ver=
warfen, über die Physiognomie der Handschrift? Das heißt: Setzt
man es nicht als die höchste Wahrscheinlichkeit voraus, daß —
seltene Menschen ausgenommen — jeder Mensch seine eigene, indi=
viduelle und unnachahmbare, wenigstens selten und schwer ganz
nachahmbare Handschrift habe? Und diese unläugbare Verschieden=
heit sollte keinen Grund in der wirklichen Verschiedenheit der mensch=
lichen Charaktere haben? Man wird einwenden: Ebenderselbe Mensch,
der doch nur Einen Charakter hat, schreibe oft so verschieden, wie
möglich. Ich antworte: Ebenderselbe Mensch, der doch nur Einen
Charakter hat, handelt oft, dem Anschein nach wenigstens, so ver=
schieden, wie möglich. Und dennoch ... selbst seine verschiedensten
Handlungen haben Ein Gepräge, Eine Färbung, Einen Gehalt.
Dem möchte aber auch sein, wie ihm wolle, so würde diese Ver=
schiedenheit der Schrift eines und desselben Menschen kein Beweis
wider die Bedeutsamkeit der Handschrift, sondern vielmehr ein klarer

Beweis dafür sein. Denn eben aus dieser Verschiedenheit erhellt, daß sich die Handschrift eines Menschen nach seiner jedesmaligen Lage und Gemüthsverfassung richte. Derselbe Mensch wird mit derselben Dinte, derselben Feder, auf demselben Papiere seiner Schrift einen andern Charakter geben, wenn er heftig zürnt — und wenn er liebreich und brüderlich tröstet. Wer will es läugnen, daß man es nicht oft einer Schrift leicht ansehen könne, ob sie mit Ruhe oder Unruhe verfaßt worden? Ob sie einen langsamen oder schnellen, ordentlichen oder unordentlichen, festen oder schwankenden, leichten oder schwerfälligen Verfasser habe? Sind nicht überhaupt alle weiblichen Handschriften weiblicher, schwankender, als die männ= lichen? Je mehr ich die verschiedenen Handschriften, die mir vor die Augen kommen, vergleiche, desto sicherer werde ich, daß sie phy= siognomische Ausdrücke, Ausflüsse von dem Charakter des Schreibers sind. — Alle Nationen beinahe haben Nationalhandschriften, — so wie sie Nationalgesichter haben, davon jedes was vom Charakter der Nation hat, und dennoch jedes von jedem so verschieden ist! Wohl verstanden: nicht den ganzen Charakter, nicht alle Charaktere, aber von manchen Charakteren viel, von einigen aber wenig, läßt sich aus der bloßen Handschrift erkennen.“

Knigge in seinem Werke „Ueber den Umgang mit Menschen“, Thl. I. K. 1. §. 61. sagt: „Alle Kinder, mit deren Erziehung ich be= schäftigt gewesen bin, haben nach meiner Hand das Schreiben ge= lernt; allein sowie sich nach und nach alle ihre Gemüthsarten entwickelten, brachte jedes von ihnen seine eigenen Züge hinein. Beim ersten Anblicke schienen sie alle einerlei Hand zu schreiben; wer aber genauer Acht gab und sie kannte, fand in der Manier des Einen Trägheit, bei andern Kleinigkeit, oder Unbestimmtheit, Flüchtigkeit, Festigkeit, Verschrobenheit, Ordnungsgeist, oder irgend eine andere Eigenthümlichkeit.“

Dr. Dorow, der Herausgeber der Facsimiles von Handschriften berühmter Männer und Frauen, behauptet in Bezug auf die oben citirten Worte Lavater's, daß auch er durch das Studium seiner Handschriftensammlung von der Wahrheit der Lavater'schen Lehre sich vielfältig zu überzeugen Gelegenheit gehabt habe und beruft sich

auf Goethe, der zu sagen pflegte, daß ihn das aus Hand=
schriften über den Charakter des Menschen hergeleitete Urtheil
selten betrogen habe, sowie auf Wilhelm von Humboldt, der die
Handschrift immer als etwas sehr Charakteristisches an dem Men=
schen betrachte.

Der bekannte Historiker v. Woltmann sagt: „Ich habe ein
großes Interesse an Handschriften und lege einen großen Werth
darauf; spähe gern in Schriftzügen wie in Gesichtszügen nach dem
Charakter des Menschen und mache meine Folgerungen daraus.
Die Schriftzüge verändern sich auch und altern wie die Gesichtszüge,
und die Mannichfaltigkeit der menschlichen Handschriften bei den
wenigen Zügen, aus denen unsere Schriftzeichen zusammengesetzt
sind, hat etwas nicht weniger Wunderbares, als die Mannichfaltig=
keit der menschlichen Physiognomien bei den wenigen Zügen, aus
denen das menschliche Gesicht gebildet ist. In beiden zeigt sich die
durchdringende Gewalt unserer Wesenheit.“

Der Reisende Kohl sagt in seiner Schrift: „Aus meinen
Hütten“, Band II, S. 91: „Ich hatte einen alten Bekannten,
der ein höchst redlicher, gerader, taktfester, etwas pedantischer
Mann nach antikem Style war. Seine deutlichen Buchstaben,
die sich unter einander vollkommen ähnlich sahen, standen fast ganz
senkrecht auf der Linie. Ich hatte einen andern alten Bekann=
ten, der ein sehr eigenthümlicher, dabei höchst offenherziger, ori=
gineller Charakter war, der fast Alles anders haben wollte, als
andere Menschen. Seine Buchstaben, obgleich sie alle deutlich waren,
standen statt von der Rechten zur Linken, wie es nach dem Bau
unserer Hand am natürlichsten ist, von der Linken zur Rechten.
Endlich hatte ich einen dritten, äußerst raschen, äußerst genialen,
äußerst flüchtigen Bekannten, dessen Buchstaben lagen so schief auf
der Linie, wie englische Pferde wenn sie wettrennen. Es schien,
als hätten alle seine Züge Flügel und flatterten nur wie seine
genialen Gedanken über das Papier dahin.“

Aus den Blättern für literarische Unterhaltung
Nr. 159. S. 635: „Abgesehen von dem Inhalte des Geschriebenen
übt die Handschrift auf ähnliche Weise wie, ohne Rücksicht auf die
Handlung, welche es darstellt, das Bild einer aus irgend einer
Rücksicht uns merkwürdigen Person einen magischen Reiz. Das
Pantogramm ist der Schlüssel, mit dem Kinder sich die Pforten der
Geisterwelt zu öffnen meinen, in den Schriftzügen eines großen
Mannes glauben wir den Zauber zu besitzen, der uns das Geheim-
niß seines Geistes erschließen soll. Mit welchem Rechte wir dies
glauben? die Antwort liegt nahe. Mit demselben Rechte, mit dem
wir überall aus dem Zufälligen, Besondern das Nothwendige und
Allgemeine zu errathen, zu erklären und zu erkennen suchen. Ist
nicht das ganze Erdenleben mit all seinen Träumen und Thaten,
seinen Wünschen und Hoffnungen, seinen Leidenschaften und Con-
vulsionen ein Gewebe von Zufälligkeiten? Aber das Auge des
Dichters, des Philosophen erblickt darin den nothwendigen geistigen
Zusammenhang; in seinem Geiste ordnet sich das Zerstreute, Todte
zu einem lebensvollen Ganzen, das in tausend verschiedenen Gestalten nur die eine, aber in tausend verschiedenen Richtungen ent-
faltete Idee ausspricht. Aus jedem einzelnen Bestandtheile muß
sich, da der Weltbau kein mechanisch zusammengesetztes, sondern ein
organisch gegliedertes Ganze ist, das All erkennen lassen; nur sind
wir noch nicht dahin gekommen, diese Erkenntniß in uns zur Anschauung, zum klaren Bewußtsein zu bringen und müssen anstatt
desselben mit dunkeln Ahnungen uns begnügen, welche zwar gleich-
falls die Wahrheit enthalten, aber nur gar zu oft in Form des
Irrthums.“

C. Adolf Henze,
der Begründer der Chirogrammatomantie.

Es war im Jahre 1851, als ich mit der „Illustrirten Zeitung“
in Verbindung trat und für dieses Journal verschiedene Beiträge
lieferte. Daß ich sehr bald zur Cultivirung meiner angebornen
Neigungen in diesem Blatte, das ich sowohl wegen seiner großen
Verbreitung, als auch wegen seiner achtunggebietenden Stellung
ganz vorzüglich geeignet fand, einen Raum zu gewinnen wünschte,

lag nahe. Um den Boden zu sichten, gab ich zunächst einige autographische Aufgaben, die bei den Lesern eine höchst günstige Aufnahme fanden. Durch diese Aufgaben wurde so mancher Leser auf
seine eigene Handschrift aufmerksam gemacht und zu Vergleichen
veranlaßt. Wenn dabei der Wunsch rege wurde, auch mein Urtheil
zu vernehmen, so finde ich dies rein menschlich und ganz natürlich.
Endlich wagte es Einer, mich anonym um diese Gefälligkeit zu
bitten. Ich gestehe, daß ich niemals Etwas lieber gethan habe, als
dies! Schon in der nächsten Nummer las man das gewünschte
Urtheil über die Handschrift. Das war das Zeichen zum Sturm!
Jeden Tag kamen nun Hunderte von Briefen, die sämmtlich den
stereotypen Satz: „Ich bitte um Beurtheilung meiner Handschrift"
und obligate Bitten um Beförderung enthielten. Casinos und Gesellschaften, Tauf- und Hochzeitsgäste, Familien und Badegäste
beschrieben, dieweil sie gerade so hübsch beisammen waren, fein
säuberlich ein parfümirtes Stück Papier und sandten es hin gen
Leipzig zu dem modernen Orakel. Der Verleger der Illustrirten
Zeitung, Herr J. J. Weber, der diesen Sturm eben so wenig erwartet hatte wie ich, sah vorläufig mißtrauisch darein, jedenfalls in
der Absicht, diesem Orakel Halt zu gebieten, sobald auch nur eine
Stimme dagegen sein würde. Um hinter die Wahrheit zu kommen,
mischte er wohl auch ihm bekannte und befreundete Handschriften
den von auswärts eingehenden unter. Nachdem aber immer und
immer wieder Bestätigungen der Richtigkeit meiner Urtheile eingegangen und die Urtheile von den bekannten Persönlichkeiten so
überraschend wahr und treu geschildert waren, während auch nicht
eine Stimme sich gegen die Richtigkeit aussprach, beförderte er gern
die Ausbildung dieser neuen Lehre. Und so entstanden denn jene
weltbekannten „Handschrift-Beurtheilungen", die fünf Jahre
hindurch in allen fünf Welttheilen wahrhaft Furore machten. 60,000
Handschriften gingen in jener Zeit zu diesem Zwecke ein. Keine
Stadt, in der man sich nicht von diesem Herrn oder jener Dame
erzählte, daß ich sie mit Ysop besprengt und ihnen aus meinem bekannten Sprichwörter- und Verslein-Vorrathskästlein so einige
wirksame Magenessenzen mit auf den Weg gegeben. Heute noch
besuchen mich Einheimische und Fremde, die mit dem sonderbarsten
Mienenspiele an diese oder jene süßsaure Schmeichelei erinnern.
Neulich noch trat ein Offizier bei mir ein..... „Wie gefällt Ihnen

mein Haar, mein Herr?" "„Sie müssen ein vortreffliches Bartpech haben!"" „Ihre Consequenz gefällt mir", fügte er seltsam lächelnd hinzu, „wissen Sie auch, was Sie einst in Ihrer Beurtheilung meiner Handschrift über meinen Bart gesagt? Zu diesem zu= sammengepichten Barte ist Grog das Bindemittel ge= wesen!" Beiderseits homerisches Gelächter.

Damit die Geschichte der Chirogrammatomantie auch für spätere Zeiten vollständig sei, darf ich nicht unterlassen, auch eine kurze Biographie von mir zu geben.

Als ich geboren ward — es war am 24. Juni 1814 — war es Feiertagsstille, es blühte die Johannisblume, und die Straßen waren wegen des kirchlichen Umgangs mit Aurikeln, Aglei und blauem Hollunder bestreut. Vielleicht daß dieser erste Eindruck auf den jungen Erdenbürger einen poetischen Eindruck gemacht, möglich, daß dieser Blütenhauch der Sonntagsnatur auch seinem Gemüthe jene feierliche Stimmung gab, die noch jetzt in ungetrübter Frische sein schönstes Eigenthum ist.

Meine Geburtsstadt — Volkmarsen in Kurhessen — liegt am Abhange einer sagenreichen Ruine und ist rings umgeben von lus= tigen Bergen, frischen Thälern und grauenden Feldkapellen. Dort war der Platz, einen griechischen Himmel zu träumen und der keimenden Phantasie Stoff zu bieten. Heute in den dunkelsten Tannenschluchten, morgen auf sonnverbrannter Bergeskuppe.

Als ich im vierten Jahre in die Schule kam, erstaunte der Lehrer nicht wenig, daß ich schon vollkommen schreiben konnte. Mein Sinn für Schreibekünste war überhaupt so vorherrschend, daß ich stets, wo ich ging und stand, mit dem Zeigefinger die Buch= staben in die Luft malte. Bereits im siebenten Jahre legte ich unbewußt eine Probe ab von der schlummernden Neigung, durch die ich jetzt bekannt geworden bin. Ein Mitschüler hatte auf den Schulrock des Lehrers ein „a" gemacht. Die ganze Schule wurde ver= hört, und da der Thäter sich nicht bekannte, Jeder mit gleicher Strafe bedroht. Ich hatte zwar nicht gesehen, wer der Missethäter gewesen war, fand es aber von dem Lehrer unbegreiflich, daß derselbe die Schrift nicht erkannte, und höchst naiv mochte es klingen, als ich meinte: „Fragen Sie doch einmal den X!" Auf Befragen stotterte dieser wie Tobias Schwalbe: „Ich will's gestehen, ich bin's gewesen, will's aber gewiß nicht wiederthun!"

Das zehnte Jahr war angetreten und „die schönen Tage von Volkmarsen" sollte ich auf dem Progymnasium zu Warburg, einer Lehranstalt in Preußen, fortsetzen. Auch da blieb sich der angeborne Sinn für Schreibkünste gleich, — ich schrieb schön und war nicht wenig stolz, als mein damaliger Professor Manegold am Schlusse des Jahres bei der öffentlichen Preisvertheilung, nachdem ich bereits die Prämien für fast alle Unterrichtsgegenstände in den Händen hatte, launig hinzufügte: das „docti male pingunt" scheint sich bei unserm H. nicht zu bethätigen.

Das Progymnasium zu Warburg wurde verlassen und das Lyceum zu Fulda bezogen. Fulda war geeignet, der Richtung meines Geistes Nahrung zu geben. Das kirchliche Gesicht und die malerische Umgebung dieser Bischofsstadt mit ihrer Bonifaciusgruft erfrischten die Lieder meiner Jugend.

Drei Jahre vergingen und ich that einen verhängnißvollen Gang — den Gang zum Priesterseminar —, ich studirte Theologie. Sie fand in mir ein empfängliches Gemüth, ihre Poesie fand ebenso in jener freudigen Erhabenheit, wie in den Klageliedern des Jeremias Anklang in meinem Innern. Und hier, nachdem ich in diese geräuschlosen Klostermauern aufgenommen, bildete ich mir die ersten Theorien aus meinen Erfahrungen: den Charakter des Menschen aus dessen Schriftzügen zu beurtheilen. Und in diese Periode gehört nun die merkwürdigste Regel der Chirogrammatomantie: Wer verschiedene Handschriften schreiben kann, ist auch zu Verschiedenem befähigt, — und da diese Regel mir das dreifach zugestand, mir überhaupt die praktische Seite des Theologen weniger zusagte, so sagte ich der Kirche Ade.

Meine Verhältnisse waren der Art, daß ich mich mit Ruhe und Muße der liebgewordenen Neigung widmen konnte, ich bildete täglich neue Regeln, und alle meine Werke, die ich in der langen Reihe von Jahren erscheinen ließ, tragen mehr oder minder dies Gepräge und diese Richtung.

Mit dem Jahre 1850 begann für die Chirogrammatomantie eine neue Epoche. Ich lieferte für die Illustrirte Zeitung einige Aufsätze über meine Wissenschaft und trat bald nachher in derselben mit Beurtheilungen von Handschriften auf. Meine Sicherheit und unumwundene Sprache fanden aber auch einen solchen Anklang, daß bis jetzt an 75,000 Handschriften zur Beurtheilung einliefen.

Ich bin weit entfernt, meiner Eigenliebe zu schmeicheln, aber das darf ich im Interesse der Sache sagen, daß es wohl keine deutsche Stadt giebt, in der sich nicht seltsame Gerüchte über das Zutreffen der Beurtheilungen herumtragen.

Zu Anfang des Jahres 1860 wurden die sächsischen Behörden auf mein Wirken aufmerksam. Wiewohl man schon längst von der Wichtigkeit der Handschrift in gerichtlichen Fällen überzeugt war, so hegte man doch einiges Mißtrauen gegen die Kunst der ver= pflichteten Schriftvergleicher, weil es diesen theils an Uebung fehlte, theils aber auch, weil Fälle vorgekommen, in denen sich zwei solcher Sachverständige geradezu widersprachen. Einige interessante und wichtige Fälle, die ich damals zum Erstaunen der Behörde löste, erwarben mir ein ehrenhaftes Zeugniß, das durch alle sächsischen Blätter zur Kenntniß der Behörden gebracht wurde. Ich schrieb darauf eine Broschüre: „Das Central=Bureau für gerichtliche Hand= schrift=Vergleichungen", und wurde in Folge dessen nicht allein bei königl. sächsischen Gerichten, sondern auch von siebenzehn verschie= denen Staaten den Behörden für wichtigere Handschrift=Vergleichun= gen aufs Wärmste empfohlen.

Ich werde meinem Berufe bis an mein Ende treu bleiben und abwechselnd heute der ernsten Göttin der Gerechtigkeit und morgen der heitern Kunst der Pythia meine Dienste widmen.

Ich habe nun noch einige Worte über die Benennung meiner neuen Lehre hinzuzufügen.

Wegen der Benennung

Chirogrammatomantic

haben schon Viele interpellirt. Ich gestehe selbst, daß ich meine Wissenschaft kürzer und leichter zu benennen wünschte, da das Aus= sprechen dieses Wortes manche Verlegenheit und manche lächer= liche Mund= und Zungenverdrehung hervorgebracht hat. Indessen — eine Veränderung ist leichter gedacht, als ausgeführt. Meine neue Wissenschaft umfaßt die Lehre: den Charakter des Menschen aus der Handschrift zu beurtheilen, womit das kurze Wort: „Hand= schriften=Deutung" ungefähr gleichbedeutend wäre. Unter den be= zeichnenden Benennungen, die sich mir vorstellten, führe ich an:

Chirographignomik, Grapheodiagnosie, Chirographomantik, Grammatomantie, Selbstschrift = Forschung, Chirogrammatoskopie, Chirogrammantie.

Vielleicht wäre es besser, nach Analogie des Wortes Cranioskopie auch zu sagen: „Chirogrammatoskopie,“ denn in σκόπειν liegt eigentlich, daß durch Scharfsichtigkeit und Anstrengung Etwas erspähet wird, was nicht einem jeden deutlich in die Augen fällt. Freilich hatte ich dagegen doch zu erinnern, daß dieses Wort auch vom Wahrsagen gebraucht wird, z. B. im Worte Horoskop und Chiroskopie.

Obwol in der von mir gewählten Benennung: „Chirogrammatomantie“ der Begriff des Wortes μαντεία, divinatio, zunächst darauf hindeutet, daß gewisse Menschen die Gabe besitzen (vis divinandi), den Willen der Gottheit zu erkennen, sei es auf dem Wege der völlig unmittelbaren Wahrnehmung (die μαντεία ἄτεχνος) oder auch auf dem Wege der observatio und conjectura der von der Gottheit gegebenen Zeichen (die μαντεία ἔντεχνος), so findet doch hierbei ein gewisses Urtheilen statt und ist dieselbe hauptsächlich Sache des Wissens, selbst bei Zugrundelegung des Gedankens, daß diese priesterliche Person auch eine mit der Gottheit in besonderem Verkehr stehende Person sei und daher auch von ihr zu seinem Divinationsgeschäft mit einem χάρισμα versehen und mit göttlichem afflatu inspirirt. Behalten wir also jenen Namen, auf den wir die neue Lehre von Anfang an getauft, auch für alle ferneren Zeiten bei.

Es bleibt uns nun noch übrig, aus den vielen Hunderten von

bestätigenden Briefen

nur eine kleine Anzahl solcher, in denen die Wahrheit meiner Beurtheilungen ausführlich entwickelt wird, anzuführen. Obgleich sie Beiträge sind zu der spätern Rubrik: „Berechtigung und Wahrheit der Chirogrammatomantie“, so gehören sie doch meiner Zeit an und bilden einen Theil der Geschichte der Chirogrammatomantie.

1.
Herr G. v. K. in H.

„... Am wunderbarsten überraschte mich aber Ihre Bemerkung, daß meine Handschrift, beurtheilt in Nr. 428, Jahrg. 1851, leb-

haft an jene des Friedr. v. Gentz erinnere; denn erst im vorigen
Sommer, wo ich zunächst durch dessen Biographie, Schriften und
Briefe genauer mit diesem eigenthümlichen Manne bekannt wurde,
schrieb ich einem Freunde, daß, wenn ich mich mit irgend einem
hervorragenden Manne vergleichen wollte, mir noch keiner in der
ganzen Geschichte vorgekommen wäre, dessen Wesen mit dem meinen
bis in die kleinsten, tief innerlichsten eigensten Nüancen so gleichmäßig zusammentreffe, selbst keinen seiner Fehler abgerechnet, wie
ich leider gestehen muß."

(Aus dem Briefwechsel der Illustrirten Zeitung, Jahrg. 1851, Nr. 434.)

2.

Herr P. in Dp.

„Ihre Enthüllungen grenzen ans Unglaubliche. Nr. 34
(Illustr. Ztg., 1851, 433) ist der gemüthlichste Mensch unter der
Sonne und stickt wirklich ebenso hübsch, wie seine Frau." (In
meiner Beurtheilung heißt es: Eine sich dem weiblichen Typus
nähernde Handschrift und deshalb sich annähernd den Eigenschaften,
welche dem weiblichen Geschlechte eigen sind. Gemüthlich, häuslich.
Wir behaupten, daß Sie trotz der geschicktesten Frau sticken können.)
„Es ist in der That etwas Dämonisches um die Wissenschaft, aus
dem unscheinbaren Gewande seiner Handschrift den Menschen nackt
und ungeschminkt, wie ihn die Natur in die Wiege legte, herauszufinden, ich möchte sagen herauszuschälen, eine feine, dankbare
Wissenschaft."

(Aus dem Briefw. d. Illustr. Ztg., Jahrg. 1851, Nr. 435.)

3.

Herr C. Z. in B.

„Niemals hätte ich geglaubt, daß Sie aus der Handschrift
eines Menschen diesen so treffend charakterisiren könnten." (Nr. 44
der beurtheilten Handschriften in Nr. 434 der Illustr. Zeitung.) „Ich
habe herzlich lachen müssen, daß Sie meine wirklich schwache Seite,
meine Streitsüchtigkeit, so schonungslos bloßlegten. Daß ich
Kaufmann bin, trifft zu, ebenso, daß ich eine große Vorliebe für
die alte Geschichte habe" u. s. w.

(Aus dem Briefw. der Illustr. Ztg., Jahrg. 1851, Nr. 438.)

4.

Herr L. G. in Czernowitz.

„Es war am 18. d. M., einem Tage, einem kalten, als ich
Nr. 436 der Illustrirten hab' erhalten, am selben Tage ward ich
geladen zu Thee und Spiel, wo ich fand der Bekannten und Freunde
gar viel, die Herren wie sie heißen so und so, Alle recht munter
und froh; aber o Weh! mir schmeckte kein Thee, denn als sie Ihre
Beurtheilung gelesen, sagten Alle einstimmig: „Sie seien im Bund
mit dem Bösen!“ Denn wieder alles Hoffen hat Ihr Urtheil über
mich in Allem eingetroffen“ u. s. w.

(Aus dem Briefw. der Illustr. Ztg., 1851, Nr. 440.)

5.

Frau Fr. v. Koschützki in W.

Es freut uns, daß Sie unsere Beurtheilung Ihrer Handschrift
überrascht und Sie veranlaßt hat, Ihren Worten im poetischen Gewande Ausdruck zu geben:

„Gott nahm ein Stückchen Erde,
Haucht eine Seele ein,
Ein Mensch ward durch sein Werde
Mit Seele, Fleisch und Bein.

Doch Geist und Seelenmassen
Sind Blicken unsichtbar,
Drum kann man sie nicht fassen
So viele tausend Jahr.

Ihr Suchen ist verschwunden
Nach langem Lug und Trug;
Man hat sie jetzt gefunden
In jedem Federzug.“

(Aus dem Briefw. der Illustr. Ztg., 1852, Nr. 445.)

6.

Frau F. v. B. in L.

„Das ist eine göttliche Gabe, die Sie besitzen. Ich wünschte
nur, Sie wären gestern Abend in unserer Gesellschaft, die aus
mehr als 20 Personen bestand, Ohrenzeuge gewesen, um all das
Schöne gehört zu haben, das Ihnen und Ihrem Blatte gesagt

2*

wurde. Ich gestehe Ihnen, ich habe eine Stunde lang Ihr Urtheil
stumm und staunend gelesen und immer wieder gelesen, denn Sie
haben meine Fragen über meine drei Kinder ganz und gar richtig
beantwortet, — wer so hell und klar in den Herzensgründen lesen
kann, wie Sie, der darf nicht sagen, daß man die Schriftzüge der
Kinder nicht beurtheilen könne, das ist eine Bescheidenheit, die hier
nicht am Platze ist (— entschuldigen Sie aber diesen meinen Aus=
druck!). Mein Herr, ich statte Ihnen meinen innigen Dank ab,
Sie sollen auch für die Zukunft mein Gewissensrath hinsichtlich
meiner Kinder bleiben, ich bitte Sie darum. Der Aelteste besucht
gegenwärtig eine gelehrte Schule, ich werde nun sehen, wann Ihr
Urtheil, daß er zum Kaufmann Neigung habe, ausgeführt wird;
es sind das Winke, die mit Geld nicht bezahlt werden können.
Nochmals meinen Dank, aber entschuldigen Sie auch, wenn ich die
Ursache bin, daß manche Mutter Sie mit Kinderhandschriften behelli=
gen wird."

(Aus dem Briefw. d. Illustr. Ztg., 1852, Nr. 445.)

7.

Herr A. J. A. M. H. in L.

„Verschiedene Geschäfte gestatten mir es erst jetzt, Ihnen zu=
gleich im Namen meiner Freunde meinen herzlichen Dank zu sagen
für die freundliche Berücksichtigung unserer Handschriften. Wir
sind durch Ihre Urtheile zur vollen Ueberzeugung gekommen, daß
Sie es in Ihrer Kunst schon ungeheuer weit gebracht haben. Merk=
würdiger Weise waren unter den in der am 6. Dec. erschienenen
Ausgabe Ihrer Zeitung sich befindenden Urtheilen die über die drei
Damenhände 197, 217 und 218 so ganz und gar richtig und so
harmonirend mit dem wirklichen Charakter dieser Damen, daß man,
wäre es nicht der größte Unsinn, denken sollte, Sie hätten wirklich
Spione. Da dies nun gar nicht der Fall sein kann, so ist es um
so merkwürdiger, wie Sie zu diesen ganz genauen Urtheilen gelangen,
und Sie haben in mir eine große Begierde erregt, Ihre geheime
Werkstatt einmal kennen zu lernen. Allein ich sehe wol ein, daß
diesem Wunsche nicht genügt werden kann und begnüge mich daher
als Laie mit der einfachen Bewunderung der Erzeugnisse dieser
Werkstatt und ihres Meisters. Erlauben Sie mir nun noch einige
Bemerkungen über die Urtheile der drei Herrenhandschriften und

verzeihen Sie meiner Unbescheidenheit, wenn ich mir erlaube noch drei Handschriften zu gefälliger Beurtheilung zu übersenden, da die Erfolge dieser ersten Probe mein und vieler meiner Bekannten Interesse für Ihre Kunst nur noch erhöht haben."

(Aus dem Briefw. der Illustr. Ztg., 1852, Nr. 445.)

8.

Herr A. R.....t in Ch. in Polen.

„Die in Nr. 438 (Nr. 150) Ihrer Zeitschrift enthaltene Beurtheilung meiner Handschrift hat mich wahrhaft in Erstaunen gesetzt. Ich würde es ohne diesen schlagenden Beweis nie für möglich gehalten haben, aus einigen geschriebenen Worten den Charakter, die Beschäftigung, die Neigungen und Fähigkeiten eines Menschen so treffend herauszulesen. Genehmigen Sie die Versicherung meines aufrichtigen Dankes für das klare Bild, welches Sie von meinem Charakter entworfen und für das mir dadurch gelieferte Material zur Erkenntniß meiner selbst, welches, weil unparteiisch, auch wirksamer als jedes andere sein wird."

(Aus dem Briefw. der Illustr. Ztg., 1852, Nr. 446.)

9.

Herr D. E. H. in R.

„Für Ihre gefällige Antwort in Nr. 440 meinen herzlichen Dank. Ich muß gestehen, auf mich hat Ihre unfehlbare Sicherheit einen gespensterhaften Eindruck gemacht. — Vor Ihrem hellsehenden Auge ist ja das Verborgenste nicht verborgen genug, vor Ihrem wahrhaft prophetischen Blicke springen ja nicht nur Schloß und Riegel, — ihm müssen sich auch Geist und Herz, die bisher geheimnißvollsten Gemächer, erschließen — und nähme man Flügel der Morgenröthe und bliebe am äußersten Meer, ein einziges geschriebenes Wort würde genügen, und der Mensch wäre in seinem Werth oder in seiner Nichtigkeit erkannt, ob auch Tausende von Meilen dazwischen lägen. Die Daguerreotypie, der elektromagnetische Telegraph sind von der Chirogrammatomantie aus dem Sattel gehoben und in den Sand geworfen, und fast muß Frau Pythia sich schämen, im Tempel zu Delphi geweissagt zu haben; säße sie noch auf ihrem Dreifuß, sie würde aufstehen müssen, um dem würdigern Orakelpriester Platz zu machen."

(Aus dem Briefw. der Illustr. Ztg., 1852, Nr. 447.)

10.

Herr M. Altmansperger, Cand. phil. in Bibra b. Gelnh.

„Wer in aller Welt konnte Ihnen sagen, daß ich der Sprößling eines Försters bin und meine Jugend im frischen grünen Walde und an Forellenbächen zugebracht habe?" (Meine vorausgegangene Beurtheilung in Nr. 444 der Illustr. Ztg. lautete: Ihre Schrift will uns lesen lassen, daß Sie in Ihrer Jugend in freier Natur erzogen sind; ein so zierliches Händchen in dieser Modalität und bei diesem Entwickelungsgange stammt aus einem romantischen Försterhäuschen, inmitten immergrüner Tannen und lustiger Forellenbäche.) „Was mich aber am meisten frappirte und in unserm Casino ungeheure Heiterkeit hervorgerufen hat, ist Ihre räthselhafte Allwissenheit, daß ich gerade nicht zu den Schönsten gehöre. Ich will's gestehen, ich bin nichts weniger als ein Antinous und habe wirklich ein blasses langes Gesicht." (Ich hatte in jener Beurtheilung gesagt: Wie könnte eine so muntere Schrift gegen Damen gleichgiltig sein, — wir wollen damit nicht sagen, daß Sie ein Antinous sind, nein, — Ihr Gesicht: munter und blaß, interessant und länglich.) „Ueberhaupt ist Ihr Urtheil über meine Handschrift ein opus diabolicum, das seinen Urheber in den Zeiten des Mittelalters auf den Scheiterhaufen gebracht hätte!"

(Aus dem Briefw. der Illustr. Ztg., 1852, Nr. 447.)

11.

Herr H. A. in Dr.

Jetzt wissen wir also auch, wem die interessante Concepthand in Nr. 447, der wir ein Signalement nachschickten, angehört. Daß Ihr Bild, das wir einzig und allein aus den todten Schriftzügen copirten, so wahr getroffen ist, freut uns. „Sie schildern," sagen Sie, „meine Physiognomie so genau, als ob Sie einen Steckbrief gegen mich erlassen wollten; mein wohlverwahrtes Incognito ist nun dahin, meine Bekannten deuten bereits mit Fingern auf mich."

(Aus dem Briefw. der Illustr. Ztg., 1852, Nr. 449.)

12.

Diogenes von Cuba.

„Wenn ich kein Vertrauen zu Ihrer ebenso segensreichen als gefährlichen Kunst hätte, würde ich nicht an Sie schreiben; allein seitdem Sie aus der Handschrift eines meiner Freunde (H. Kl.) die unübertrefflich richtige Aehnlichkeit mit Fr. v. Gentz erkannten, seitdem sind die Verächter Max Waldau's bestraft, welche nicht den Muth hatten, an die Wahrscheinlichkeit eines Charakters wie Weigelsdorf (in seinem Buche „Nach der Natur") zu glauben. Sie sind ein Weigelsdorf der Schrift, vielleicht ebenso der Physiognomik. Die Homere der Geschichte beurtheilen den Charakter ihrer Helden nach ihren Thaten, Sie kommen diesen Thaten zuvor. Sie legen das Verhängniß derselben nicht in ihr Schwert, sondern in ihren Daumen und Zeigefinger. Die Parzen des Alterthums spannen das Schicksal der Sterblichen, die modernen Parzen, welche Ihnen ihr Dasein verdanken, spinnen aus geschriebenem Flachse. Die Handschrift ist Ihr Spinnrocken. —"

(Aus dem Briefw. der Illustr. Ztg., 1852, Nr. 451.)

13.

Herr M. H. in Zw.

„Sie haben durch Ihre treffenden Bemerkungen zu meiner Handschrift nicht allein mich, sondern alle meine nähern Bekannten in gerechtes Erstaunen versetzt. Ihr Talent, aus den Schriftzügen resp. dem specifischen Schriftductus, Charakter, Anlagen, Befähigung, Lebensweise u. s. w. des Schreibenden herauszulesen, ist ein wahrhaft glänzendes zu nennen — anderseits geeignet, einiges Grauen des lieben Ich hervorzurufen, denn wie die guten, so werden auch wohl die schlimmen (faulen) Eigenschaften Ihrem Scharfblicke nimmer entgehen können. Gestatten Sie mir zu gleicher Zeit Ihnen über die elegante und feine Weise, worin Sie Ihre Orakelsprüche ertheilen, jede unangenehme Klippe zu umgehen, immer galant zu bleiben, und doch am rechten Platz das Stichwort anzubringen wissen — der Betroffene mag immerhin zwischen den Zeilen suchen und finden — mein aufrichtiges Compliment zu machen.

Aber soll dieser neue Zweig menschlicher Erkenntniß nur dazu bestimmt sein, den Kitzel der Neugierde zu erregen, sollten Sie es nicht schon längst müde sein, jedem naseweisen Vorwitzigen, diesem eingebildeten, dünkelhaften Gecken u. s. w. etwas Schmeichelhaftes, irgend eine süßsaure Artigkeit zuzuwerfen! Gewiß, für die aufrichtigen Anhänger der Chirogrammatomantie — und Ihre meisterhafte Geschicklichkeit hat nicht wenige Ungläubige bekehrt, zu Proselyten umgeschaffen — kann dieser Gedanke nur ein sehr schmerzlicher sein. Bei der großen Wichtigkeit der Handschriftenkunde für das praktische Leben, bei dem Einfluß, den sie besonders auf die Psychologie, welche in neuerer Zeit durch die Phrenologie einer Umgestaltung entgegensieht, zu gewinnen verspricht, muß eine wissenschaftliche, principielle Bearbeitung dieser Lehre aus Ihrer begabten, kundigen, geübten Feder der Wunsch jedes Gebildeten — des Pädagogen, Kriminalisten, Mediciners u. s. w. — sein. Wir glauben zuversichtlich, daß eine Subscriptionseröffnung auf Ihre Schrift — welche eine derartige systematische Darstellung zum Vorwurf hätte, (kurze Andeutungen haben Sie wohl hie und da in Ihren Beurtheilungen schon niedergelegt!) — in der allverbreiteten Illustr. Ztg. bekannt gegeben — zahlreiche Unterstützung finden wird. Einmal zum Gemeingut der unterrichteten Klasse geworden, wird diese Schrift, der Kritik unterbreitet, zur weitern Fortbildung und Vervollkommnung der neuen Lehre dienen und sicher geht auch Ihr Bestreben nur dahin, das Gute in jeder Gestaltung nach Kräften zu fördern."

(Aus dem Briefw. der Illustr. Ztg., 1853, Nr. 496.)

14.

Herr B. v. C. in Berlin.

„Ihre Anerkennung der Richtigkeit unserer Beurtheilung Ihrer Handschrift (Nr. 515 unter 1541) freut uns. Wir sagten dort: „Bedeutende Reisen", — Sie schreiben uns jetzt: „Rußland, Norwegen, Spanien ausgenommen, habe ich ganz Europa durchreist", — wir sagten: „Talent für neuere Sprachen", — und Sie bestätigen jetzt: „Ja! Wenn ich nicht den Vorwurf der Eitelkeit fürchtete, würde ich gern, der Wahrheit gemäß, erzählen,

daß ich in Paris für einen Franzosen und in Schottland oft
für einen Engländer gehalten worden bin", — wir behaupten: „gelehrter Militär", — Sie bestätigen: „Großer Soldaten-
freund und Vater von drei theils wirklichen, theils angehenden
Militärs!"

(Aus dem Briefw. der Illustr. Ztg., 1853, Nr. 518.)

15.

Herr H. in L. —

„Ob die Chirogrammatomantie einem Pharus gleiche, dem man,
als treuen Wegweiser in einen unbekannten Hafen, folgen dürfe,
oder vielleicht einem aus Gewinnsucht angezündeten Trugfeuer, ob
die neue Entdeckung ein San-Salvador sei, am Eingang einer
neuen Welt gelegen, oder etwa eine nach kurzer Frist spurlos in
die Tiefe versinkende Ferdinanda — darüber bin ich nun, nachdem
Sie meine Handschrift beurtheilt haben, einig. Meine Zweifel sind
besiegt, und die Ueberzeugung hat sich mir aufgedrängt, daß die
Ausstrahlungen des geistigen Lebens den Schriftzügen ein Bild des
innern Menschen einzeichnen, ähnlich wie die von der leiblichen
Gestalt reflectirten Strahlen den äußern Menschen auf die photo-
graphische Platte zeichnen. Die Schriftbildkunde, wie ich darum
die neue Wissenschaft nennen möchte, hat mithin den alten Satz:
Le style c'est l'homme in einer vom Urheber selbst ungeahnten
Bedeutung und Erweiterung als wahr bestätigt."

(Aus dem Briefw. der Illustr. Ztg., 1853, Nr. 518.)

16.

Herr Dr. E. K. in L.

„Ihr geschätztes Blatt brachte in Nr. 497 die Beurtheilung
einer von mir vorgelegten Handschrift in Nr. 1174. Die Beurtheilung ist völlig richtig und betrifft meinen trefflichen Freund,
den Orientalisten und Theologen F. H. in Z. Meine Verwunderung über die mehr als indianische Spürnase des betr. Herrn
Beurtheilers ist vollständig."

(Aus dem Briefw. der Illustr. Ztg., 1853, Nr. 519.)

17.
Herr Juffrecht, Modelleur in Althaldensleben.

„Eine baldige Beurtheilung meiner Handschrift nicht erwartend, entging es mir, daß diese schon in Ihrer Nr. 478 unter 810 enthalten war. Durch Zufall entdeckte ich diese erst jetzt und ich muß Ihnen offen gestehen, daß meine Erwartungen übertroffen sind. Meine Empfindlichkeit ist mir seit langer Zeit bekannt und ich bin deshalb stets aufs eifrigste bemüht mir diesen Fehler abzugewöhnen. — Der gute Erfolg lohnt meine Mühe. — Die schönen Wissenschaften verehre ich wahrhaft, doch steht bei mir die bildende Kunst und ganz besonders die Plastik um so mehr hoch angeschrieben, als ich Modelleur bin und so lange ich lebe bin ich meiner Sentimentalität gram, daß sie mich hinderte ein Jünger Thorwaldsen's oder Schwanthaler's, in edlerer Bedeutung, zu werden. Also auch in Bezug auf die Finger haben Sie vollkommen recht. — Nun ich bin ganz zufriedengestellt und sage Ihnen für die gehabte Mühe meinen herzlichsten Dank.“

(Aus einem Briefe vom 27. Dec. 1852.)

18.
Herr G. Bodemer in Zschopau.

„Ich kann mich des Vergnügens nicht berauben, der geehrten Redaction anzuzeigen, daß das Urtheil über Fräulein W. Oberbauer in Wien, aus deren Handschrift genommen, fabelhaft treu und wahr ist in Allem und Jedem.“

(Aus einem Briefe vom 28. Sept. 1852.)

19.
An die Redaction der Illustr. Ztg.

„Ich stelle mich Ihnen als den Besitzer der in letzter Nummer Ihrer Zeitung unter „* in L.“ von Ihnen beurtheilten Handschrift vor. Die Wahrheit Ihres Urtheils grenzt in der That ans Unglaubliche, ja ans Wunderbare. Möge Ihnen Hebe den röthlichen Nektar reichen, um Sie für Ihre Wissenschaft bei ewiger Jugend zu erhalten!

Schon Sokrates der weise Mann
Sah's Jedem an der Nase an,
Ob klug, ob dumm, ob falsch, ob wahr;
Genug, weß Geistes Kind er war.

Viel Wunder hat seitdem die Welt
Physiognomisch aufgestellt;
Zu täuschend noch war das Gesicht,
Man suchte Knochenbuckel aus,
Und machte Charaktere draus.
Noch weiter ging's, manch armer Tropf
Ward abgeurtelt nach dem Zopf,
Sogar der Hunde Lebenslauf
Deckt Lichtenberg nach Schwänzen auf.
Doch Sokrates, Lavater, Gall,
Ihr weisen Menschenkenner all,
Vernichtet seht ihr euren Wahn
Und eure Weisheit abgethan,
Denn ganz und gar verdunkelt sie
Die Chirogrammatomantie."

Leipzig, den 15. Juni 1853.

Dr. A. Frhr. v. Keller.

20.

"Sie haben durch gefällige Beurtheilung meiner Handschrift (Nr. 431, 490—92) große Freude mir und den Meinigen bereitet, und wir finden Alles trefflich enträthselt. Doch

den größesten Triumph

hat Ihre ebenso schätzbare als räthselhafte Kunst durch Nr. 487, B. C. L . . n, Dresden, erlangt. Mein Schwiegersohn Dr. L. Battmann ist so überaus treu charakterisirt, daß er, wie ich und alle Freunde und Bekannte, dadurch höchst überrascht, fast betroffen wurden. Er ist es, wie er leibt und lebt! Der geborne Recensent, lebensgern kritisirend, witzig, scharfblickend u. s. w.; trefflich haben Sie sein Fach gerathen, denn er ist Arzt und wie von solchen kritisirenden Köpfen — die der Allopathie Schwäche und Principlosigkeit nur zu sehr durchschauen — nicht anders zu erwarten, von der Allopathie zur Homöopathie übergegangen und hat dabei schon viel günstige Erfolge erlangt. Er ist wahrhaft so geschildert, wie er leibt und lebt!

Unsere Hochachtung gegen Ihre Kunst, Ihr so wunderbares Talent, und unsern Dank auszusprechen, ist der Zweck dieser Zeilen."

Großenhain, 7. Mai 1852.

Karl Preusker,
Königlich sächs. Rentamtmann.

II.

Berechtigung der Chirogrammatomantie.

A. Belege und Gründe,

daß man aus der Handschrift auf den Charakter schließen kann.

I.

Die augenscheinlichsten Beweise für die Wahrheit, daß man aus der Handschrift auf den Charakter schließen könne, liefern unsere deutschen Dichter. Hier eine kleine Auswahl, die wir paarweise ordnen:

Nun, ihr Ungläubigen, die Hand auf's Herz! Ich lege euch folgende Fragen vor: Könnte der feurige Schiller wol schreiben wie der Leihbibliotheken-Futterungs-Versorger und Pastor Hildebrandt? Könnten die funkensprühenden Jean Paul'schen Schriftzüge wol aussehen wie die blütenflockigen und rothbackigen des Levin Schücking? Seht ihr nicht in Salis' Buchstaben die Hängebirken und Trauerweiden, und könnte Salis wol eine Schrift haben wie Pückler-Muskau? Ist es bloßer Zufall, daß Wieland, der Liebling der Musen, eine so gewählte Schrift hat, und könnte er wol schreiben wie van der Velde? Könnte Kästner wol schreiben wie der milchbärtige Geßner? Könnte man wol denken, daß der Messiasdichter Klopstock solche Consolen haben könnte wie Spindler? Oder könnte wol Vater Gleim schreiben wie Börne? Oder — aber behaltet die Hand auf dem Herzen — fühlt ihr es, daß ein Jeder so und nicht' anders schreiben kann? Werdet ihr euch dessen bewußt, daß die Art der Dichtung auch in der Schrift ausgedrückt ist?

2.

Die Erfahrung lehrt tagtäglich, daß bei einem Kinde die Gestaltung der Handschrift gleichen Schritt hält mit der Entwickelung des Charakters. Alle Kinder lernen nach einem und demselben Lehrer das Schreiben und deshalb sollte man auch glauben, daß alle Kinder dieselbe Handschrift haben müßten. Dem widerspricht aber jede Erfahrung, ja diese zeigt sogar, daß die Kinder, je weiter sie sich von der Schule entfernen, auch die angelernte Schrift verlieren und daß, wie der Charakter der Zöglinge, so auch deren Handschriften immer unähnlicher werden. Daß mit der Entwickelung des Geistes die Entwickelung der Handschrift Hand in Hand geht und daß man in beengten Verhältnissen eine beengte, und in freier Lage eine kühne Handschrift unwillkürlich annimmt, dafür liefert unser Schiller einen frappanten Beleg. Wir wollen uns einige seiner Schriftzüge aus verschiedenen Zeiten und verschiedenen Lagen anschauen.

Unser Facsimile ist einem Briefe entnommen, den Schiller bei Gelegenheit seiner Confirmation an seine Pathin, die Frau des Kapitäns Stoll geschrieben. Die Züge sind urkräftig und zwanglos, natürlich und harmlos.

Friedrich Schiller.
21 April: 1772.

So schrieb Schiller, als er 12½ Jahre alt war.

*Es wird eine Zeit kommen, wo ich dir meinen
gutscheudungsmann werde, wofern du fortfährst
dich mehr als mich zu lieben. So geziehter Herr.*

Schriftzüge aus der Zeit, wo Schiller auf der „hohen Karlsschule" war.

Sie sind einem Stammblatte entlehnt, das Schiller in jener Zeit geschrieben. Der militärische Zwang, der in jener Schule herrschte, hatte wie auf Schiller so auch auf dessen Handschrift sichtbaren Einfluß, und die muthigen und munteren Schriftzüge haben sich in ängstliche und verstohlene Buchstaben umgestaltet.

Aus der Zeit kurz vor Schiller's Abgange von der Karlsschule.

Diese Verse haben ein interessantes Entstehen. Die meisten Schü- ler der Karlsschule beschäftigten sich eifrig mit Dichten. Unter ihnen war auch einer, der von den Musen eben nicht sehr begünstigt war. An einem heißen Sommernachmittage schwitzte er wieder an einem Gedichte, hatte auch schon zwei Verse niedergeschrieben, als ihn eine unwiderstehliche Schlafsucht übermannte. Schiller, welcher im Zimmer war, schleicht sich zu ihm hin und schreibt, während er ihm mit der einen Hand die Fliegen abwehrt, unter die zwei Verse zwei andere, die Jener beim Erwachen staunend liest. Die beiden ersten Zeilen sind also von irgend einem Karlsschüler, die zwei letzten von Schiller.

Schrift aus Schiller's 23. Lebensjahre.

Er beschäftigte sich in dieser Zeit mit „Don Carlos". Die Schrift athmet bereits freier auf, sie ist größer geworden und nimmt Selbstbewußtsein an. Man sieht ihr an, daß der Herzog von Weimar ihren Urheber zum Zeichen seiner Zufriedenheit mit den ersten Akten des „Don Carlos" zum Rathe ernannt, und daß der Umgang mit der gebildeten Frau v. Kalb in Mannheim (zum Theil Original für die Königin Elisabeth im „Don Carlos") vortheilhaft auf ihn gewirkt hat. Liebe und Freundschaft ziehen ein in seine Brust, und nur mit solchen warmen Schriftzügen kann das Lied an die Freude geschrieben sein.

Schiller's Schriftzüge aus dem Jahre 1795.

Schiller stand auf dem Gipfel des Ruhmes und war der gefeierte Dichter. Die Schrift hat sich vollkommen entfaltet, sie steht verklärt auf dem Höhepunkte geistiger Größe und strahlt in Genialität und Adel.

3.

Es ist Thatsache, daß Frauen, die ihre Männer wahrhaft lieben, auch deren Manieren und Eigenheiten annehmen. Um so merkwürdiger und frappanter ist nun die Erscheinung, daß befähigte Frauen geistig hervorragender Männer, die sich auf Stand und Ruf ihrer Männer etwas einbilden, auch deren Handschriften ganz in demselben Grade wie deren Manieren sich aneignen.

Mann.

[Handschriftprobe]

Frau.

[Handschriftprobe – Caroline Richter]

[Handschriftprobe]

Handschrift des bekannten Dichters Langbein.

[Handschriftprobe]

Handschrift von Langbein's Frau.

[Handschriftprobe]

Herder's Handschrift.

[Handschriftprobe]

Dessen Frau, Karoline Herder.

4.

Daß die Handschrift mit dem geistigen und seelischen Leben in innigsten Verhältnissen steht, beweist die Thatsache, daß eingetretene Verhältnisse und augenblickliche äußere Lagen sich sofort auch in der Handschrift äußern. Jede Thätigkeit, sowie jede Stimmung des Geistes modificirt den Mechanismus der Schrift, hoch oder tief gestimmt, freudig oder ernst, sich sehen lassend oder zurückgezogen. Ohne Zweifel wird Mancher die Erfahrung machen, daß die Buchstaben mehr stehen oder liegen (fließen), je nachdem er Etwas schreibt, wobei mehr der Verstand oder mehr die Einbildungskraft thätig war, wie auch, je nachdem das Spiel seiner Einbildungskraft mehr oder weniger gehemmt ist. Bei großer Bedächtigkeit und Anstrengung neigen sich wohl gar die Buchstaben, als ob sie sich sträubten, hinten über; bieten sich hingegen die Ideen von selbst dar, gleich wird die Schrift flüchtiger, und wenn sie schnell oder in Menge zuströmen, so fließen wohl Silben, ja ganze Wörter wie Striche dahin.

Als einen kleinen Beleg für die Annahme, daß sich die Schrift ganz und gar nach den äußeren Verhältnissen richte, theilen wir einen höchst interessanten Fall von unserem Schiller mit.

Der Prorector an der Universität Jena, Chr. Gottfr. Schütz, erließ im Jahre 1790, als Schiller gerade Professor in Jena war, folgendes Rundschreiben, von dem das Original mir vorliegt: „Nachdem Serenissimus gnädigst anbefohlen haben, daß zum Besten und zu einiger Unterstützung der durch das am 28. Mai d. J. ausgebrochene starke Gewitter und die dabei entstandene Wasserfluth an ihren Gebäuden beschädigten Einwohner in der Stadt Weimar und den Ortschaften Tannroda, Thangelstedt und Nauendorf, eine allgemeine Haus=Collecte von Haus zu Haus gesammelt werden soll; als werden die Herren Professoren Ihre milden Beiträge an die Ueberbringerin dieses mit der Bemerkung des quanti abzugeben belieben. Sig. Jena den 19. Junii 1790. Fürstlich Sächs. Gesammt-Universität." Nun beginnen die eigenhändigen Unterschriften der Professoren, die mit aller Majestät deutlich und mit den gewohnten Zügen entworfen sind. Alle wissen, daß das Circular ad Serenissimum zurückgeht, und finden es deshalb gerathen, den Betrag klar zu markiren. Nachdem Professor C. G. Schütz mit 1 Thlr. 12 Gr.

den Anfang gemacht und die Andern es ihm annähernd nach=
gethan, kommt auch endlich, als der fünfundzwanzigste, unser Schiller,
aber wie? und mit wie viel?

Schiller, der in jener Zeit gewohnt war, groß und majestätisch zu
schreiben, will sich verstecken, er schämt sich, und verkriecht sich des=
halb mit seiner kleinlauten Schrift hinter die andern. Ist das
nicht der Poet aus der „Theilung der Welt?"

5.

Wie es Thatsache ist, daß sich die Charaktere unter Verwandt=
ten forterben, so ist es auch Thatsache, daß sich in demselben Grade
die Handschriften in den Familien forterben. Wir geben ein
Beispiel von zwei noch lebenden Pfarrern aus A.

[1]

[2]

[3]

[4]

Wir sehen hier Vater und Sohn in Sonntags= und Negligé
Anzuge, d. h. in der Reinschrift und in der Concepthand. Und in
der That, beide Schriftarten gleichen sich außerordentlich, ja man
unterscheidet sogar die Jugend und das Alter, den Vater und den
Sohn. 1 ist die Reinschrift des Vaters, 2 jene des Sohnes, 3 die
Schnellschrift des Vaters und 4 jene des Sohnes. Selbst der Laie
wird nicht leugnen, daß hier in beiden Schriftnüancen die größte
Aehnlichkeit stattfindet. In 1 sehen wir die Erfahrung, welche diese
Züge bedächtig gemacht hat, in 2 mehr die Jugend, die diesen noch
aufpolirt ist; unfehlbar aber wird der Sohn ebenso schreiben, wenn
er im Alter seines Vaters steht. Und doch ist der Vater nicht etwa
der Lehrer seines Sohnes gewesen, wie uns entgegnet werden könnte.

6.

Wäre die Handschrift nicht das Barometer der Seele, wie könnte man es erklären, daß gebrochene Herzen auch gebrochene Schrift haben? Beleg:

Das ist die Handschrift der unglücklichen Louise Brachmann, die für sich selbst die vorstehende Grabschrift verfaßte.

Heinrich Stieglitz, der unglückliche Dichter.

Heinrich v. Kleist, Verfasser des Käthchen von Heilbronn, der sich erschoß.

7.

Tritt bei dem Menschen Geistesschwäche ein, so äußert sich diese auch sofort in der Schrift. Da diese Zerrüttung zunächst nur den

Geift und erft fpäter den Körper betrifft, die Schrift aber fich fo=
fort bei dem Eintritte der Geifteszerrüttung ändert, fo muß diefe
auch nothwendig mit jenem im nächften Zufammenhange ftehen.
Beweis:

Vor dem Wahnfinn:

Während des Wahnfinns:

(So nannte fich Hölderlin im Wahnfinn.)

Die Handfchriften der befannten Dichter.

8.

Daß die Geftaltungen der Buchftaben nicht zufällig entftanden
find, beweift die Harmonie derfelben unter einander. Sämmtliche
Buchftaben haben unter fich durchaus denfelben Charakter und
daffelbe Gepräge. Diefe Harmonie ift nicht minder bewunderungs=
würdig als die Harmonie der einzelnen Glieder des menfchlichen
Körpers, ja als die Körper des ganzen Univerfums. Man gebe
mir aus irgend einer beliebigen Schrift einen Buchftaben und ich
werde mit der größten Beftimmtheit die andern fonder Bedenken
aufzeichnen, gerade fo, wie der Anatom aus einem einzelnen
Knochen auf den ganzen Bau irgend eines Thieres Schlüffe zu
ziehen vermag.

9.

Ift es wahr, fagen die Ungläubigen, daß für die einzelnen
Richtungen des Geiftes auch entfprechende Handfchriften exiftiren,
fo müffen nothwendig diejenigen Schriftfteller, die gleiche Richtungen

haben, auch gleichmäßig schreiben! Ja, meine Herren, Sie haben
den Nagel auf den Kopf getroffen, es ist so, wie Sie behaupten! Sie werden staunen, in welcher frappanten Weise ich
Ihnen die Belege liefern werde. Sie wissen, meine Herren, daß
es unter unseren deutschen Dichtern eine Anzahl gutmüthiger
und eine Anzahl ironischer (Sie würden vielleicht „bissiger“
sagen) giebt. Es liegt nun in der Natur des Begriffes „gutmüthig“
und „bissig“, daß jene eine weiche und sammetne, diese dagegen
eine dornige und struppige Handschrift haben müssen, mithin
Schluß: alle gutmüthigen Dichter haben eine glatte, alle
bissigen eine schwarzdornige Handschrift. Stellen wir, um mit
der Bibel zu reden, die Gutmüthigen zur Linken und die Böcke
zur Rechten:

Was sagen Sie nun? Etwa Zufall? Dann wäre dies das
achte Wunder der Welt! Und an Wunder glaubt man heutzutage
nicht mehr.

10.

Alle gutmüthigen Menschen haben eine weiche Schrift. Von
dicken Menschen behauptet man, daß sie gutmüthig seien, mithin
haben alle dicken Menschen eine weiche Schrift. Wir wollen für
diese Behauptung einen höchst kuriosen Beleg geben. Schiller läßt
in Wallenstein über den Rudolph von Teuffenbach Folgendes
vernehmen:

Kellermeister.

Das ist
Die siebenzigste Flasche nun, Herr Leutnant.

Bedienter.

Das macht der deutsche Herr, der Tiefenbach,
Sitzt dran.

Tiefenbach (setzt sich).

Vergebt, ihr Herrn, das Stehen wird mir sauer.

Terzky.

Macht's Euch bequem, Herr Generalfeldzeugmeister.

Tiefenbach.

Das Haupt ist frisch, der Magen ist gesund,
Die Beine aber woll'n nicht mehr ertragen.

Isolani (auf seine Korpulenz zeigend).

Ihr habt die Last Euch gar zu groß gemacht.

Tiefenbach war also dick und Schiller verdient Glauben, da er in
diesem Punkte bei seinen geschichtlichen Forschungen sehr genau zu
Werke ging. Da es nun bei mir von jeher als Grundsatz galt,
daß dicke Leute eine weiche Handschrift haben, so war ich, da sich
diese Annahme bei meinen Untersuchungen noch stets bestätigte, neu=
gierig, Tiefenbach's Schriftzüge zu sehen. Nun aber kommt bei
Schiller über Tiefenbach folgende Stelle vor:

Buttler (zu Terzky).

Zähl' nach! Just dreißig Namen müssen's sein.

Terzky.

Ein Kreuz steht hier.

Tiefenbach.

Das Kreuz bin ich.

Isolani (zu Terzky).

Er kann nicht schreiben, doch sein Kreuz ist gut,
Und wird ihm honorirt von Jud' und Christ.

Tiefenbach konnte demnach nicht schreiben und ich mußte also
bei ihm auf eine neue Bestätigung meines Grundsatzes verzichten.

Zufällig aber entdeckte mein Freund, Hofrath B., bei einem Auto=
graphensammler zwei Tiefenbache, die er mir denn auch verehrte.
Und zu meinem Erstaunen war die Schrift gegen alle aus dem
Dreißigjährigen Kriege ungemein zart und mild, sodaß ich die
Freude hatte, Schiller nicht allein bei einem geschichtlichen Schnitzer
zu erwischen, sondern auch meinen Grundsatz abermals bestätigt zu
sehen. Später fand ich auch bei T. O. Weigel einen Tiefenbach.
Die Handschrift ist weich und schwärmerisch; sie ist lieber zu Hause
als im Felde, betet lieber als daß sie commandirt; daher die Treue
des unter seinem Commando stehenden Heeres, die sprichwörtlich
war. Der erste Jäger im „Wallenstein" sagt:

> Laßt sie gehen! sind Tiefenbacher,
> Gevatter Schneider und Handschuhmacher . . . .

Hier die Unterschrift:

11.

Die Schrift ist zugleich das Zifferblatt innerer Ruhe oder Un=
ruhe. Menschen, die ruhig sind, leben lange. Die Erfahrung hat
gelehrt, daß ein Mensch mit ruhiger Schrift länger lebt, als einer
mit strebender unruhiger Schrift. Wir geben nur ein Beispiel als
Typus der Ruhe:

Bernhard le Bovier de Fontenelle wurde 100 Jahre alt.

12.

Wäre die Handschrift nicht mit der geistigen Richtung im Zu=
sammenhange, wie ließe es sich erklären, daß man bei Componisten
aus dem Habitus der Schrift auf die Art ihrer Musik schließen
kann? Es mag diese Ansicht Manchem sonderbar vorkommen, aber
es ist so. Ich will den Beweis nicht schuldig bleiben.

Wenn man überhaupt an eine Physiognomik glaubt, wenn man zugiebt, daß das geistige Licht des Geistes auf der Oberfläche des Körpers Reflexe bildet, dann muß man auch zugeben, daß die Musik, die wie eine warme Quelle stets im Innern aufsprudelt und mächtiger als alle andern Reigungen an die Seele pocht, ebenso eine äußere Daguerreotype des innern Webens und Drängens sein muß. Wie Sonne und Regen den schönen Regenbogen bilden, so müssen auch die zwei Tonweisen, die der Freude in Dur= und jene der Trauer in Molltönen, einen äußern Ausdruck finden. Wenn innere Regungen, wie das ja eine bekannte Sache ist, überhaupt sich abschatten, so muß dies um so mehr bei der gewaltigsten der Regungen der Fall sein. Musik ist durch und durch Geist, sie ist ein Nachklang aus einer entlegenen harmonischen Welt, ihre Harmonien sind Seufzer des Engels in uns, — und diese Hoheit sollte sich nicht äußern? Wenn das Wort sprachlos ist, und die Umarmung und das Auge, das weinende, und wenn unsere stummen Herzen hinter dem Brustgitter einsam liegen, so ist es die Musik, durch welche sie sich einander zurufen in ihren Kerkern und ihre entfernten Seufzer vereinigen in ihrer Wüste, — und sie, die also vom Herzen zum Herzen spricht, sie sollte das ohne allen Widerschein bewirken können? Fließen doch auf ihren Ruf alle Fibern des Herzens aus einander und zittern vor Sehnsucht. Ich bitte nun den Ungläubigen, sich die nachfolgenden Schriftzüge anzusehen und sie mit einander zu vergleichen. Ich frage: fühlen Sie nicht, daß Beethoven's Handschrift unzugänglich ist, oder können Sie annehmen, daß Das, was ich über seine Züge gesagt habe, auch von irgend einer andern Handschrift gesagt werden könne? Würden Sie wohl Das, was ich über die Schriftzüge Haydn's gesagt, auch auf jene von Beethoven oder auch umgekehrt anwenden können? Jeder unserer Meister konnte nur so und nicht anders schreiben, weil seine geistigen Schöpfungen so und nicht anders waren. Hier fünf dieser Meister:

Gasparo Spontini.

Schwarze italienische steife Schrift, die, wie man ihrem Ur=
heber in Berlin schuld gab, dem lieblichen und herzgewinnenden
Gesange eben nicht zugethan war.

Wolfgang Amadeus Mozart.

Ebenfalls originelle Schriftzüge, klug, gewandt, vielseitig. —
Mozart's Compositionen zeichnen sich aus durch Reichthum neuer
Gedanken, immer wechselnde harmonische Wendungen, außerordent=
lichen Ausdruck und große Wirkung.

Louis Spohr.

Die Schrift tritt mit genialen Formen auf, sie zeigt Frische
und Modernität, — seine Compositionen stehen damit im Einklange
und tragen in aller Hinsicht den Stempel der Originalität.

Xaver Schnyder von Wartensee.

Eine zierliche und gemüthliche, secirende und humoristische
Handschrift. — Schnyder v. Wartensee's Musik ist klar, melodisch
und von seltener Korrektheit; seine Arien athmen Gemüth und
Zartheit, er ist zugleich humoristischer Schriftsteller.

Ludwig van Beethoven.

Finstere und ungefügige Buchstaben, die in ihrer Art Originale
sind. — Beethoven componirte am liebsten im Freien, fern von
Menschen; er war nicht zugänglich und blieb zurückgezogen bis an
sein Ende.

13.

Will man sich der Wahrheit, daß die Handschrift der Ausdruck des Charakters ist, bewußt werden, so muß man vergleichen. Vergleiche allein sind die Mittel zur Ueberzeugung. Ein Zweifler, der sich nur einmal die Mühe giebt, diesen Vergleich anzustellen — er wird bekehrt. Freilich hat nicht Jeder Gelegenheit, die Schriftzüge hervorragender Charaktere zur Ansicht zu erhalten. Hierin sowohl, wie auch in dem Mangel an Interesse, liegt der Grund zum Zweifel. Um nun zu diesem Vergleiche und zu dieser Ueberzeugung Gelegenheit zu bieten, geben wir nachstehend die Facsimiles von acht unserer bekanntesten Männer, die nach den verschiedensten Richtungen gewirkt haben: Handschriften von Schiller, Goethe, Pestalozzi, Beethoven, Gleim, Iffland, Lessing und Jean Paul Fr. Richter.

1.

2.

3.

4.

(Beethoven's Handschrift. Auf S. 41 ist seine Namensunterschrift.)

5.

Die frommen Lande verliert
man nicht.

Von Ihrem Freunde

Halberstadt   Dem alten Glauben.
den 17. Jan.
1798

6.

7.

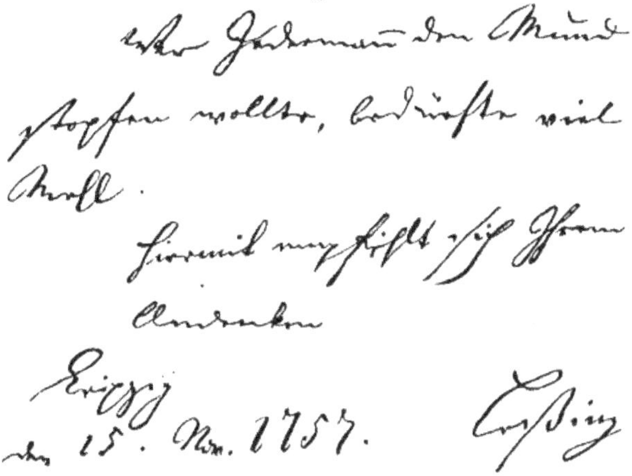

[Handwritten text, facsimile]

Leipzig
den 15. Nov. 1757. Lessing

8.

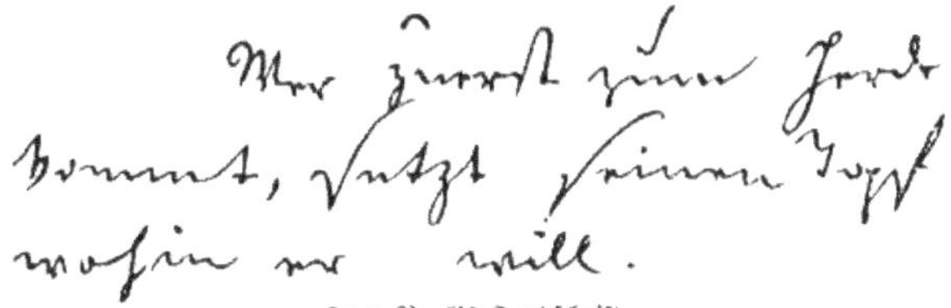

[Handwritten text, facsimile]

Jean Paul's Handschrift.

Wenn wir nun fragen: welche Zeilen hat unser genialer Schiller geschrieben? würde man dann wohl auf die nachläſſigen Züge eines Peſtalozzi, oder die ſpitzigen, leicht zündbaren eines Jean Paul verfallen? Wenn wir ſagen: unter dieſen Handſchriften iſt Leſſing, der Kritiker, würde man wohl die väterlichen Züge des alten Vater Gleim als ſolche bezeichnen? Wenn wir ſagen: unter dieſen acht Handſchriften iſt die eines anſpruchsloſen Schulmeiſters, der in ſeiner populären Sprache auch den Landmann anredet, würde man wohl, frage ich, auf Goethe's Züge rathen? Ich habe zu jedem unſerer Leſer das Vertrauen, daß keiner derſelben eine unrichtige Antwort geben wird. Jede Handſchrift iſt bedingt durch die geiſtige Richtung ihres Autors, ſie kann nur ſo und nicht anders ſein. Wie der Charakter ein einzelner und eigenthümlicher iſt, ſo trägt auch die Handſchrift ein entſchiedenes und klares Gepräge.

14.

Es liegt im Begriffe der Geschicklichkeit und der Fertigkeiten, daß mit diesen nur elastische und weiche Handschriften im Einklange stehen können. Wer geschickt ist, hat elastische Finger, die sich zurück= biegen lassen. Und wer solche Finger besitzt, schreibt eben auch eine elastische Schrift. Niemand kann mir das Gegentheil beweisen. Wer einen geschickten Mann in seiner Umgebung kennt, wird auch finden, daß dessen Schriftzüge elastische sind. Kommt eine spitze Nase hinzu, dann mischt sich mit der Geschicklichkeit auch Schlau= heit und Verschlagenheit.

Es freut mich, ein solches Bild vorführen zu können. Die Neuyorker Kriminalzeitung brachte in Nr. 10 des Jahres 1860 das Porträt eines berüchtigten amerikanischen Verbrechers, der in der That mehr geleistet hat als irgend Seinesgleichen vor ihm. Hier Bild und Schrift:

Dieser Mann heißt James Honeymann. Es war in einer stürmischen und rabenschwarzen Nacht, in der Honeymann zur Ausführung schritt, die Citybank zu bestehlen. Zuerst probirte er das Hauptthor; das Schloß wich nach kräftigem Druck dem Nachschlüssel. Nun aber stieß er auf unvorhergesehene Hindernisse; eine schwere eiserne Thür hemmte das weitere Vordringen. Es blieb ihm keine andere Wahl als einen Abdruck auch dieses Schlüssels mit sich zu nehmen und das Werk für heute aufzugeben. Er verschloß die Hausthüre in aller Stille wieder und begab sich nach Hause. Tags darauf war der Nachschlüssel zur zweiten Thür fertig und der nächtliche Besuch der Bank wurde wiederholt. Zu seinem Schrecken aber fand der Räuber hinter der zweiten Thür noch eine dritte mit einem andern Schlosse. Er drückt auch dieses in Wachs und so hatte er sechsmal zu experimentiren, bevor er zu allen sechs eisernen Thüren, die ins Kassazimmer der Bank führten, passende Nachschlüssel gefertigt hatte. So mußte dieser Dieb acht Nächte hindurch eine Thür um die andere öffnen. Nun war noch die eigentliche Thür zur Kassastube zu erbrechen; auch hierzu war der siebente Schlüssel bald vollendet und der Räuber am Ziele. Er trat in die Schatzkammer, wo die Gelder der Citybank haufenweise über einander gestapelt lagen. Er begann mit den Banknotenpacketen und nahm daraus im Ganzen den Betrag von 245,000 Dollars. Mit dieser Summe zufrieden, brachte er Alles wieder in die frühere Ordnung und verließ in der Morgendämmerung, nachdem er jede Thür genau verschlossen hatte, das Gebäude. — Nicht wahr, das will viel sagen? Nun sehen Sie sich das Gesicht und die Handschrift dieses Mannes an! Das Vorhandensein von Geschicklichkeit ist nicht zu verkennen, aber — liegen nicht in diesen gefurchten Zügen alle die schlaflosen Nächte, die der Mann seinen unehrlichen Plänen geopfert hat? Hat nicht sein schwarzes Brüten sein Gesicht mit grauer Farbe abgestempelt? Findet man nicht in dieser elastischen Handschrift die spitze Nase wieder?

15.

Man pflegt gewöhnlich und zunächst bei Beurtheilung der Menschen zu unterscheiden zwischen Verstandes= und Gefühlsmenschen. Nach dem Begriffe von Verstand und Gefühl oder von Härte und Weichheit muß ganz natürlich der Verstandesmensch eine feste und harte, der Gefühlsmensch dagegen eine weiche und zarte Handschrift haben. Keine Behauptung dürfte so sehr die Feuerprobe abhalten als gerade diese. Es wird ein Ding der Unmöglichkeit sein, daß mir Jemand einen Verstandesmenschen mit zarter Schrift und einen Gefühlsmenschen mit harter Schrift aufweisen kann.

Belege:

Vorherrschender Verstand.

Vorherrschendes Gemüth.

16.

Der Begriff, den man sich in der Regel von Gauklern, Taschenspielern und Consorten macht, schließt das solide Wesen aus. Dieser Vorstellung analog müssen die genannten Leute eine leichte und luftige Schrift mit Firlefanz und windigen Guirlanden be= sitzen. Und in der That, es existirt kein Gaukler, kein Taschen= spieler und kein Abenteurer, dessen Handschrift diese Eigenschaften nicht mehr oder weniger an sich hätte. Prangerl, Hofmusiker und Schalksnarr, hatte eine ähnliche Handschrift wie Pettorelli. Er wohnte zur Miethe und war von einer unruhigen Nachbarschaft um= geben; Tag und Nacht war keine Ruhe. Seine Einsprache half nichts und so begann er, sobald sich der Lärm regte, Kegel zu schieben und Juchhe zu schreien, wenn's traf. War's auch Mitter= nacht, das kümmerte ihn wenig. Als aber ein alter Jagdliebhaber unter ihm mit seinen Hunden eine förmliche Zimmerjagd auf Rat= ten und Mäuse anstellte, da schüttet Prangerl ganze Eimer Wasser auf den Fußboden, wirft lebende Fischlein hinein und setzt sich auf seine Bettstelle, die Angelgerte in der Hand. Wie er sich's dachte, stürzt der Jagdfreund, durch dessen Zimmerdecke das Wasser drang, wüthend in Prangerl's Gemach mit dem Ausrufe: „Was zum Teu= fel machen Sie denn da?" „Ich fisch'", entgegnete ruhig der

Hofnarr. „Aber das Wasser dringt ja durch die Decke, ich und meine Sachen werden naß!" fiel der Andere ein. „Schauen's" beschwichtigte Prangerl ganz gemüthlich, „Sie hab'n g'sagt, Sie könnten in Ihrer Wohnung und um Ihr Geld thun was Sie wollten und hab'n g'jagt. Da hab' i mir denkt, wenn Sie jagen dürst'n, nach a könnt' i fischen aa!"

Bosco, der bekannte Taschenspieler.

Pettorelli, Taschenspieler.

Alexandre, der berühmte Bauchredner.

Die Hofnarren gehören eigentlich nur dem Namen nach hierher und waren meist ganz gescheidte Leute. Einer derselben möge die Schaar dieser lustigen Gesellen vertreten: Josef Frölich, genannt Saumagen.

Josef Frölich, früher ein Müller, war Hofnarr. Bei Gelegen=
heit des Reichsvikariats im Jahre 1730 bat er seinen Fürsten um
Standeserhöhung und ein Wappen. Frölich wurde nun „Graf

Saumagen" und erhielt ein Wappen, das als Embleme einen Flegel,
ein Schwein und einen Hund enthielt. Wir erwähnen dies, da dessen
Schrift bei aller Pfiffigkeit sich doch wenig Respekt zu verschaffen weiß.

17.

Unumstößliche Belege für unser Thema liefert die Erscheinung,
daß die Handschriften den Begriffen, die man von den Eigenschaften
der Seele und des Herzens hat, vollkommen entsprechen.

Einen Muthigen stellen wir uns groß, fest, keck und entschie=
den vor, den Zaghaften dagegen klein und schwächlich. Dieser
Begriff, den wir diesen Eigenschaften unterlegen, muß sich auch auf
die Handschrift anwenden lassen; auch sie muß bei einem Muthigen
groß und kühn und bei dem Furchtsamen klein und weichlich sein.
Es giebt keinen Feldherrn, der eine zaghafte Handschrift schreiben
könnte, wie es umgekehrt keinen Furchtsamen giebt, der eine ent=
schiedene Handschrift zu schreiben vermöchte.

Hier nur drei Belege von Helden aus dem Dreißigjährigen Kriege:

Karl Gustav von Wrangel, geb. 1613, schwedischer Feldmarschall.

Gottfr. Heinr. von Pappenheim, geb. 1594, Reiteroberst.

Joan Lodovico Isolani, geb. 1580, der berühmte Kroaten-General.

Eine ganz entgegengesetzte Handschrift muß „Dionys, der Tyrann, zu dem Möros den Dolch im Gewande schlich“, gehabt haben. Dionys fürchtete den Bartscherer; seine Töchter mußten ihm den Bart mit brennenden Nußschalen wegsengen. Wollte er zu Bette gehen, dann riegelte die Leibwache von Außen und er von Innen zu; das Bett selbst war von einem breiten Graben umgeben; erst über eine Zugbrücke, welche er hinter sich nachzog, kam er hinein. Mit dem Volke sprach er von einem hohen Thurme herab, damit ihn kein Pfeil erreichen könne. Und um solch einen Zustand beneidete ihn der Höfling Damokles, wenigstens that er so. Dionys räumte ihm den goldenen Thronsessel ein, und als sich Damokles so recht behaglich darin wiegte, gewahrte er über seinem Haupte ein scharf geschliffenes, an einem einzigen Pferdehaare hängendes Schwert. Damokles sprang auf, bat um aller Götter willen, ihn hinauszulassen und dankte für alle Herrlichkeit und Größe. Dies war der beste Witz, welchen Dionys gemacht hat.

Derb und groß schrieb auch der alte Dessauer. Leopold that es nicht anders, er mußte seine Föhsin, eine Apothekerstochter, zur Frau haben. Bei ihrem Tode war er ganz außer sich: er vergoß Ströme von Thränen, konnte aber auch dabei seine Rohheit nicht verleugnen, indem er zu seinem Sohne ging und ihm schluchzend zurief: „Weißt Du denn, daß der Teufel Deine Mutter geholt hat?“

4 *

Die feinen Nüancen des persönlichen Muthes deuten auf die übrigen Eigenschaften des Geistes. Hier Blücher's und Gneisenau's Handschriften.

Blücher überlegt nicht lange, immer vorwärts; dagegen hat Gneisenau's Schrift mehr Glätte und Ueberlegung. Und so war es. Als eine Universität unsern Blücher honoris causa zum Doktor gemacht, meinte er, daß sein Gneisenau, der die Pillen gedreht, denn doch auch Apotheker werden müsse.

Als ein Beispiel angeborenen Gleichmuths geben wir die Handschrift eines Selbstmörders:

So schrieb ein Mensch, der sich eine Stunde nachher erschoß. Es liegt darin ein Trotz, der Grausen erregt. Der ganze Brief lautet:

H .... den 23. April 1799.

Ergebenstes Promemoria.

„Unterzeichneter wird in den Frühstunden allhier todt gefun=
den werden. — Er ersucht Ew. Hochedelgeb., zu thun, was unter

den Umständen gewöhnlich ist . . . . . Auch ersuche ich Ew. Hochedel=
geb., daß die zurückgelassenen Nachrichten von meinem Tode mit
den ersten Posten an ihre Adressen befördert werden rc."

Eine Anmerkung unter diesem Briefe von anderer Hand theilt
mit: „Der Körper wurde sitzend an einem Tische gefunden, der
Kopf ganz zerschmettert. Ein Pistol mit aufgezogenem Hahne lag
noch auf dem Tische, mit der Warnung: Dieses Pistol ist geladen."
Auf einem andern Tische lag dieser Brief mit noch zehn andern
an seine Freunde.

Wir geben noch eine Handschrift, in denen die Eigenschaften per=
sönlichen Muthes hervortreten:

Bernhardt starb als sächsischer Artilleriehauptmann im Jahre
1850. Er machte drei Feldzüge in Afrika mit, wo er seinen Muth
dadurch bewies, daß er seinen Leibschimmel mitten aus einem
Kabylenhaufen herausholte. Seine körperliche Stärke war außer=
ordentlich, — er trug eine Kanone allein und hielt einen rollenden
Wagen mit einem Griffe in die Speichen auf.

Der Begriff, den wir uns von einem Geizigen machen,
vergegenwärtigt uns einen Menschen, der Alles zusammennimmt
und alles Unnöthige vermeidet. Diese Attribute des Geizes müssen
sich auch in der Handschrift wiederfinden. Ist die Schrift zusam=
mengedrängt, mehr stehend als liegend, alle Räumlichkeiten be=
nutzend, so ist Sparsamkeit und im Extreme Geiz vorhanden; um=
gekehrt, sind die Buchstaben zerstreut, großartig, üppig, verschwen=
derisch, so findet auch das Gegentheil statt, also Verschwendung u. s. w.
Als Belege geben wir zwei Lavater'sche Köpfe und die entsprechen=
den Handschriften, ersterer repräsentirt den Geiz, der zweite die
Verschwendung.

Des Prinzen Nehlund ist ohne Freund.

Freiherr vo

So muß Lucull, das Muster der Verschwendung, geschrieben haben, wie dieser Freiherr. Lucull hatte in seinen Häusern Zimmer für jede Jahreszeit, jeden Wind und jede Witterung; durch sein Schlafgemach rieselte ein Bächlein, welches ihn einschlummerte und Kleider hatte er eines schöner als das andere. Einem Stadtrichter

lieh er einmal zu einem Schauspiele 200 Purpurmäntel und ein
solcher Mantel kostete wenigstens 1000 Thlr. Cicero und Pom=
pejus, zwei lustige vornehme Römer, wollten ihn in Verlegenheit
setzen und luden sich plötzlich zu Gaste; sie wären zufrieden mit
Dem, was sie fänden. „Wir speisen im Apollozimmer!" rief Lucull
dem Tafelmeister zu; in kurzer Zeit ward das köstlichste Mahl vor=
gesetzt und auf die Verwunderung der Freunde löste er das Räthsel:
„Wenn ich im Apollo speise, so wissen meine Leute, daß ein Mahl
für 50,000 Drachmen (10,000 Thlr. nach unserm Gelde) bereitet
werden müsse." Ein ander Mal bewirthete er die in Rom an=
wesenden griechischen Gelehrten mehre Tage hinter einander. Er=
staunt über die köstlichen Gastmahle, wollten sie die ferneren Ein=
ladungen nicht mehr annehmen; sie fürchteten, beschwerlich zu fallen.
„Durchaus nicht", beschied Lucull; „Etwas geschieht zwar Ihret=
wegen, das Meiste aber des Lucullus wegen." Vielleicht nur ein=
mal im Leben aß er allein und da fand er ein einfaches Mahl.
Der Haushofmeister entschuldigte sich, daß ja keine Gäste geladen
seien, und Lucull versetzte: „Eben darum hättest Du bedenken sollen,
daß heute Lucull beim Lucullus speist."

Unter Zanksucht kann man sich nur zerrissene und unter
Friedensliebe nur einfache Buchstaben denken. Diese Begriffe
sind so klar, daß es kaum nöthig ist, nähere Erläuterungen zu geben.
Doch können wir nicht unterlassen, das eheliche Gespenst des Meisters
Dürer, das bekanntlich viel Zankstoff in der Gurgel stecken hatte,
vorzustellen. Ihr Porträt hat uns der langmüthige Albrecht selbst
hinterlassen. In einem Briefe, der sich auf S. 26 und 27 der
„Reliquien von Albrecht Dürer" befindet, läßt sich derselbe also
vernehmen: „Item Ihr dürft mein Weib nix leihen, sy haben iz
gelds genug, sprecht, sie sei

(Facsimile von der Originalzeichnung.)

ein Unflot."

Wer gern für sich allein ist und es liebt, sich in seine vier Pfähle einzusperren, muß diesem Begriffe nach eine kleine, ganz absonderliche Handschrift haben.

CLARKE PUIS DIT FELTRE, ui sous le gouvernement directorial..

Das ist die Handschrift von Gustav Graf von Schlabrendorf, dem neuen Diogenes und Einsiedler von Paris. Aus einer alten Familie stammend, geboren zu Stettin 1749, bereiste er Deutschland, brachte sechs Jahre in England zu, wo er eine Zeit lang den Freiherrn von Stein besonders in den schottischen Hochlanden zum Begleiter hatte, kam noch vor Ausbruch der französischen Revolution nach Paris, ward dort während der Schreckensregierung 1793 verhaftet und blieb bis zum 27. Juli 1794 im Gefängnisse. Napoleon ließ ihn unbeachtet trotz seiner sonderbaren Lebensweise, obgleich Schlabrendorf ganz gegen ihn eingenommen war und dies unverhohlen gegen Jedermann aussprach. Er bewohnte, entsetzlich reich, ohne alle Bedienung, ein kleines unsauberes Zimmer, das er nie verschloß, und in den letzten neun Jahren gar nicht verließ. Zerrissene Kleider bedeckten ihn; in der letzten Zeit ließ er den Bart wachsen und gefiel sich als Diogenes oder Einsiedler von Paris.

Der Begriff der Leichtgläubigkeit setzt schwache, leicht beweglich wässerige Buchstaben voraus. Je nach dem Grade dieser Eigenschaft variirt auch der Grad gutmüthiger Annahme ohne Vorbehalt und Urtheil. Eben weil das logische Denken fehlt, verfallen solche Leute leicht dem Ideenschwindel und glauben am Ende selbst, was in ihrer eigenen Phantasie entsprungen. Das Extrem ist Schwärmerei.

Johann Adam Müller dem Weißbachhof.

Das ist Johann Adam Müller, der bekannte Prophet. Er war Landmann in der Gegend von Heidelberg, hatte bereits sehr früh Napoleon's Ende vorausgesagt und deshalb den Namen „der

Prophet" erhalten; 1808 sagte er das glückliche Ende des türkischen Krieges voraus und schrieb seine Prophezeiung dem Kaiser von Rußland, welcher erklärte, „er wisse es noch viel genauer als der Prophet", ihm aber trotzdem eine ansehnliche Belohnung gab.

Diese Handschrift:

gehört dem Häckerlingschneider und Schwärmer Johann Gottlieb Kloß (Kloos). Er predigte in Gast= und Privathäusern, verwarf Kartenspiel und Tanzen und lebte in der Umgegend von Meißen gegen das Jahr 1815.

Ausnahme von der Regel, daß eine wässerige Handschrift auf schwachen Charakter deutet, machen die Schriftzüge von Krüppeln oder von solchen, deren Verstand erst in späteren Jahren entwickelt wurde. Hier ein Beispiel:

Das ist die Handschrift des bekannten Kaspar Hauser.

Der Krakehler, der es nach der Phrenologie hinter den Ohren hat, erfreut sich herausfordernder Buchstaben in folgender Form:

Dieser Text erklärt sich so: Herr *** in D. schrieb mir: „Man hat vielfach behauptet, daß Sie jede Handschrift nachbilden

könnten, — ich wäre doch begierig, einmal eine kleine Probe von
Ihnen zu sehen!" u. s. w. Ohne zu wissen, daß der Briefsteller ein
Advocat war, ließ ich hierauf vorstehende Zeilen abdrucken mit der
Frage: „Haben Sie diese Zeilen geschrieben oder nicht?" Hierauf
schrieb er mir: „Sie haben mich schrecklich blamirt, die ganze
Stadt hat meine Schrift erkannt und deutet mit Fingern auf
mich. Ich wollte Sie ob Ihrer Injurie verklagen, aber alle meine
Bekannten meinten, daß sämmtliche Einwohner unserer Stadt als
Belastungszeugen gegen mich auftreten würden."

Der Physiognom Porta, der von der Aehnlichkeit eines Menschen
mit irgend einem Thiere auch auf die Aehnlichkeit der übrigen
Eigenschaften schloß, hat die Kampflust und die Friedensliebe in
zwei interessanten Bildern dargestellt:

Die Neugierde ist unruhig, spitzt die Ohren und sperrt die Augen auf:

Die vorwitzige Schrift des Abtes Bernhard von Fulda, der aus Neugier der Lützener Schlacht zusah und durch einen Schuß getödtet wurde. Von ihm rührt das Sprichwort: Nimm dich in Acht, daß dir's nicht geht wie dem Abt von Fulda.

Die äußeren Eigenschaften der Unruhe liegen im Worte selbst:

Gustav Anton von Seckendorf, bekannt als Deklamator Patrick Peale, geb. 1775, studirte 1791 in Leipzig, ging bald darauf nach Amerika; lebte in Philadelphia von Musik- und Deklamationsunterricht, kehrte 1797 nach Deutschland zurück, trat in sächsische Dienste, wurde dann in Hildburghausen Kammerdirector, nahm 1809 seine Entlassung und gab auf dem Leipziger Theater plastisch-mimische Darstellungen und Gastvorstellungen. 1814 bis 1821 Professor am Carolinum in Braunschweig. Starb, nach nochmaliger Auswanderung nach Amerika, 1823 zu Alexandria am rothen Fluß. Er hat auch als Schriftsteller einen Namen.

Carl Friedrich Graf von Hahn-Neuhaus, geb. 1782, gründete auf seinem Gute Remplin um 1799 ein Liebhabertheater, wo die größten Künstler damaliger Zeit (Iffland, die Bethmann u. A.) auftraten und fürstlich belohnt wurden. 1804 gründete er eine eigene Schauspielergesellschaft, die unter der Unterdirection des Schauspielers Scheerer die benachbarten Städte Wismar, Güstrow, Neu-Brandenburg besuchte, übernahm auch 1805 mit seiner Gesellschaft das Hoftheater in Schwerin, folgte mit dieser Gesellschaft dem Herzoge nach Altona, und schoß sogar auf Iffland's Bitten den Berliner Schauspielern die damals fehlende Gage vor. Alles dieses ruinirte seine Finanzen und er mußte 1808 seine Güter einem Sequester überlassen. Er machte nun den Krieg 1813 bis 1815 in mecklenburgischen Diensten mit, kehrte aber später, obgleich er auf seinen Gütern das bequemste Leben hatte, zum Theater zurück und leitete 1817 bis 1820 wandernde Gesellschaften, 1821 bis 1824 das Theater in Lübeck, 1829 bis 1831 eine Gesellschaft in Pommern, 1833 in Magdeburg, 1834 bis 1836 in Altenburg und überhaupt in Sachsen, 1837 in Altona und dann in Lübeck. Der Graf Hahn trat bei dieser Passion für's Theater selbst gar nicht auf, höchstens als Führer von Zügen. Die Gräfin Ida Hahn-Hahn ist dessen Tochter.

Unter Schlauheit kann man sich nur versteckte, kleine, lebendige, in sich zurückkehrende, aber nicht offene Buchstaben denken:

Louis Dominique Cartouche.

Dieser Schrift kann man folgendes Geschichtchen wohl zutrauen. Als Cartouche am meisten in Paris von sich reden machte, äußerte der König einmal bei der Abendtafel, er möchte den Cartouche doch wohl einmal sehen. Andern Morgens auf dem Wege nach dem Audienzsaale, in Begleitung zweier Kammerherren, bemerkte der König in einem Zimmer einen Menschen, der die silbernen Wandleuchter zu poliren schien. Die Leiter, auf welcher er stand, drehte sich, sowie der König sich näherte, und wollte umfallen. Der König sprang sogleich hinzu und hielt sie mit den Worten: „Nehmen Sie sich in Acht, Sie könnten leicht verunglücken." Cartouche stieg jetzt von der Leiter, machte dem Könige seine Verbeugung mit den

Worten: „Ew. Maj. sind ein zu gnädiger Monarch, unter dessen Schutz ich nie verunglücken werde." Der König lächelte über diese Worte des vermeinten Leuchterputzers und ging in den Audienzsaal, in welchem er sofort in die Tasche nach seiner Dose griff. Zu seinem Erstaunen lag in der Dose ein Billet: „Cartouche hat die Ehre gehabt, mit Ew. Maj. zu sprechen. Er konnte die silbernen Armleuchter nehmen und auch Ew. Majestät Dose, denn sie waren in seinen Händen; allein Cartouche raubt seinem Könige nichts. Er wollte nur Ew. Majestät Wunsch erfüllen." Natürlich hatte Cartouche sich sogleich aus dem Staube gemacht.

Hirsch Salomon Wohlauer, der im Jahre 1830 das Logis eines in Berlin anwesenden fremden Leinwandhändlers aufgeschlossen, aus einer Schublade 62 Thlr. entwendet hatte, und schon im Begriff war, fortzugehen, wurde vom unerwartet dazu kommenden Bestohlenen noch im Zimmer betroffen. Ohne die mindeste Verlegenheit redete Wohlauer jenen an, wie er so unvorsichtig sein könne, die Thüre offen zu lassen, die er offen gefunden habe, als er gekommen sei, um Leinwand zu kaufen. Wohlauer kaufte hierauf dem Bestohlenen noch ein Stück Leinwand ab, bezahlte es mit gestohlenem Gelde und entfernte sich unangefochten.

18.

Frauen sollen das letzte Wort haben. Auch an ihren Handschriften müssen wir den Beleg für die Wahrheit unserer Wissenschaft wiederfinden. Eine bunte Gesellschaft, die wir vorzustellen die Ehre haben. Sie mögen es sich schon gefallen lassen, wenn einzelne darunter auch gegen die gemischte Gesellschaft Protest einlegen würden. Auch bei den Handschriften dieser Frauen leitet uns der Grundsatz, daß die Begriffe der Eigenschaften mit dem Aeußern der Schrift im Einklange stehen.

Natürlichkeit und Frohsinn müssen, den Begriffen dieser Eigenschaften gemäß, einfache, ungekünstelte und heitere Züge haben.

Goethe's Mutter.

Unter Galanterie können wir uns nur einschmeichelnde und
aufgepuͤtzte Zuͤge denken:

Karoline Jagemann, Tochter des Malers Jagemann, eine fuͤrstliche Geliebte, spaͤter zur Frau
von Heiggendorf erhoben.

Bei Beweglichkeit muͤssen wir dem Begriffe des Wortes ge=
maͤß Buchstaben mit Luftspruͤngen vorfinden:

Marie Taglioni, die bekannte Taͤnzerin.

Mit ungenirtem Wesen ist nur eine sich gehen lassende,
nachlaͤssige Schrift in Einklang zu bringen:

Elisabeth von Arnim, genannt Bettina.

Ein gewandtes, vornehmes Benehmen harmonirt nur
mit Zuͤgen von Sammt und Schmelz:

Henriette Sontag, vermaͤhlte Graͤfin Rossi.

Dreistigkeit und Burschikositaͤt setzen große und dreiste
Schriftzuͤge voraus. Als Beleg moͤge die Handschrift des Schwaben=

mädchens, das sich dem Dichter Bürger zur Frau von selbst anbot, folgen:

Elise Bürger.

B. Einwendungen und scheinbare Widersprüche.

Erster Einwurf.

Die Gestaltungen der Schrift werden lediglich in der Schule angelernt und sind also weiter Nichts als mechanisch nachgeahmte Formen des Schreiblehrers.

Belehrung.

Warum schreibt denn da nicht ein Kind wie das andere? Vergleicht man die Handschriften aller Kinder in derselben Schule, so wird man sofort die Ueberzeugung gewinnen, daß unter allen Kindern auch nicht zwei sich befinden, welche dieselben Handschriften haben. Wohl sind die äußeren Formationen und Gestaltungen der Buchstaben ein Erbstück des Lehrers, niemals aber ist es der Geist, ebenso wenig wie das Kind, das die Mienen und Gewohnheiten von Personen, denen es besonderes Interesse schenkt, nachahmt, auch deren geistige Fähigkeiten erwirbt. Das Kapitel über die Handschriften der Kinder wird uns für diese Behauptung die treffendsten Belege liefern.

Ferner, wenn die Handschriften diese oder jene Gestaltungen von der Schule angenommen hätten, wie ist es zu erklären, daß die Handschriften der Frauen weicher und zarter sind als jene der

Männer? Niemand wird in Abrede stellen, daß die weiblichen
Schriftzüge unkräftiger und milder sind als die männlichen und daß
sich die weiblichen Schriftzüge zu den männlichen ebenso verhalten,
wie der männliche Charakter zu dem weiblichen, wie die Kraft zu
der Schwäche, wie die geistige Ueberlegenheit zum Gemüthsleben.

Beweis:

Mann:

Frau:

Wallenstein's Handschrift.

Wallenstein's Frau.

Merkwürdig ist die Erfahrung, daß eine Frau, die aus dem weiblichen Charakter heraustritt und mehr Mann als Frau ist, auch eine kecke, kühne und männliche Handschrift besitzt.

George Sand, die bekannte französische Schriftstellerin, die in Männerkleidung ging und gar zu gern ein Junge gewesen wäre.

Katharina II., Kaiserin von Rußland, mehr Mann als Frau.

Dieses Aneignen der Handschrift ist zu vergleichen mit der Wahrnehmung, daß ein Kind stets geneigt ist, auch die Manieren und Gewohnheiten der Aeltern nachzuahmen.

Zweiter Einwurf.

Die Handschrift richtet sich nach der Construction der Hand und speciell nach der Construction der Finger.

Belehrung.

Falsch! Gegenbeweis: schreibt man mit dem Fuße oder mit den Zähnen, so erhält man ganz denselben Geist der Schrift und den gewohnten Ductus. Hier der Beleg:

Das sind vier Handschriften von ein und derselben Persönlich=keit; 1 ist die gewöhnliche Handschrift mit der rechten Hand, 2 die

Schrift mit dem rechten Fuße, 3 die Schrift mit der linken Hand und 4 die Schrift mit den Zähnen. Man wird nicht leugnen wollen, daß in diesen vier Schriften derselbe Grundcharakter entschieden ausgedrückt ist, und daß angesichts dieses schlagenden Beweises jene Entgegnung jedes Gewicht verliert. Nein, der Schriftductus ist nicht ein Abklatsch des körperlichen, sondern ein Daguerreotyp des geistigen Menschen.

Da jedoch auch die Hand einen Theil der Physiognomik bildet, so wollen wir keineswegs sagen, daß Hand und Schrift verschieden sind. Hier die vier Grundtypen:

1.
Rohe Bildung und Festigkeit.

2.
Intelligente Kraft mit Willen und Thätigkeit.

3.
Mehr Phantasie und Gefühl als Geistesstärke und Willen.

4.
Edle Geistesbildung, eine „schöne Seele".

1 wird nicht fein und zierlich und 4 nicht derb und grob schreiben können.

Dritter Einwurf.

Es giebt Menschen, die verschiedene Handschriften schreiben können, und doch kann jeder dieser Menschen nur einen Charakter haben.

Belehrung.

Die Handschrift ist zunächst das Zifferblatt der menschlichen Fähigkeiten. Mancher Mensch hat Fähigkeiten zu Vielerlei. Alle geistigen Richtungen, Befähigungen und Anlagen, wodurch der Mensch eine gewisse Vollendung erreichen kann, müssen sich natürlich, wenn anders die Chirogrammatomantie wahr ist, in der Handschrift ausdrücken, der Mensch muß also alle jene Typen, für welche er Anlage hat, auch schreiben können. — Zu diesen Curiositäten gehört der Verfasser dieses Buches. Nur ein Beispiel. Im Jahre 1852 erschien im Leipziger Tageblatte von einem bekannten Manne, der in Physiognomik machte und allen Selbstkenntniß-Bedürftigen Aufklärung versprach, ein Aufsatz. Auch ich wollte diesen Mann, der, obgleich er niemals Etwas drucken ließ, ziemlich bekannt war, kennen lernen. Namentlich aber wünschte ich seine Befähigung, aus der Handschrift den Charakter zu beurtheilen, auf die Probe zu stellen und ihn, wenn sich wirklich Anlage zeigte, zu ermuntern. Ich erzähle das ergötzliche Zwiegespräch, wie es sich eben zutrug.

Ich.

Mein Herr, Sie haben angekündigt, daß Sie aus der Handschrift den Charakter beurtheilen, ich komme Sie zu bitten, meine Schriftzüge Ihrer Kritik zu unterwerfen.

Er.

Mit wem habe ich das Vergnügen?

Ich.

Das sollen Sie aus meiner Handschrift sehen. Ich schreibe so:

Er.

Hm, hm — hätte ich nicht gedacht, — ich glaube die Handschrift eines Landmannes vor mir zu sehen, der —

Ich.

Vielleicht ist Ihr Urtheil genauer, wenn ich noch ein Wort schreibe:

Er (stutzend).

Mein Herr, ich scheine mich geirrt zu haben — Sie sind Kaufmann!

Ich.

Damit Ihr Urtheil umfassender wird — noch ein Wort:

Er (mit einem Seitenblick auf meine Kleider).

— — — Eine Dame?

Ich.

Lassen Sie sich nicht außer Fassung bringen — ich schreibe Ihnen noch Etwas:

Er.

Mein Herr, Sie sind entweder der † † † oder der Handschrift= beurtheiler der Illustrirten Zeitung.

Ich.

Eins von beiden, mein Herr! —

Vierter Einwurf.

Es giebt viele Menschen, die ihre Handschrift verstellen können. Durch diese Veränderung wird aber keineswegs ihr Charakter verändert.

Belehrung.

Es giebt auch viele Menschen, die ihr Gesicht verstellen können, ohne daß dadurch ihr Charakter verändert wird. So wie man aber durch die Fratzen den Menschen wiedererkennt, so kann der Besitzer einer Schrift, und wenn er in derselben noch so sehr Fratzen schnei= det oder Fratzen schreibt, niemals des angeborenen Charakters sich entkleiden. Jene Verstellung betrifft also nur Aeußerlichkeiten und niemals den Geist.

Fünfter Einwurf.

Gemüthsbewegungen und äußere Umstände verändern die Hand=
schriften, und doch wird dadurch der Charakter nicht anders.

Belehrung.

Aeußere Umstände können allerdings auf die Handschrift einen
sichtbaren Einfluß ausüben, ohne den eigentlichen Typus zu ver=
ändern. Ich habe mich mit dieser Erscheinung, die freilich nur von
dem Eingeweihten empfunden werden kann, vielfach beschäftigt und
mich stets an den höchst interessanten Resultaten erfreut, ganz
besonders aber waren es die Variationen des Liebelebens, von der
Ouverture ab bis zum Finale, die meine Wißbegierde beschäftigten.
Wir finden schon im Allgemeinen, daß die Handschriften sich je nach
dem Alter des Schreibenden modificiren, sie haben einen Frühling
mit grünenden und ausschlagenden Buchstaben, einen Sommer mit
blühenden und kräftigen Zügen, einen Herbst mit ruhigen, mahnen=
den Uebergängen und einen Winter mit kalten, entblätterten
Schriftzweigen. Interessanter aber ist das Kapitel über die ver=
schiedenen Uebergänge in der Liebe. Es ist in der That merkwürdig,
daß die Schrift bei einem jungen Manne, der von jenen zarten
Empfindungen angehaucht wird, eine freudigere, raschere wird, wie
sie das magische Frühroth zarter Empfindungen daguerreotypisch
wiederspiegelt. Ebenso ist es bei jungen Mädchen, die den Himmel
offen sehen, — die zarte Sehnsucht schreibt zierlicher und das süße
Hoffen edler! Merkwürdig sind die verschiedenen Variationen in
der Liebe und die ihnen entsprechenden Tonarten in der Handschrift.
Ein junger Mann, der auf das Aeußere in der Handschrift Nichts
hielt, undeutlich schrieb und selten einen Brief absandte, in dem
nicht ein halbes Dutzend Tintenklexe zu bemerken waren, änderte
auf einmal — zum großen Erstaunen aller seiner Freunde —
seine Handschrift, sie wurde freundlicher, reinlicher und weicher.
Man konnte lange nicht begreifen, worin diese Veränderung ihren
Grund hatte — endlich kam man dahinter —: er hatte sich
verliebt!

Sechster Einwurf.

Die Schreibwerkzeuge, namentlich die Feder, üben auf die
Schrift einen großen Einfluß. Stumpfe Gänsekiele, wie sie zum

sächsischen Kanzleiductus verwendet werden, müssen nothgedrungen
mit dem Schnabel nach links und kurz gefaßt werden und liefern
eckige, schreibermäßige Züge. Spitze, elastische Stahlfedern, über=
haupt Federn mit langem, spitzem Schnabel, führen sich von selbst
nach rechts und die Züge werden abgerundeter, kühner, kauf=
männischer.

Belehrung.

Erklären Sie mir doch, wie es kommt, daß man so häufig sagen
hört: „Mit dieser Feder kann ich nicht schreiben, ich muß sie spitz,
oder stumpf, oder langspaltig u. s. w. haben?" Glauben Sie etwa,
daß ein hitziger Charakter eine stumpfe, oder umgekehrt ein ruhiger
Mann eine spitze Feder gebrauchen könnte? Ich behaupte, daß
schon der Schnitt der Feder auf den allgemeinen Charakter schließen
läßt. Wer deshalb von innen aus kein sächsischer Kanzlist ist, dem
mögen Sie noch so stumpfe Gänsekiele in die Hand geben, er wird
das Kanzlistenthum sich nicht aneignen können.

Siebenter Einwurf.

Die Handschrift ändert sich mit dem Stande, dem man sich
widmet, nicht aber zeigt diese an, wozu man Beruf besitzt.

Belehrung.

Wäre diese Annahme richtig, so müßten alle Juristen dieselben
Handschriften, alle Mediciner denselben Ductus und alle Theologen
dieselben Züge sich aneignen. Und das ist, wie männiglich bekannt,
nicht der Fall.

III.

Die Chirogrammatomantie ist der zuverlässigste Theil der Physiognomik.

Die Physiognomik der Handschrift ist sogar viel zuverlässiger
als der Charakter des Gesichtes. Als Beleg eine Mittheilung aus
dem Leben.

Die Post konnte mich erst am andern Morgen weiterbringen.
Ich mußte daher in einem Provinzialstädtchen übernachten. Spät=
herbst, — lange Abende, — kein Theater. Der Wirth sah mir das
an und lud mich ein, in einer geschlossenen Gesellschaft, die bei ihm
ihre Zusammenkunft hatte, den Abend zuzubringen. Ich nahm das
an und wurde gleich darauf dem Vorstande vorgestellt. Dieser be=
nahm sich im Laufe der Unterhaltung als ein Mann von Welt,
sprach über Politik in einer Weise, daß man wissenschaftliche Bil=
dung voraussetzen durfte. Indessen die einzelnen Theile des Gesichts
sagten mir, dem Physiognomiker, etwas ganz Anderes. Ansichten
und Ausdrucksweise standen im Widerspruche mit der Physiogno=
mik. Hier ist sein Bild:

Wohl hatte mir das Gesicht gesagt, wer der Mann sei, und ich
erwartete mit Spannung den Augenblick der Bestätigung. Und
dieser sollte nicht lange ausbleiben. Mein Vorstand zog ein Stück
Papier aus der Tasche, um sich dessen als Fidibus zu bedienen.
Den Rest des Fidibus nahm ich, wie ich denn für alles Geschriebene
Falkenaugen habe, zu mir, entrollte ihn und erblickte die Schrift:

Sofort war ich auch gewiß, wer der Mann war und daß ich richtig geurtheilt hatte. „Sie sind Schuhmachermeister!" „„Das bin ich"", erwiderte der Angeredete; „„„woher wissen Sie das?"""

Die Lehre von der Chirogrammatomantie.

Erster Abschnitt.

Was kann man aus der Handschrift deuten?

I.
Lassen sich Grundsätze aufstellen?

Allgemeine Regel.

Das Aeußere der Handschriften muß der Vorstellung, welche man sich von irgend einer Eigenschaft macht, entsprechen.

Ich will diesen Grundsatz durch Beispiele klar machen.

Bei der Sanftmuth können wir uns nur eine kleine und milde, dagegen bei der Derbheit nur eine große und derbe Handschrift denken, —

von einem Fleißigen können wir nur lebhafte und aufgeregte, von dem Faulen dagegen nur langsame und gedehnte Buchstaben erwarten, —

der Stolze kann nur eine große und kühne, der Demüthige dagegen nur eine kleine und zaghafte Schrift besitzen, —

dem Gecken kann nur eine zierliche und gekünstelte, dem Nachlässigen dagegen eine ordinäre und schleppende Handschrift entsprechen, —

dem Krakehler können nur auffahrende und häßliche, dem Friedfertigen dagegen nur kleine und milde Buchstaben zusagen, —

der Gemüthliche kann nur eine sanfte und liegende, der Berechnende dagegen nur eine kräftige und stehende Handschrift haben.

II.
Hand und Handſchrift.

Die vier Grundformen der Finger und die ihnen entſprechenden Handſchriften = Typen.

I. Rohe Bildung mit Feſtigkeit.

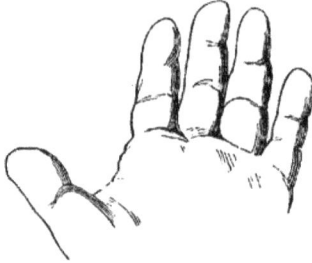

(Männliche Rohheit.)

(Weibliche Rohheit.)

II. Intelligente Kraft mit Willen und Thätigkeit.

(Männliche Willenskraft.)

(Weibliche Willenskraft.)

III. Mehr Phantasie und Gefühl, als Geistesschärfe und Willensstärke.

(Der männliche Gefühlsausdruck.)

(Der weibliche Gefühlsausdruck.)

IV. Edle Geistesbildung, eine „schöne Seele".

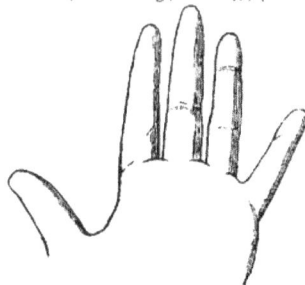

(Eine männliche schöne Seele.)

Magdeburg. C. H—x.

(Eine weibliche schöne Seele.)

Schriften meines Verbandt u. Landrath.

Betrachten wir das Aeußere der Finger von verschiedenen
Händen, sagt d'Arpentigny, so unterscheiden wir zunächst die
glatten und knotigen. Diese Knoten sind aber nicht jene, die
man durch das Anfühlen entdeckt, sondern jene, welche uns auf
den ersten Blick in die Augen fallen. Die Spitze unserer Finger
endigt entweder spatelförmig, und dann sind sie von ungleicher
Breite, oder eckig, wenn die Seitenlinien des letzten Gliedes parallel
enden, oder kegelförmig, wenn sie in eine Spitze auslaufen.

Jede dieser angegebenen verschiedenen Formen ist der Ausdruck
des geistigen Ich.

Sind die Knoten, welche die Fingerglieder mit einander verbin=
den, hervorragend, so deutet das auf Denken und auf Ordnung
der Gedanken. Die glatten Finger hingegen haben alle mehr
oder minder eine künstlerische Stimmung, sie handeln stets mehr
nach Eingebungen als nach Urtheilen, mehr nach Phantasie und
Empfindung als nach Erkenntniß. Die glatten Finger geben gern
doppelt soviel aus, als ihre Einkünfte betragen, sie sehen lieber
Blumenbeete als Kartoffelfelder.

Jedoch in demselben Verhältniß, wie die glatten Finger zur
Eingebung, Leidenschaft und zum sinnlichen Erkennen, und die
knotigen Finger zu Erörterungen und Wahrscheinlichkeitsberechnungen
hinneigen, werden Hände mit glatten Fingern in Künsten durch
ihre Beweglichkeit, in angewandten Wissenschaften, in denen Ge=
schicklichkeit und schnelle Auffassung vorwalten, sich immer aus=
zeichnen.

Hat man eine Hand, deren glatte Finger in ein Viereck aus=
laufen, und eine andere, deren Fingerglieder ebenfalls eckig sind,
aber Knoten haben, so findet man bei beiden, der eckigen Glieder
wegen, Geschmack an geistigen Wissenschaften, an Politik, Philosophie,
didaktischer Poesie, Sprachlehre, Logik, Geometrie; man findet

bei ihnen mehr richtige als großartige Ansichten, Geschäftsfähigkeit, Liebe zum Praktischen und im Allgemeinen mehr Verstand als Gemüth. Den viereckigen Gliedern sind die Theorien und Methoden eigen, für die erhabene Poesie haben sie aber keinen Sinn.

Bei den Spatelfingern kommt zuerst Gewandtheit, dann erst das Wissen; bei den viereckigen aber zuerst das Wissen und dann die Gewandtheit.

Die glatten Finger, deren Linien die Form eines Kegels oder eines Fingerhutes haben, zeigen Sinn für plastische Kunst, Malerei, Bildhauerkunst, haben Neigung zu der auf Einbildung und die Sinne wirkenden Poesie, verehren das Schöne in sichtbarer Form, fühlen sich zu der Romantik hingerissen, zeigen Widerwillen gegen Nachdenken, fühlen Hang zur Begeisterung und unterwerfen sich gern der Phantasie.

Glatte Finger, die sich in dünne Kegel endigen, zeigen Beschaulichkeit, Religiosität, Idealität, Gleichgültigkeit gegen materielle Interessen, Poesie des Herzens, Bedürfniß nach Liebe, Verehrung alles Schönen.

Wie bei den spatelförmigen und eckigen Fingern die Wirklichkeit mit ihrer Industrie heimisch ist, so grünt und blüht bei den kegelförmigen und spitzigen das Feld des Idealismus.

Da die genaueste Beobachtung des Maßes unerläßliche Bedingung des musikalischen Rhythmus ist, so trifft man namentlich unter den eckigen Fingern die gelehrtesten Musiker —, die Instrumentirung kommt vorzugsweise den Spatelfingern zu und der ausgezeichnete Gesang den spitzigen Fingern. Lange Glieder sind überhaupt ein sicheres Zeichen von Anlage und Geschick zur Musik.

Bei Leuten, welche kleine und breite Hände, feine Finger, Knoten und eckige Glieder vereinigen, findet man Rechthaberei und Liebe zum Streit.

Die kleinen schmalen Hände haben das Zusammenfügungstalent. —

Wenden Sie nun diese Regeln auf die verschiedenen Menschenklassen an.

Verlassen wir die Stadt, um den Feldmessern, den Ingenieuren zu folgen, diesen unpoetischen Leuten, die aufs Feld gehen, ausgerüstet mit Meßtischen und Absteckpfählen, und wie die Vögel auf den Zweigen, wie die Gazellen auf dem Sande heiter sind und sich in diesen Trapezen und Vierecken gefallen, — sie haben eckige Spatelhände. Zu ihrem Bunde gehören auch jene, welche Gleichungen und die Schweise der Kometen berechnen.

Gehen wir nun in die Werkstätten der Artillerie, in die Circus, in die Theater der Spring=, Fecht= und Equilibrirkünste u. s. w., so finden wir Spatel= und große, kegelförmige, sehr harte Hände.

Verlassen wir die Menge und das Geräusch und gehen in die kalte Einsamkeit der Bibliotheken, in die narkotische Atmo= sphäre der Laboratorien, in die nackten Säle pedantischer Schul= männer und prüfen die Hände der Philosophen, Künstler, Dichter, Mathematiker, d. h. solche, die sich durch angeborne Neigung zu ihrem Berufe hingezogen fühlen, so finden wir überall solche Finger, die mit unsern Grundsätzen im Einklang stehen und zwar:

die der lyrischen Dichter und überhaupt der nach Idealität strebenden Romantiker mit kegelförmigen Fingern, —

die der Sprachlehrer, der Kritiker, der wissenschaftlichen Schrift= steller, der Aerzte, der Rechtsgelehrten, je nach ihrer besondern Rich= tung, mit eckigen Linien, —

die der gläubigen Philosophen, der Theologen u. s. w. mit Linien, halb eckig halb kegelförmig, und mit Knoten.

Finden wir daher in Schulen für Polytechnik und wissenschaft= liche Anwendung eine feine und spitzige Hand, so dürfen wir das Loos eines hierher verirrten Dichters beklagen.

Hier begegnen wir Einem, dessen höchster Genuß geistige Be= schäftigung ist; er hat mehr ein poetisches Gemüth als einen seci= renden Verstand; er hat Vorliebe für Gemälde, Musik, Statuen und Verse; er liebt die Gegenstände mehr ihrer Schönheit als ihrer Nützlichkeit wegen; er wird leicht begeistert; in seinen Augen, Ge= berden, in seiner Sprache und seiner Kleidung drückt sich etwas Fremdartiges und Begeistertes aus; seine Börse ist Jedem offen, aber fest verschlossen vor seinen Gläubigern; in dem Alter, in welchem andere Menschen längst von den Täuschungen der Jugend= träume zurückgekommen sind und dem täglichen Brote nachgehen, huldigt sein ewiggrünes Herz noch immer romantischen Ideen. Ihm raunen die Spitzen der Berge heilige Gedanken zu, er sieht in Allem Poesie, in dem klagenden Gesäusel der Bäume und in dem Klirren der rostigen Wetterfahnen. In einsamer Nacht, wenn die halbverschleierte Luna ihr mattes Licht ins Wasser gießt und ihren Schimmer über die Felder ausstreut, irrt er gern an dem einsamen Strande umher, das Herz voll selbstgeschaffenen Kummers.

Und seine Finger? Sie können nur kegelförmig oder spitzig sein.

Nun betrachten Sie diesen Menschen! Er liebt Handarbeiten, gräbt und ackert gern, stets kommend und gehend, einen Hammer oder Spaten oder Flinte in der Hand. Er belächelt die beschaulichen Träumer, welche in süßen Empfindungen am rieselnden Wiesenbache liegen und unter dem Gemurmel des Wassers und dem Gesumme der Bienen die Wolken über sich hinziehen lassen. Er liebt das Geräusch der Fanfaren und das Bellen der Hunde; er liebt Pferde; sein Hof ist voll von Hunden, Pfauen, Hühnern und gesprenkelten Hähnen. Er ist Jäger und steht früh auf, er kennt auf zehn Meilen in der Runde alle fischreichen Flüsse und Teiche, alle Haiden und Wälder, wo sich Wild aufhält. Er liebt Physik und Mechanik; das Lärmen auf Zimmerplätzen und das Pochen und Hämmern in Hüttenwerken klingt melodisch und lieblich in seine Ohren. Er will nichts wissen von Gärten mit geheimnißvoller Poesie, von schattigen stillen Grotten mit geweihten Statuen, lauschigen Plätzen und plätschernden Brunnen, mit Lorbeer- und Cypressenbäumen und Taubenschnäbelei. Er hält es mit großen Gemüsegärten, eingefaßt von einer weißen Mauer und zahllosen Spalieren. Da reifen unter Glocken die Ananas und Melone, da fließt in gerader Linie beim Gezwitscher der Finken in steinerner Rinne und von Nußbäumen beschattet das klare, frische Bächlein. Lauben, Bänke, Schaukeln und Taubenschläge. Er ist nicht abergläubisch, und weiß, daß er mit der Zeit gleichen Schritt hält; er hält es mit Bequemlichkeit, und liebt das Nützliche und Dauerhafte.

Brauche ich es auszusprechen? Dieser Mensch wird Spatelhände mit fester und ziemlich weiter Handfläche haben.

Weiter! Hier begegnet uns ein Emporkömmling. Wenn ihm was daran läge, sagt er, sich räuspernd, so könne er Austern schmausen, denn seine Mittel erlauben dies, aber er ziehe Schweinefleisch vor; jeder habe so seinen eigenen Geschmack. Von seinen Söhnen liebt er nur den, welcher selbst seine Kleider ausklopft, seine Stiefeln wichst und sein Pferd striegelt; seine Schwiegertöchter können nur Frauen sein, welche selbst den Topf abschäumen, ohne Sonnenschirm spazieren gehen und ohne Servietten essen. Will

nichts wissen von den Salonpuppen, die nur tanzen, singen und sich
putzen können. Musik macht ihn schläferig. Bücklinge, Ehrenbe-
zeigungen und Artigkeiten sind ihm zuwider wie Kellerratten. Er
liebt es in Hemdärmeln und ohne Cravatte zu essen. Soll er
Frauen schön finden, so müssen sie einen hübschen Umfang haben.
Gemälde, Statuen und Literatur kennt er nicht; dagegen weiß er
Vieh und Dünger desto mehr zu schätzen. In seinem Garten hat
er ganze Quadrate voll Kohl und Sonnenblumen. Sein Holz spaltet
er selbst.

Sehen Sie diesem Manne auf die Finger, so finden Sie Spatel-
finger mit harter und dicker Fläche.

Und hier führe ich Ihnen noch einen Andern vor. Er macht
eine wichtige Miene, hat gestärkte Wäsche und ein Doppelglas.
Er wohnt in einer kleinen Stadt, in der man sich gehen hört und
wo der Pflastertreter sich breit machen kann. Von seinen Verwandten spricht er in gemessenem, inhaltschwerem Tone, und versteht
Latein, Geometrie, Geographie, Alterthumskunde, ein wenig Medicin, ein wenig Rechtswissenschaft und ein wenig von Allem, was
man lernen, aber nichts von dem, was man erforschen kann.
Seinen schwerfälligen, wie in Leim getauchten pedantischen Einfällen
fehlt es an Salz und Schwung. Immer ordnend, ausbürstend,
abstäubend, schichtet er sein Weißzeug selbst auf, nachdem er zuvor
das Zeichen geprüft hat, und hält seit seiner Volljährigkeit die
quittirten Rechnungen unter festem Verschluß. Er ist ein sorgfälti-
ger, abgemessener, pünktlicher Mensch; er hält fest an der Regel
und unterwirft sich den Gebräuchen; jede Neuerung bringt ihn
außer Fassung und seine Gedanken bewegen sich mit aller Bequemlichkeit in den engen Grenzen eines gewöhnlichen Menschenverstan-
des. Er ist von Natur auch geneigt, Alles ernst zu nehmen; er ist
der Ordnung und der Symmetrie ergeben und zieht mehr seinen
Verstand als sein Herz zurathe. Er erkennt Nichts für schön an,
dem keine Theorie zu Grunde liegt. Er liebt Gärten mit ge-
kreuzten und mit Buchsbaum eingefaßten Wegen, in denen man
Alles mit einem Blick übersehen kann, wo die Bäume, die jedes
Jahr künstlich geschnitten werden, ohne Rauschen, ohne Bewegung
sind, und wo dichte Hagebuchenlauben, schweren Fallschirmen ähnlich,
sich in Reih und Glied gleichmäßig dahinziehen. Dies ist der Rentier,
der zugleich zu den Ehren des Ortsvorsteheramts auserkoren ist.

Er hat ein Barometer und Thermometer, ein Fernglas, eine Sonnenuhr und eine ausgestopfte Nachteule.

Und seine Finger? Sie sind knotig mit eckigen Gliedern.

Der Form der Hände entspricht die Form der Handschrift. Glatte Finger können nur glatte, und stumpfe Finger nur stumpfe Buchstaben schreiben. Dasselbe, was über die verschiedenen Finger= formen gesagt ist, findet auch auf die ihnen entsprechenden Schrift= formen volle Anwendung.

III.

Handschrift und Gesicht.

1.

Portrait

Herr F. M. in D. fragte: „Können Sie aus der Handschrift auch auf das Aeußere des Schreibers schließen?" Antwort: Eine Daguerreotype können wir allerdings nicht geben, wohl aber gelingt es, nach den entdeckten Eigenschaften uns ein ungefähres Bild zu machen. So hören Sie! Das ist die Schrift eines Registrators, von Jahren alt, an Gütern arm, Actenklima, winzige Augen, Vatermörder mit dem frommen Motto:

> Genieße, was dir Gott beschieden,
> Entbehre gern, was du nicht hast,
> Ein jeder Stand hat seinen Frieden,
> Ein jeder Stand hat seine Last!

Ordnung ist die Würze des Lebens: um 9 Uhr mit den Hühnern ins Bette und Morgens mit ihnen auf, so gehört sich's. Schöne Nachtmützen=Zipfel besonders interessant, — Sonntags in die Baum= bluth mit Butterbemmchen und Regenschirm, — hinter den Acten im Schweiß des Angesichts; aber die jüngeren Collegen, die Gelb= schnäbel, wollen Alles besser wissen — Nichts wissen sie! Aergern muß man sich über diese Kerle, daß man aussieht wie ein

6 *

Weß ist das Bild und die Schrift? — Nun laſſen Sie uns
noch eine Priſe nehmen!

2.

Phyſiognomiſche Diätien

Herr ⊹ — in B. — Kleine ſchweigſame und dürr=reiſige
Züge, die herumtrippeln und gern nach dem Wetter ſehen. Hinter
Büchſen und Pulvern etwas beſtäubt und grau geworden. Fängt
gern Fliegen und ſteht in der Regel mit dem linken Fuße zuerſt
auf, was bekanntlich üble Laune und ſtille Brumme zur Folge hat.
„Bin ich liebenswürdig?“ (J warum denn nicht, auch eine zer=
knickte Blume duftet noch!) „Erfreue ich mich einer feurigen Ju=
gend, oder bin ich bereits . . .“ (Höre Apotheker, wenn’s auf dem
Berge Reif hat, ſo iſt im Thale Alles erfroren.) „Wie ſtellen Sie
ſich meine Perſönlichkeit vor?“ Allerdings eine Frage, die mich
in einige Verlegenheit bringt, da man wohl in den meiſten Fällen,
aber nicht immer von der Schrift auf das Antlitz ſchließen kann;
indeſſen, da Sie es wünſchen, will ich Ihnen ein Bild, wie es mir
der Eindruck der Schrift gegeben, entwerfen. Hier haben Sie es
in der Morgentoilette.

3.

Schriftzüge —

„Weß Standes mag wohl der Mann sein, der diese Zeilen geschrieben?“ (Das will ich Ihnen sagen, Herr Professor! Sehen Sie dort den kleinen Mann, gebückten, schiebenden Ganges, unter

dem Arme den Folianten, auf dem Rockkragen etwas Puder und um den Hutdeckel, ob des ehrwürdigen Alters, einen weißen Ring? Zschokke nennt das Selbstschau!) „Bin ich Freund von Vergnügungen oder habe ich die entgegengesetzte Richtung?“ (Unglücklich ist die Frau, denn täglich wird ihre Suppe kalt; unselig ist die Frau, denn Sie kennen nur Studir= und keine Schäferstunden; geplagt ist die Frau, denn Sie sprechen mehr von Xenophon als von Ana= kreon.) „Bin ich bei dem schönen Geschlecht in Gnade oder nicht, und wie muß ich es in letzterem Falle anfangen, um Gnade zu finden vor den Herrinnen?“

> Ich rath' euch, wallt aus eurer Bücherklause
> Einmal hinaus in Frühlings Sonnenblicke;
> Doch laßt mir sein den Doctorhut zu Hause,
> Die grüne Brille, Codex und Perrücke.

4.

Nun will ihr eigner Freund.

Frl. J. — r in M — g. Kleine, spitze, lebhafte Züge mit noli me tangere und Hagebuttendornen. Zerbricht gern die Tassen. Kleine Töpfe sprudeln leicht über. Eigensinnig und empfindlich,

jeder Zoll — eine Rose mit Dornen. Kennen Sie dies Stumpf=
näschen?

IV.
Glätte ohne Ausdruck.

Bei Prüfung einer Handschrift entscheidet der Ausdruck, nicht
das glatte Aeußere. Die glatten Handschriften sind daher keines=
wegs auch in geistiger Beziehung lobenswürdig. Im Gegentheil,
die absichtlich gezierten Handschriften sind in der Regel die fadesten,
während im Gegentheil eine kräftige Handschrift, die nach den
Regeln der Kalligraphie für unschön gelten muß, durchaus geistreich
sein und einen hervorragenden Mann repräsentiren kann.

V.
Gleiche Handschriften, gleiche Charaktere.

Hat man eine Handschrift von einer bekannten Persönlichkeit,
die der Handschrift eines Unbekannten gleicht, so kann man mit
Bestimmtheit annehmen, daß der Unbekannte denselben Charakter be=
sitzt, welchen die uns bekannte Persönlichkeit hat. Ich gebe für die
Richtigkeit einen kleinen Beleg aus meinen Erfahrungen (Illustrirte
Zeitung, Nr. 288 a b meiner Beurtheilungen):

Herrn Fr. R. in Gitschin. — Sie geben uns den schlagendsten
Beweis, wie richtig unser Satz ist: Wenn verschiedene Personen
gleiche oder doch ähnliche Handschriften haben, so findet auch in
gleichem Maße eine Gleichheit oder Aehnlichkeit im Charakter statt.
Sie theilen uns mit: In Nr. 435 fand ich unter Nr. 61 eine
meiner Handschrift auffallend ähnlich und ist die Beurtheilung genau
so, als ob Sie meine Persönlichkeit diagnosticirt hätten, — Alles,

selbst die weiche Hand, trifft ein; — es muß Ihnen doch Freude machen, Ihre Schlüsse so glänzend bewährt zu sehen." — Jene Handschrift ist der Ihrigen allerdings fast gleich, aber sie ist nicht von Ihnen, sie gehört einer Person an, bei der unser Urtheil, wie wir hörten und wie es auch nicht anders sein kann, ebenso genau zutrifft, wie bei Ihnen.

VI.

Namensunterschriften und ihre Züge.

Die Namenszüge sind Abdrücke des geistigen Lebens und höchst charakteristisch. Sie geben ebenso wie die Buchstaben Aufschlüsse über die Neigungen, Schwächen und namentlich über die äußeren Eigenschaften des Menschen. Ich gebe für diese Wahrheit einige interessante Belege.

I.

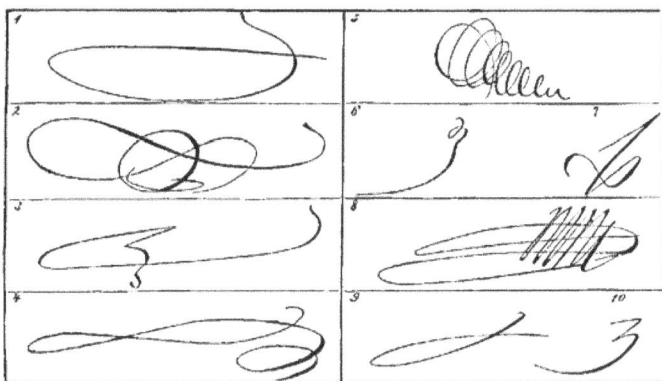

1. Emil Devrient, Schauspieler: Ahnenstolz und Stammschloß.
2. Karl Devrient, Schauspieler: Zehn = Pferde = Dampfkraft.
3. Ferd. David, Violinspieler: Fixirte Bilder des Taktstabes.
4. Peter Heß, Maler: Schönheitslinien.
5. Heinrich Anschütz, Schauspieler: Traube oder Pfropfenzieher?
6. Friedrich Halm, Dichter: Gedrehte Troddeln und Quasten.
7. J. Schnorr v. Carolsfeld, Maler: Liebenswürdige Verknotigung.
8. Joh. Gabr. Seidl, Dichter: Luftdurchzogene Gitter mit Orgelpfeifen und Bohnenblüthenranken.
9. Marie Bayer = Bürk, Schauspielerin: Aufgeputzt, in meinem Schlößchen ...
10. Julie Rettich, Schauspielerin: Reine Naturpflanze, die auch überwintert.

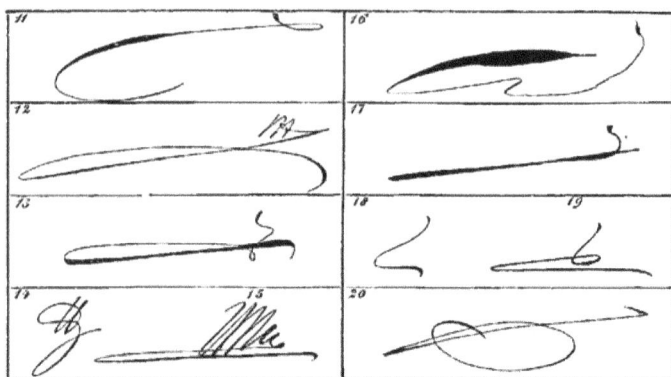

11. Oskar v. Redwitz, Dichter: Friſcher Tannenzweig aus dem Schwarzwalde.
12. Luiſe Neumann, Schauſpielerin: Spalierbaum.
13. Ign. Moſcheles, Componiſt: Taktſtab wie bei David, nur in aufſteigen‐
der Linie.
14. Heinr. Marſchner, Componiſt: Viel Durcheinander, das an den frühern
Juriſten erinnert.
15. Ludw. Löwe, Schauſp.: Hübſch glatt mit Korbgeflecht, aber ohne Mörtel.
16. D. G. Kieſer, Prof. d. Medicin: Sieht der Zug nicht wie eine Schlange,
das Bild des Mediciners, aus?
17. W. Alexis (W. Häring): Vornehm wie ſein Schweizerhaus in Heringsdorf.
18. Saphir, Humoriſt: Naſe.
19. Joh. Nep. Vogl, Dichter: Weiße Feldwindenranke.
20. L. v. Klenze, Geheimrath, Architekt: Ein gerathener Zug.

II.

Vornehme Dichter.   Dichter.

1. Karl Borromäus, Freiherr v. Miltitz.
2. Fürſt von Pückler‐Muskau.
3. Schiller.
4. Goethe.
5. Klopſtock.
6. Herder.
7. Wieland.
8. Gellert.
9. Gleim.
10. Hölty.

Frauen.   Taschenspieler.

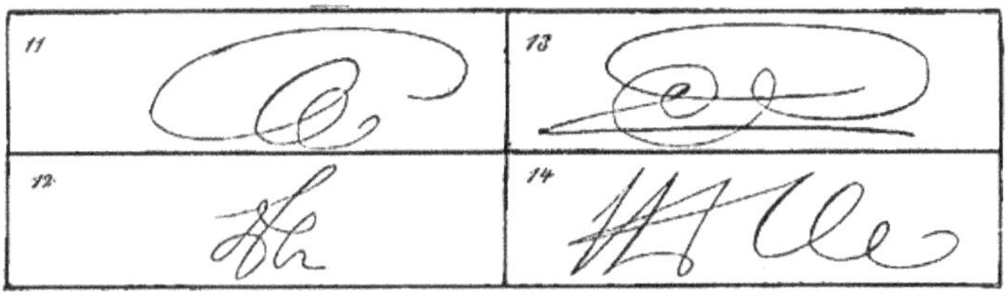

11. Charlotte Birch=Pfeiffer.
12. Juliane Freifrau von Krüdener, bekannt durch ihre Schwärmerei.
13. Bosco.
14. Pintoretti.

Wer nimmt den größten Platz ein?

Zweiter Abschnitt.

Schrift und Nation, Schrift und Zeitgeist.

I.

Man kann ebenso gut aus der englischen, russischen, chinesischen und jeder andern Schriftart den Charakter beurtheilen, wie aus der deutschen; dieselben Regeln, die im Deutschen Anwendung haben, behalten auch für die Schriften anderer Nationen ihre volle Geltung.

Der Beweis für diese Behauptung ist leicht zu liefern. Jeder, der mehre Sprachen spricht und schreibt, hat in allen Schriftsorten durchaus denselben Ausdruck und denselben Geist. Es ist also sehr leicht, die ausländischen Schriftarten in die deutsche zu übertragen und dann die Schlüsse zu machen.

Beispiele:

1.

Cruditas

remedia

μεν υδῶς

Selbst der Laie ist im Stande, in diesen drei verschiedenen Schriftsorten denselben Geist zu ahnen.

2.

Ich ließ mir von einem befreundeten Russen einige Zeilen schreiben, und zwar in russischer und in deutscher Schrift:

[handschriftlicher russischer Text]

[handschriftlicher deutscher Text]

Man sieht sofort, daß zwischen der russischen und deutschen Schrift unverkennbare Identität stattfindet; jede für sich ist also auch geeignet, den Maßstab für den Charakter des Schreibers abzugeben.

3.

Das ist die Handschrift des Chinesen Chung=Ataï aus Canton, der vor einigen Jahren sich und seine Familie in Deutschland sehen ließ. Um nun einen deutschen Maßstab an die Hand zu geben, gebe ich nachstehend eine Handschrift, die Chung=Ataï schreiben würde, wenn er seine Buchstaben „deutsch" formte.

Also auch bei der Schrift der Chinesen ist es leicht, den Charakter der Schrift und ihres Verfassers zur Anschauung zu bringen.

II.

Die National-Handschriften der europäischen Völker unterscheiden sich von einander ganz in demselben Grade, wie der National-Charakter sich von einander unterscheidet.

Belege:

Deutscher Charakter. Kräftig und ernst.

Französischer Charakter. Leicht und rasch.

Russischer Charakter. Dreist und groß.

Englischer Charakter. Praktisch und stolz.

Italienischer Charakter. Gesucht und feurig.

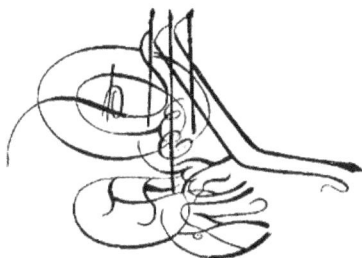

Namenszug des Großherrn Muhamed IV. Umständlich und gesucht.

Volle, runde, kräftige Buchstaben — der Römer mit seinem Muth, seiner Willenskraft, seiner Ausdauer.

Wellenlinien und geschlängelte Züge — der Grieche mit seiner Weichheit, seinem Sinn für Schönheit.

Viereckige, gerade, starke Schrift — der Germane mit seiner Festigkeit und deutschen Geradheit.

Bilderreiche Schrift — der Morgenländer mit regelloser Einbildungskraft.

III.

Es ist wirklich auffallend, wie sehr sich die nationalen Sitten und das Gebahren im Großen und Ganzen in der Handschrift widerspiegeln. Man vergleiche nur den National=Schriftductus der einzelnen Staaten unter einander und man wird sich wunderbar überrascht finden. Wir geben die Typen eines jeden einzelnen Staates und überlassen den Lesern, die Unterschriften oder Rand= bemerkungen selbst zu machen.

Baden.

Bayern.

Hamburg.

Hannover.

Großherzogthum Hessen.

Kurheſſen.

Oeſterreich.

Preußen.

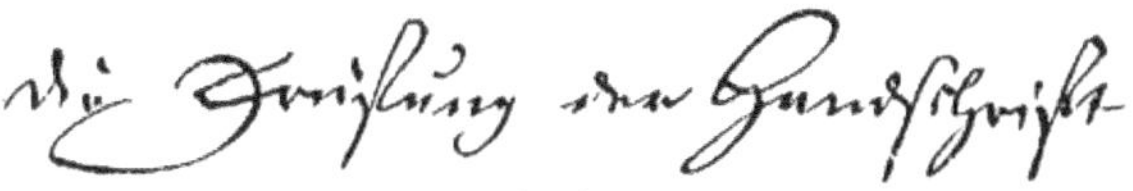

Sachsen.

Schweiz.

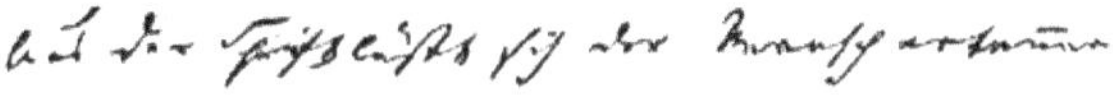

Thüringen.

Ungarn.

Württemberg.

Ohne jede weitere Bemerkung möchte ich nur auf die interessante Erscheinung aufmerksam machen, daß im Süden Phantasie und Gemüth, im Norden dagegen Verstand und nüchterne Berechnung vorwaltend sind. Nun frage ich: Kann man von der Handschrift nicht ganz dasselbe sagen? Sind die Schriftzüge aus Norden nicht hart und kalt und jene aus dem Süden nicht weich und warm? Vergleicht man die nördlichen mit den südlichen, so wird man ohne Zweifel diese Frage sofort bejahen.

IV.

Die Handschriften aus den verschiedenen Jahrhunderten sind die Repräsentanten des Zeitgeistes.

Als Einleitung zu den Handschriften aus den verschiedenen Jahrhunderten schicke ich eine kleine Abhandlung über den Ursprung der Buchstabengestaltungen voraus.

Ueber Ursprung, Beschaffenheit und Bedeutung der Buchstabenzeichen ist viel geschrieben. Einige finden in denselben Hieroglyphen,

Andere Abbildungen von Gegenständen, deren Namen sie tragen, und nach wieder Anderen sind sie aus Zufall entstanden. Keine von diesen drei Meinungen ist die richtige.

Was ist natürlicher, als den Laut, den man darstellen will, durch das Werkzeug, welches ihn hervorbringt, darzustellen? Die Lippenbuchstaben werden durch Abbildungen der Lippen, die Kehl= buchstaben durch Abbildungen der Kehle, und die Zungenbuchstaben durch Abbildungen der Zunge angedeutet. Und die Buchstaben sind nichts Anderes als diese Abbildungen. Dies werden wir an den einzelnen Buchstaben des Alphabets zeigen, uns jedoch dabei auf das römische und hebräische, als die ältesten Schriftzeichen, be= schränken. Alle andern Buchstabenzeichen sind Nachbildungen der= selben, und selbst das Griechische, wie wir es jetzt schreiben, gehört einer spätern Zeit an.

Die Kehle ist eine Höhlung und muß also durch eine Höhlung ausgedrückt werden:

Die Zunge ist ein langer, sich schlängelnder Körper; man stellt ihn also vor durch

Die Lippen können von der Seite oder von vorn betrachtet werden und ihre Darstellung ist demnach eine zweifache:

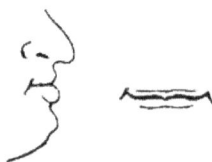

Aus diesen Zeichen bestehen, wie wir gleich sehen werden, alle Buchstaben, je nachdem sie zu den Kehl=, Zungen= oder Lippen= buchstaben gehören.

A.

Dem Vocal im Allgemeinen — nämlich dem a der Römer, dem א der Hebräer, dem α der Griechen — gebührt als Grund= buchstaben die erste Stelle. Aber wie ihn abbilden? Man konnte ihn nur durch einen Strich, längs welchem der Athem ausgeht, abbilden. Zwei entweder parallellaufende, oder mehr oder weniger divergirende Linien bilden den allgemeinen Vokal ab, und diese beiden Striche werden, damit sie eine Figur ausmachen, mit einem Querstrich verbunden. Und so entstand das römische A.

H A

Um nun den Hauch A von dem Hauche H zu unterscheiden, fügte man dem A noch einen Querstrich oben bei, und rückte die beiden Balken immer mehr zusammen.

Ᾱ A

Ebenso besteht das hebräische א wirklich aus zwei geradstehen= den Strichen, welche die Hand vereinigte, um beim Schreiben nicht aufheben zu müssen. In dieser Gestalt zeigt sich auch das א in der sogenannten mosaischen Form auf den Denkmälern.

B.

Das B ist ein Lippenbuchstabe, und stellt die zwei Lippen vor, mit der im Römischen so beliebten Standarte, — im Hebräischen fehlt letztere; der römische Buchstabe giebt die Lippenform geöffnet, der hebräische gefüllt. Das B hat die Eigenschaft, daß sich die unterste Lippe an der obersten vorbei ausstreckt, um dasselbe zu bil= den, und dies zeigt sich in beiden B=Gestalten, sowie in allen, die

daraus entsprungen sind. Ohne diese Eigenschaft würde das hebräische ב einem כ gleichen.

C.

C ist ein Kehlbuchstabe, und drückt durch seine hohle Gestalt vollkommen die Kehlhöhlung aus.

D.

Der gerade Strich dieses Zungenbuchstabens stellt die Zunge dar. Die Zunge stößt gegen die Zähne und bildet die Gestalt des verwandten T, so:

Nachdem nun die gerade Linie nach unten gezogen war, wandte sich die Feder um, ohne sich zu erheben, um den obern Strich zu bilden, und der Buchstabe wurde so geschlossen:

D

E.

Zeichnet man die Stellung der Sprachröhre bei der Aussprache des E, so hat man ganz deutlich dessen Gestalt. Der obere und untere Theil des Mundes verplattet sich, wodurch der Gaumen und die Unterlage parallel werden, und die Zunge zwischen diesen beiden wird etwas zurückgebogen und stehend:

Ɛ E e

Auch das hebräische ע stimmt hiermit überein. Auf den Münzen wird es dargestellt wie das römische E, nur auf morgen=ländische Weise nach der andern Seite gewendet.

F.

F ist eine Ausblasung, wobei die unterste Lippe eingezogen wird. Die Figur giebt dies ganz deutlich:

F

Das Hebräische zeigt dies ebenso in dem ף, nur von der andern Seite.

G.

Das G zeigt wieder ganz klar den Kehlbuchstaben. Es ist das K, das C, nur mit der kleinen Verschiedenheit, daß die Zungen=wurzel sich anlegt. Es ist dies ganz deutlich:

G C

Im Hebräischen ist das ג ebenso ein kleines כ mit einem Zungenzeichen:

ג

H.

H ist ein Laut, über den wir schon bei A das Nöthige erwähnt haben.

I.

Das I ist ein sehr hagerer Klang, muß also natürlich durch einen schmalen Strich ausgedrückt werden. Das Hebräische hat dafür fast einen bloßen Punkt ׳, und wirklich fühlt man beim Aussprechen des I auch nur einen Punkt am Gaumen.

K.

Das K, ein Kehlbuchstabe, ist entstanden aus einem C und der Standarte, welche der größern Gleichheit wegen beigefügt ist, so:

IC

Auch das hebräische ק hat jene Standarte als eine Nüance des כ:

ק

L.

Den Zungenbuchstaben in der natürlichsten Haltung giebt das ל, bei dem man den obern und untern Strich etwas länger gezogen hat:

ל

Das römische L giebt dem Zungenzeichen noch die allgemeine Standarte:

L

M.

M, ein Lippenbuchstabe, stellt die Lippen von vorn dar:

Bei den Römern und Griechen sind die Lippen mit zwei Standarten gehalten.

7 *

N.

Bei dem N, einem Zungenbuchstaben, drückt die Zunge an den Gaumen. Das Buchstabenzeichen bezeichnet diesen Druck durch das Stehen und die Beugung der Zunge:

$$\sim N$$

Durch die Standarte wird die schrägstehende Figur nach dem allgemeinen Geiste des römischen Alphabets näher bestimmt. Das Hebräische zeigt ebenso diese Erhebung der Zunge, und fügt noch eine Grundlinie der Nettigkeit halber hinzu:

$$\text{כ ך}$$

O.

Die runde Stellung der Sprachröhre beim Aussprechen des Lautes ist sehr fühlbar, und selbst die Lippen nehmen daran theil. Die Zeichnung des O ist also natürlich eine runde.

P.

Bei P schließen sich die Lippen fest auf einander. Es scheint indessen dieser Buchstabe in den Sprachen nur eine Verschiedenheit des T oder F zu sein. Vielleicht ist seine Figur auch eine bloße Verschiedenheit des F, wobei die Feder bei Zeichnung des obersten und mittelsten Zuges nicht absetzte.

Q.

Q gehört zu den Kehlbuchstaben und ist das hebräische ק, von welchem es seine ursprüngliche Gestalt hat, aber nach abendländischer Weise umgekehrt. Die Höhlung des Mundes nebst der Stellung der Zunge wird durch das Q genau wiedergegeben.

R.

Bei R, einem Zungenbuchstaben, muß sich die Zunge krümmen; so im Hebräischen ר, im Römischen mit der Standarte:

$$\text{ℝ}$$

woraus R entsprungen ist, mit weniger Geziertheit:

$$\text{ℝ ℝ}$$

woraus wieder das griechische P und das kleine römische r ent=
standen sind.

S.

Beim Aussprechen des S ist das Zischen der Zunge sehr lang,
deshalb das größere bezeichnende Schlängeln der Zunge, — ebenso
im griechischen ς und im hebräischen ם, wovon das griechische
das Umgekehrte ist.·

T.

Bei T stößt die Zunge gegen die Zähne, um die sogenannten
Zahnbuchstaben zu bilden

Im Römischen stellt sich dies deutlich heraus bei T, worin der
gerade aufstehende Strich die Zunge, der Querstrich die Zähne ab=
bildet. Das Hebräische hat das ד, (Daleth); und das ת — (Taw);
in ד hat die Feder, um nicht aufzuheben, den obern Strich
zur rechten Seite nicht vollkommen ausgebreitet, in dem ת
jedoch etwas zu viel, und diese Unterschiede sind die Nüancen
zwischen D und T.

U.

Die Unterlippen fühlen sich bei der Aussprache des U von
einer gossenartigen Zusammenziehung afficirt, und dies ist zum
Zeichen genommen.

V.

Bei V ist die Ausathmung begrenzter, spitzer; sie wird zur
Blasung, und so sind es zwei Linien, ausgehend aus einem Punkte.

W.

Im W werden Lippen abgebildet, die das Umgekehrte des M
darstellen:

X.

In dem X finden wir leicht das C und das durch dasselbe ge=
zogene S:

Z.

Das Z ist das umgekehrte S, und zwar verplattet nach Art der Griechen, welche in der Zeit ihrer Eleganz in ihren Hauptbuch=stabenn Alles unter flache Linien brachten. Das ז der Hebräer ist dieselbe Figur.

———

Denken wir uns nun nach diesen Erörterungen die älteste Ge=stalt der Buchstaben, so wird sich ungefähr folgendes Alphabet herausstellen:

A	B	C	D	E	F
G	H	I	K	L	M
N	O	P	Q	R	S
T	U	V	W	X	Z

1.

Aus dem achten und neunten Jahrhundert.

| A | A | B | C | D | E | E |

| F | G | G | H | I | I | L | L |

| M | M | M | M | N | O | P | Q |

Q Q R R R S T U

U U X Y Z

2.

Aus dem zehnten Jahrhundert.

A A A B B B B C D D D

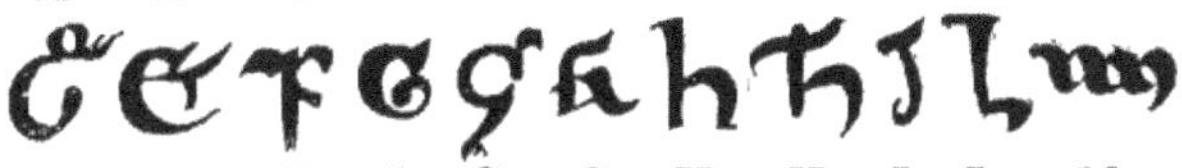

E E F G G H H I L M

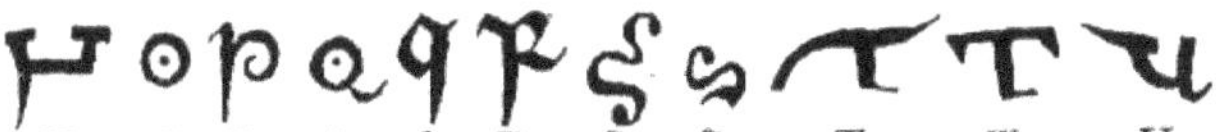

N O P Q Q R S S T T U

U X Y Z &

3.

Aus dem zwölften Jahrhundert.

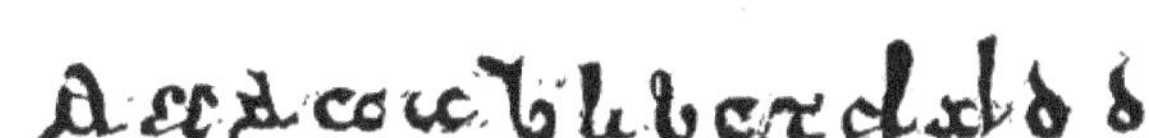

a a a a a b b b c c d d d d

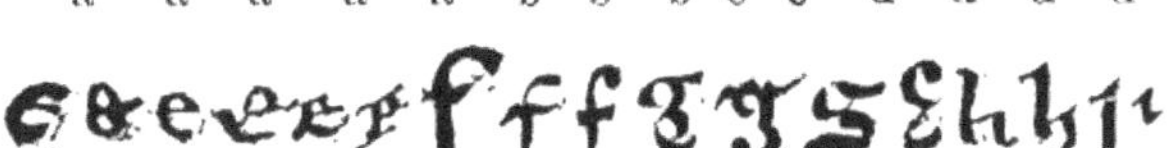

e e e e e f f f g g g gh h i i

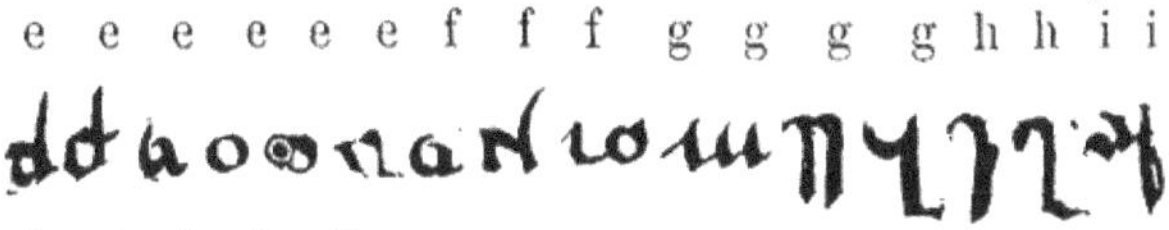

k l l l ll m m n n n o o p p

q q r r   r   r r r r s   st t

t t u u x x x y y z   z z

4.

Aus dem dreizehnten Jahrhundert.

a b c d e f ff g h i k. l u m n o

p q r f s ſt u u x y h œ

5.

Eine Schrift aus dem dreizehnten Jahrhundert.

Gothisches Element, — Alles gediegen, schwer und fest.

6.

Eine Schrift aus dem Jahre 1530.

Zweiter Uebergang, — die Formen sind unedler geworden.

7.

(Aus einem Briefe Wilibald Pirckheimer's.)

„Albrecht's (Dürer nämlich) hartseligen Tod kann ich Niemanden denn seiner Hausfrau zusagen, die ihm sein Herz eingenagen und dermaßen gepeinigt hat, daß er ausgedorrt war wie ein Schaub."

8.

Eine Schrift aus der Zopfzeit.

9.

Eine Schrift aus der Jetztzeit.

Vierter Uebergang, — Vereinfachung, leichtes Wesen.

Werfen wir nun einen vergleichenden Rückblick auf die Ueber=
gänge der Buchstaben=Reformen, so werden wir uns der frap=
panten Wahrheit bewußt, daß die anfangs dicken und stämmigen
Buchstaben mit der Civilisation der Völker nach und nach auch
feinere Formen annahmen.

Dritter Abschnitt.

Vergleich zwischen den Handschriften der Frauen und Männer.

Der Mann macht sich durch den Verstand, die Frau durch das Herz geltend: den Männern gebühren die Früchte, die zum Leben gehören, den Frauen die Blumen, welche das Leben angenehm machen; der Mann ist das Muskel=, die Frau das Nervensystem. Es ist daher auch eine natürliche Erscheinung, daß man die Hand= schriften der Frauen sofort unterscheiden kann von jenen der Männer. Die Handschriften der Frauen sind sanft und weich, jene der Männer fest und hart. Als Beispiel gebe ich von beiden Theilen nur zwei Typen und zwar die größte und die geringste Kraft.

(Männliche Extreme.)

Nun kann es allerdings auch vorkommen, daß ein Mann weiblich, und eine Frau männlich ist; in diesem Falle wird auch der Mann eine weibliche und die Frau eine männliche Handschrift haben. Auch hierzu zwei Belege:

Daß die weibliche „humane Behandlung" das Regiment führt und das männliche „Ich erlaube mir die Fragen" unter dem Pantoffel seufzt, sieht man sofort den Schriften an.

Sonderbar! Wenn man die Männer der Jetztzeit mit den Männern aus dem 10. Jahrhundert vergleicht, so ist die Richtung des Geistes und Herzens außerordentlich verschieden, — nicht so mit den Frauen; sie waren sich stets gleich, wie im Mittelalter so noch jetzt, da das Herz und dessen Frühlingssprosse, die Liebe, ewig dieselben Dinge sind. Das Immergrün der Liebe ist bei Weitem weniger einer Aenderung unterworfen als der Verstand, dem sich ein großes Feld von Fortbildung und Speculation eröffnet.

Wenige Frauen haben die Gabe zu vergleichen und zu berechnen, daher auch nur wenige große und feste Handschriften. Kommen ihnen geistige Arbeiten vor, so wählen sie die, welche mehr Takt als Wissen, mehr lebhafte Auffassung als Kraft, mehr Einbildungskraft als Urtheil erfordern. Hätten sie feste Handschriften, dann wären sie weniger starker Eindrücke fähig, hätten weniger Bilder der Phantasie; wie die Kraft des Weines durch Wasser gedämpft wird, so würden ihre Gefühle durch kalte Berechnung bestimmt und meist aufgehoben.

Nach dieser Richtung hin kann man die Handschriften der Männer und Frauen unter zwei Rubriken bringen: Männer und Frauen mit festen und mit weichen Handschriften. Erstere sind mehr intelligent, letztere mehr gefühlvoll; für erstere ist die Geschichte, für letztere der Roman. Bei einer Frau mit großer Handschrift wird die Liebe unter dem Schutze des Verstandes ans Ziel kommen;

ihre Neigungen liegen mehr in den Sinnen als im Herzen; sie
treffen meist das Richtige, lassen sich nicht von ihren Leidenschaften
hinreißen und sind mehr für Haus und Küche als für Blumen und
Frühling.   Die Frauen dagegen mit kleiner und weicher Schrift
besitzen weniger Scharfsinn; ihr ganzes Leben ist mit einer Guirlande
von Vergißmeinnicht und brennender Liebe durchwebt, und Herzen
und Schmerzen ist der Refrain ihres Dichtens und Trachtens.

Haus und Küche.

Blumen und Frühling.

In den Wohnungen der Frauen mit kleinen und festen Buchstaben herrscht Ordnung und Pünktlichkeit; sie sind ruhig und gut-
herzig. Kommst du aber in eine Familie, wo eine Frau mit großer,
harter Schrift das Regiment führt, so findest du mürrische Kinder
und eingeschüchterte Dienerschaft; die Stimme der Frau ist hart und
der Blick auflauernd.

Will man auf eine Frau mit großer Schrift einen Eindruck
machen, so kommt es weniger auf ein gewähltes Aeußere, als auf
Klarheit im Vortrage, auf gesunde Auffassung, auf Verstand und
Solidität an.   Sie ist dem Turteltaubengegirre abhold und ver-
schmäht die Flitterkränze der Phantasie; bei einem Kampfe zwischen
Vernunft und Leidenschaft wird erstere stets den Sieg davontragen.
Da der Erfolg ihrer Ansichten meist zu ihren Gunsten ausschlägt,
so ist sie geneigt zu herrschen.

Lebhafte Buchstaben mit fast stehender Lage:

sind ein Zeichen von Witz, sie lieben es, geistige Raketen in die
Unterhaltung zu werfen und durch Geist zu brilliren.

Frauen mit vornehmen und gesuchten Buchstabenformen:

lieben blütenreiche Sprache und entschuldigen gern romantische Verirrungen. Schütte Eau de cologne in den Taschentuchzipfel, sprich von der süßen Liebe mit thränenfeuchtem Auge und zitternder Stimme — und du hast gewonnen. Beredtsamkeit vermag da mehr als Logik. Ihr Herz ist von Schmetterlingsliebe durchduftet und allen Zugwinden zugänglich. Süße Rast, Phantasie und Sinnlichkeit sind die drei elektromagnetischen Telegraphendrähte. Auf die Glut ihres Herzens streut sie stets frisches Räucherpulver und ist glücklich in dem Gedanken, zu gefallen.

Frauen mit zarter, glatter und schön geformter Handschrift:

sind wahre Zierden der Welt; sie verdanken ihren Einfluß der An-muth und entfalten sich nur an den himmlischen Strahlen einer reinen Liebe gleich einer Lilie am freien sonnigen Gestade.

Die feineren Gefühle, welche die Mehrzahl der Männer nur der Erziehung verdankt, besitzen die Frauen schon durch die Geburt; sie entkeimen ihren weichen Seelen wie junger Rasen der lockern Erde. Es fehlt ihnen freilich die Kenntniß der Welt, dagegen ver-stehen sie das tiefstinnere Walten des Herzens; auch ist es weniger physische Schwäche, als vielmehr die Art der Ideen, welche ihrer Organisation eigen sind, daß sie uns als ihre Herren gelten lassen.

Vierter Abſchnitt.

Die Handſchriften der Männer der Wiſſenſchaft.

I.
Der gelehrte Ductus im Allgemeinen.

Wie kommt es, frage ich, daß man dieſe Züge ſofort als die
Schrift eines Gelehrten bezeichnet? Warum würde man ſie ohne
Bedenken unter tauſend Handſchriften von Geſchäftsleuten, Krie=
gern u. ſ. w. als ſolche herausfinden? Einem äußern Einfluſſe, etwa
dem, daß der Gelehrte mehr ſchreibe, kann dies nicht zugeſchrieben
werden, da dem in den meiſten Fällen nicht einmal ſo iſt. Nein,
dieſe Erſcheinung kommt daher, weil der Geiſt des Gelehrten mehr
ausgebildet wird und ſich nach dem Grade und der Richtung dieſer
Ausbildung der Handſchrift mittheilt.

II.
Der theologiſche Ductus.

Der Theolog will belehren und tröſten, daher ſich die theolo=
giſche Handſchrift durch kleine, gefügige und meiſt ſanfte Buchſtaben
äußert. Freilich giebt es je nach der Richtung viele Varianten.

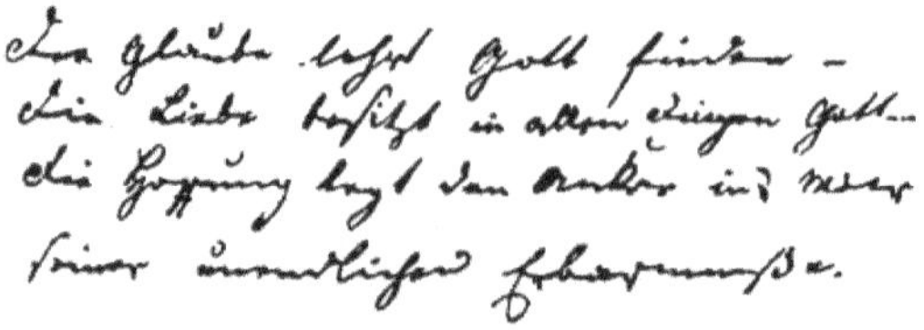

[handwritten facsimile]

Kleine, einfache Schrift, ohne alle Verzierung, nicht prangend, will nicht glänzen, — gutmüthiger Charakter, menschenfreundlich, entschieden dem Göttlichen zugewandt. Das obige Facsimile giebt die Schriftzüge des Fürsten Alexander v. Hohenlohe.

[handwritten: Stilling]

Was im Vorgehenden gesagt wurde, gilt auch für die Schrift= züge Jung Stilling's.

[handwritten signature]

Auch in Schleiermacher's Schrift finden wir dieselbe Einfachheit, ähnlich dem Hohenlohe'schen Schriftcharakter.

[handwritten signature]

Herder's und Schleiermacher's Schriftzüge sind fast gleich.

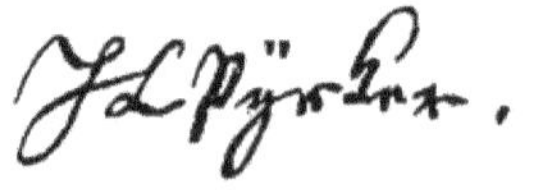

[handwritten signature]

Johann Ladislaw Pyrker von Felsö=Eör, Primas von Dalmatien, Erzbischof von Erlau.

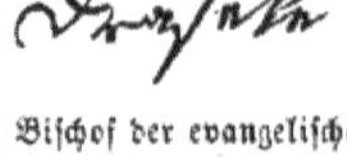

[handwritten signature]

Dr. H. C. Dräseke, Bischof der evangelischen Kirche zu Berlin.

Dr. K. Gottfr. Wilh. Theile, Professor der Universität zu Leipzig.

Die Züge haben mehr eine freiere Richtung.

Die Pfleger der Theologie, die zugleich Philologie damit verbinden, behalten das Einfache bei, jedoch weniger solide Züge, die ursprüngliche Theologenschrift ist verweltlicht. Ich gebe nur ein Beispiel:

Dr. H. E. Gottl. Paulus, geheimer Kirchenrath, Professor der Theologie zu Heidelberg.

III.
Die medicinische Handschrift.

Die medicinische Handschrift erkennt man an den flüchtigen, leichten, schlanken und zweigartigen Buchstaben. Es ist dieselbe zwanglose Schrift, welche den Jüngern der Naturwissenschaften eigen ist.

IV.

Die juristische Handschrift, einschliesslich der Advokaten- und Diplomatenschrift.

Der Jurist muß laut sprechen, hat Opposition zu machen und muß also vielsprechende und vielversprechende Züge haben.

Friedrich Carl von Savigny, königl. preußischer Staats- und Justizminister, einer der berühmtesten Lehrer des römischen Rechts.

Würden diese dreisten, rechthaberischen Züge wohl einen Mann Gottes gut kleiden? Gewiß nicht, — oder: könnte man sie wohl denken an einem gemüthlichen Dichter? Unmöglich, — oder könnten diese hölzernen, abstracten Buchstaben an einem Künstler oder Kunstsinnigen sich vorfinden? Nichts weniger als dies, und nimmt man alle Classen der menschlichen Gesellschaft durch, so wird man am Ende finden: diese Schrift paßt nur zu einem Rechtsgelehrten.

V.

Die naturwissenschaftliche Handschrift.

Diese Schriftart ist verwandt mit den leichten und elastischen Buchstaben der Mediciner.

VI.
Die mathematische Handschrift.

Der Mathematiker bekümmert sich um Nichts und hat von Jupiter den Erlaubnißschein, unangemeldet und ungekämmt vorzukommen. Hier sein Bild in zwei Exemplaren.

Verschrobene, höchst unregelmäßige Züge, sowie sie nur ein vergessener Mathematiker machen kann; man sieht, der Schreiber derselben hat es oft verwünscht, daß die Hand seinem schnellen Gedankenfluge nicht zu folgen im Stande ist und hat ob des schnellen Schreibens buckelige und gerade, dicke und dünne Buchstaben sich gebildet. Die Schrift ist auch nicht ohne Sarkasmus, und kommen die obigen Schriftzüge einem nicht vor, als wollte er eben einen Witz machen oder selbst ein Witz sein? — Es ist Kästner's, des Mathematikers und Epigrammendichters, Handschrift, — Geistesrichtung und Schrift ergänzen sich bei diesem sogar gegenseitig. Docti male pingunt, hat gewiß Kästner oftmals gedacht.

Keppler's Handschrift.

Merkwürdig, kommt Mathematik zur Philosophie, so entstehe das Schlechtschreiben. Der als philosophischer Schriftsteller bekannt Samuel Reimarus schrieb so schlecht, daß, als er einst sein Concept

aus der Bibel verlor, es in der Apotheke in Harburg für ein
Recept gegen die Viehseuche ausgegeben wurde.

VII.
Die philosophische Handschrift.

Der Philosoph vereinigt die Aesthetik mit Gelehrsamkeit. Große,
schwunghafte und edle Züge.

Eduard Gans war Vertreter der Philosophie in der Rechtswissenschaft. Die Handschrift hat denselben Grundcharakter wie die
vorhergehende.

Das bei vorstehenden Philosophen Gesagte findet auch auf
Fichte Anwendung.

Mit mehr oder weniger Nüancen sehen wir diese Handschrift
bei Schelling, Herbart u. A. vollkommen harmonirend, — auch in
Schiller's Schriftzügen finden wir sie hervorragend; wie sehr wird
dagegen in der Goethe'schen Schrift dieser philosophische Ductus
durch andere Eigenschaften des Geistes und Herzens verdunkelt,

sodaß es schwer fällt, in Goethe's Handschrift den Philosophen, den Verfasser des Faust, herauszufinden! Nach meiner Ansicht hat der philosophische Schriftductus unter allen Schriftgattungen die vollendetste, die schönste Form, eine solche Schrift kommt mir immer vor, wie Hellas und seine Antiken.

VIII.
Die philologische, alterthumswissenschaftliche und geschichtliche Handschrift.

Diese Schriftarten zeichnen sich durch schöngeformte antike und fast stehende Buchstaben aus. Das Auge der Besitzer solcher Handschriften hat sich so sehr an die lateinische stehende Schrift gewöhnt, daß die Hand diese auch in deutscher Schrift wiederzugeben unwillkürlich gedrängt wird.

Die Handschrift des Philologen Jacobs.

Die Namensschriften der Philologen Hoffmann von Fallers=
leben, Heyne, Hermann, des Geschichtsforschers Heeren, des
Orientalisten Ewald, des Alterthumsforschers Hanka, von Jacob
Grimm und Wilhelm Grimm.

IX.

Die Schrift des Geographen und Reisenden.

Elastische und leichtbeflügelte Buchstaben, die nicht viel Gepäck
bei sich haben, und denen man die Lust zum Weltbesehen ansieht.

X.

Der handschriftliche Typus des Dichtergemüthes.

Einfache, gefühlsreiche Züge mit Weichheit und Bewegbarkeit.

Eine bemessene, bedächtige Schrift, nicht ohne Grazie, voll
Sicherheit und Anstand. Es ist Klopstock's Namensunterschrift.
Denkt man sich den deutschen Dichterpatriarchen in seinem altväter=
lichen Lehnstuhl, so erscheint er uns nicht anders, als bemessen,
bedächtig und mit Anstand.

Eine sehr nette Schrift. Wieland war in jeder Beziehung der
Liebling der Musen; Alles geschah bei ihm nach den Regeln der
Schönheit. Wieland schrieb gern, weil er schön schrieb, und uns

kommt dies wohl zu statten, da seine Liebe zum Schönschreiben ihn zum wiederholten Durchfeilen seiner Werke veranlaßte.

Eine kleine, ruhige, gefällige Schrift, die außerdem nichts Auf=fallendes enthält; der Urheber dieser Schrift ist edelgesinnt, möchte alle Welt behaglich wissen und sucht dabei behülflich zu sein. Wir brauchen nur an den Vater Gleim zu erinnern, um zu beweisen, daß Schrift und Charakter übereinstimmend sind.

Eine hausbackene Schrift, die keine besondere Aeußerlichkeit an sich führt. So könnte wohl der Sänger der „Louise" schreiben.

Wie in der Wahl der Bilder zu seinen Gedichten der liebliche Dichter Matthisson sehr besorglich war, wie er jedes Wort von allen Seiten erst abzuwägen pflegte, mit derselben Genauigkeit bildet er auch jeden einzelnen Buchstaben. Diese Schrift ist ein Zeichen großer Besorglichkeit, ängstlicher Ordnungsliebe und Gutmüthigkeit.

Alle Dichter, welche der Matthisson'schen Manier sich nähern, haben ähnliche weiche Handschriften.

Lessing

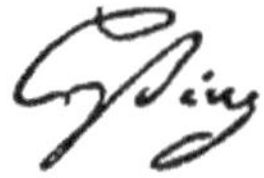

Eine spitze, vorwitzige Schrift, die vorzugsweise den Kritiker anzeigt. Aus diesen Zügen kann der Handschriften-Lavater den Dichter, den Kritiker und den Gelehrten sehr wohl herausfinden, — und gerade so muß Lessing's Schrift beschaffen sein. Lessing war ein Schriftsteller, in dem gründliches Wissen, Ideenreichthum, Scharfsinn und Witz im vollkommensten Grade vereinigt waren, Eigenschaften, die man wohl selten in solcher Ausbildung in einem Individuum vereinigt finden dürfte.

XI.

Kuriose Leute,

wie z. B. der Handschriften-Beurtheiler, schreiben so:

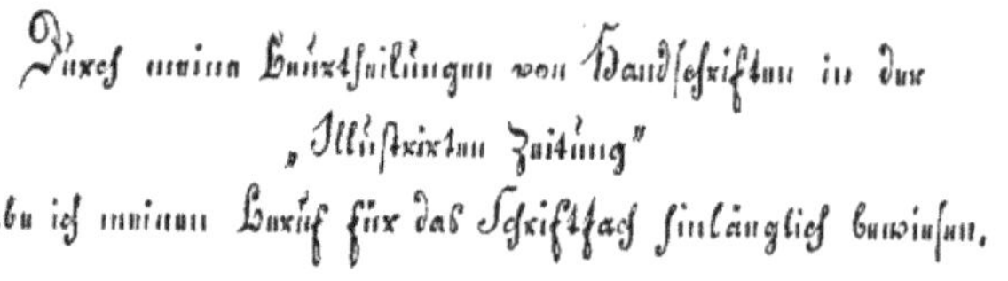

Durch meine Beurtheilungen von Handschriften in der
„Illustrirten Zeitung"
habe ich meinen Beruf für das Schriftfach hinlänglich bewiesen.

Lavater, der berühmte Physiognom, hatte bei ähnlichen Neigungen auch eine sehr ähnliche Schrift:

Johann Caspar Lavater.
Pfarrer an der St Peterskirche.

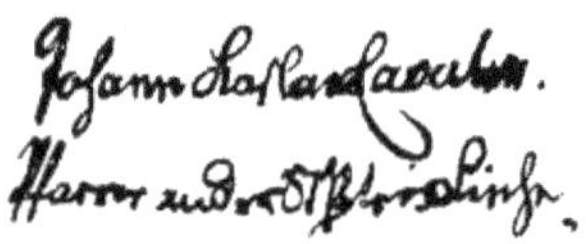

Fünfter Abschnitt.

Die dem gelehrten Ductus verwandten Handschriften.

I.
Die pädagogische Handschrift.

Der Schulmann hat solide Bewegung, doch nicht ohne Amts=
miene und Regenschirm. Hier seine Handschrift:

Diese Züge sind förmlich geschult und machen eine halbpfarr=
liche, salbungsreiche Miene. Der Schulmann denkt, ja philosophirt
auch, und die Verknotigung am „g", so ein Schnippchen schlägt,
glaubt wahrlich nicht Alles, was der Herr Pfarrer sagt. Als nach=
barlicher Rathgeber ein Schlaukopf.

II.
Die Schrift des Apothekers.

Der Apotheker hat laboratorienartige, griesgrämige Züge mit
Eigensinn, Falten und einem stereotypen Fürsichdahin=Murmeln.

III.

Die Schrift des Autodidakten.

Der Autodidakt schreibt unzusammenhängend und uranfäng=
lich, drückt aber den einzelnen Buchstaben Ursprünglichkeit und
Geist auf.

IV.

Die forstwissenschaftliche Handschrift.

> Freund, Ihr vergeßt Euer Jägerkleid, —
> Solch verdrießliches Gesicht
> Geziemt dem Waldgesellen nicht!
> Kommt und trinket mir Bescheid.

Eine sonnverbrannte Waldmanns=Physiognomie mit dem Wahl=
spruche: „Die Füchse waschen sich auch nicht!" Eine Schnepfe im
Fluge schießen macht glücklicher, als all die duftig=grüne Wald=
und Waldhorn=Poesie! Versteht ausgezeichnet Jägerlatein und war
mit dem seligen Herrn von Münchhausen schon manchmal auf der
Jagd. Trarah! Trarah! Trarah!

V.

Die Schrift des Architekten und Geometers.

Reinliche und gefällige Schrift mit Lineal und Winkelmaß.

VI.
Die Schrift der Hütten- und Bergbeamten.
Glitzernde Buchstaben mit Einsamkeit und Naturfrische.

VII.
Die Handschrift der Postbeamten.

Hastige und gewandte Buchstaben mit dem Streben nach Deutlichkeit.   Die Handschrift des Herrn W. in N. — Bei Beurtheilung
derselben stellte ich an diesen Herrn, dessen Beruf ich nicht kannte,
die Frage: lieben Sie die Pferde? Ob ich Pferde liebe? Und wie?
Ich bin ja der Postmeister aus N. mit 20 Pferden.

VIII.
Die Handschrift des Buchhändlers und Buchdruckers.

Der Buchhändler athmet viel geistige Luft, daher gewandte
Buchstaben, edle Formen mit kaufmännischen Mienen und Manieren.

Die Handschrift des Verlegers der Illustrirten Zeitung.

Als Nachahmer dieser geistigen Luft erscheinen die Buchdrucker,
bei denen freilich der Typus nach dem Grade der Erziehung und
des geistigen Habitus sich in sehr verschiedenen Färbungen äußert.
Die gewöhnliche Formation ist diese:

Sechster Abschnitt.

———

Die militärische Schrift.

Die militärische Handschrift hat große, markige und stämmige Buchstaben mit Schnurrbart und Schleppsäbel.

Götz von Berlichingen.

Feste, kräftige, haftige Züge; es war dem Schreibenden schon zu viel, seinen Namen auszuschreiben, er scheint überhaupt nicht gern zu schreiben, die Hand kann besser den Haudegen als die Feder führen; die Züge sind übrigens regelrecht und kühn, und zeugen von einem aufrichtigen und wohlwollenden Herzen. Wer möchte es

verkennen, daß Blücher's Charakter sich vollkommen in dessen Schrift=
zügen ausgedrückt hat?

Graf York von Wartenburg, Feldmarschall in den Befreiungskriegen.

Graf Neithard von Gneisenau, der königl. preußische Feldmarschall.

Ritterliche Glätte.   Feine Pläne.

Der Schwedenkönig Gustav Adolph.

Siebenter Abschnitt.

Die wirthschaftlichen Handschriften.

I.

Die landwirthschaftliche Handschrift in verschiedenen Nüancirungen.

Die landwirthschaftliche Handschrift kennzeichnet sich durch einfache, natürliche Buchstaben mit Uranfänglichkeit und Ungeübtsein. Freilich bilden Erziehungsart und Ausbildung eine Anzahl von Variationen. Der Grundton des Natürlichen klingt aber in allen wieder und bildet bei allen den Untergrund. Ich gebe eine Auswahl dieser Typen.

Hat gute Zeiten, ist wohlbehäbig, unfrisirt und ohne Komplimente.

Spaten, Pferde und lederne Buchsen.

Käpfel und rothe Backen. Genieße, was dir Gott beschieden...
An Gottes Segen ist Alles gelegen.

Pflegt Korn und Knecht selbst zu dreschen.

Trotzt Wind und Wetter.

Der Landmann ist der reichste Mann.

II.
Die Schrift der Gastwirthe.

Reverenzschrift mit kaufmännischem Zuschnitt.

III.
Die gewerbliche Handschrift.

Für diese lassen sich keine allgemeinen Bezeichnungen feststellen, da sie je nach der Art der Beschäftigung sich verschiedenartig gestalten. Ich will nur einige der frappantesten Gewerbe mit ihren Signaturen einführen.

Schmied.

Hammer und Ambos.

Schneider.

Nadel und Zwirn.

Uhrmacher.

Loupe und feines Räderwerk.

Tischler.

Säge und Hobel.

Handarbeiter.

Dreschflegel und Schippe.

Achter Abschnitt.

Künstlerhandschriften.

Weiche, gefühlsreiche und warme Buchstaben mit idealem An=
zuge, manchmal mit gesuchtem und barockem Flitterwerk, zeigen
den Künstler an.

I.
Die Handschrift der Componisten und Musiker.

Die Handschriften der Componisten und Musiker haben neben
jenem Gefühlsreichthum etwas Aufhorchendes und Lebhaftes, wo=
gegen dem Maler diese Eigenschaften fehlen. Ich gebe nur einige
Belege und verweise auf Absatz 12 der Einleitung II.

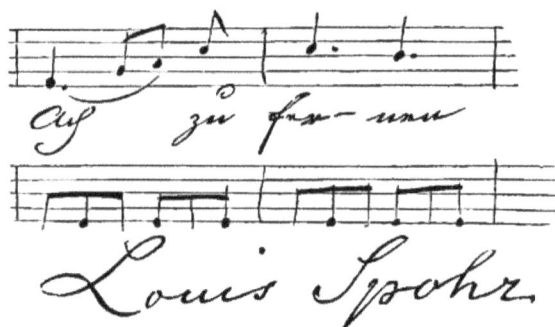

II.
Die Handschrift der Kunstschriftsteller.

Diese Schriftart vereint Gemüth mit Kritik, daher weiche und spitzige Buchstaben.

Eine niedliche, geleckte Schrift, zeigt Sinn für das Nette und Schöne. Winkelmann brachte zuerst Licht in die Alterthumswissen=schaft, und seine Schriften über Kunstgegenstände bekunden auf jeder Seite, daß er mit dem geläutertsten und feinsten Geschmacke die treffendsten Urtheile zu geben weiß.

Eine der vorstehenden sehr ähnliche Schrift ist die von Immer=mann. Auch dieser war, wie bekannt, für die Kunst sehr entflammt

und seine Recensionen über die dramatische Kunst zeigen eine Fein=
heit des Geschmacks, wie sie nur Wenigen eigen war.

III.
Die Handschrift der Maler.

Weiche, nicht selten phantastische Schrift, die je nach der
Richtung des Künstlers variirt; bei einem Maler z. B., der mehr zu
humoristischen Schöpfungen hinneigt, machen sich in der Schrift
unter dem Weichen auch Spitzen bemerkbar, während bei allen
Malern, die vorzugsweise Genrebildchen schaffen, das Weiche allein
dominirt.

IV.
Die Handschrift der Bildhauer.

Auch Gefühl, aber dabei äußere Härte und Schwerfälligkeit.

Ich lasse hier einen interessanten Fall folgen, den ich bereits
in Nr. 426 der Illustrirten Zeitung niedergelegt habe.

Herr Dr. Heintze, in jener Zeit Redacteur der Illustrirten Zeitung,
hatte mir, um sich von der Wahrheit meiner damals noch jungen
Wissenschaft zu überzeugen, eine schwere Aufgabe gestellt. Ich schrieb
ihm: „Sie haben mir eine chirographische Aufgabe gestellt, welche
deshalb sehr schwierig ist, weil diese Handschrift eine durchaus
unausgebildete ist, wodurch natürlich das Herauslesen der charak=
teristischen Merkmale erschwert wird. Aber nichtsdestoweniger sind
diese sonderbaren Schriftzüge höchst interessant und lassen selbst in
ihrer Uranfänglichkeit Zeichen durchblicken, die den Schlüssel zur
Lösung bieten. Zum Belege für meine nachfolgenden Bemerkungen

9*

sowohl, als auch weil die Schrift wirklich charakteristisch ist, gebe
ich hier einen Satz aus dem mir mitgetheilten Autographon.

Ich schließe aus dieser Handschrift so: Die Erziehung dieses
Mannes, von Hause aus wenig bemittelt, wurde vernachlässigt, von
Schulkenntnissen finden sich nur geringe Spuren vor. Trotzdem ist
in der Schrift eine gewisse Weichheit nicht zu verkennen, diese Züge
würden, wären sie ausgebildet worden, eine kleinere Form, zu der
sie sich theilweise schon hinneigen, angenommen und so ein Gemisch
des von mir früher schon so benannten mechanisch-künstlerischen
Schriftductus gebildet haben. Für das Mechanische spricht eine gewisse Derbheit in der Stellung der Schrift, für das Künstlerische
dagegen die weichen kleinen Züge. Es kann nun sein, daß dieses
Talent unausgebildet und also bei dem rein Mechanischen stehen
geblieben ist, und dann ließe die Schrift auf einen geschickten
Mechaniker oder Maschinenbauer schließen, hat er jedoch nur halb
das ihm von der Natur bestimmte Ziel erreicht, so ist er ein Stein-
metz, hat sich aber das Talent Bahn gebrochen, so ist er ein Bildhauer, der am liebsten selbst seinen Thon knetet und selbst Meisel
und Hammer führt. So wenigstens ist des Mannes Bestimmung,
die ihm von der Natur angewiesen."

Später erfuhr ich, daß diese Handschrift jene des Bildhauers
Gasser in Wien ist. Bekanntlich ist Professor Gasser Autodidakt
und hat wenig Schule genossen.

Ein anderes Beispiel.
Die Handschrift

wurde mir anonym eingesandt. Ich gab darüber unter Nr. 59
folgende Beurtheilung:

Herr ..... in L. — Dieses einzige Wort ist hinreichend, um
mir Ihre vollständige Biographie zu erzählen. Und diese ist sehr
interessant. Diese Schrift hat alle Merkmale von einem Manne,
der es von einem geringen Anfange zu Etwas gebracht hat. Wer
möchte hier die vernachlässigte Schule nicht erkennen, wer aber auch
die Weichheit und Phantasie verkennen, die uns den Künstler be=
zeichnet? Ihre Schrift erinnert an den Wiener Bildhauer, dessen
Facsimile ich in Nr. 426 gab. Ich will damit keineswegs sagen,
daß Sie Bildhauer sind — nein, Ihre Schrift ist etwas weicher —
Künstler, ja, doch der Meisel hat auf Ihre weiche Hand keinen
Eindruck gehabt.

Wie erstaunte ich, als ich später vernahm, daß jene Hand=
schrift dem Sänger Behr am Leipziger Stadttheater gehörte. Behr
war wirklich früher Bildhauer gewesen.

V.
Die Handschrift der graphischen Künstler.

Entbehren diese Künstlerhandschriften der Rundung und er=
scheinen sie in kleiner und nachlässiger Gestalt, so haben wir die
Züge der graphischen Künstler.

VI.
Die Handschrift des Schauspielers.

Leicht, gefügig und launig — das sind die drei Leuchtthürme
an den Gestaden des Mimen.

VII.
Die Handschrift des Sängers.

Weiche, gezogene, klangvolle und sammetartige Buchstaben sind
die Anzeichen einer guten Stimme.

Hab ich Vorlagen?

VIII.
Die Handſchrift der Künſtlerinnen.

Ueberträgt man die Eigenſchaften der Künſtler=Buchſtaben auf weibliche Schriften, ſo haben wir die Handſchriften der Künſtlerinnen.

Die bekannte Schauſpielerin Jagemann, auch geübt in andern Künſten.

Clara Schumann, berühmte Tonkünſtlerin.

Marie Bayer-Bürck, beliebte Schauſpielerin.

Neunter Abschnitt.

Das Behörden-Personal.

Die gerichtlichen Handschriften streben nach Deutlichkeit und haben daher etwas Steifes.

I.

Der Secretair.

Diese Schrift macht ein Gesicht wie ein Nachtwächter, der vom Thurme bläst! Derbe Züge mit Unwillen und Wichtigthuerei. Ein Mann, der hinter dem Actentische wie an Sitten, so an Haaren und Rock vor Gott und den Menschen ergraut ist; die Schrift macht ein dickes Gesicht, zieht die Mundwinkel breit herunter und schaut über die Brille hinweg. Da ist denn freilich keine Gemüthlichkeit zu suchen. Mag sein, daß Sie als Stammgast freundlicher werden und vorher wie eine gehetzte Katze nach bestandenem Strauße die Augenbrauen allmälig menschlich zurücklegen.

II.
Der Registrator.

*Diese Schrift erinnert mich an Knigge, der in seinem „Um=
gang mit Menschen" sagt: Der Mensch gilt in der Welt nur das,
was er selbst aus sich macht.*

III.
Der Calculator.

Aus dieser Schrift spricht offenbar der Calculator. Diese
nachdenkenden Züge, von denen jeder deutlich und vorsichtig wie
ein Monitum Parade macht, zeigen das kundige Rechenbuch.

IV.
Der Copist und der Lohnschreiber.

Die Schrift des Expedienten.

Die Schrift des gebornen Copisten, abgemessen in der Schrift,
abgemessen in der Bureauzeit, pünktlich beim Biere, pünktlich bei
Einnahmen und Ausgaben, und so einen Tag wie den andern.

Zehnter Abschnitt.

Die Handschriften der Kaufleute.

Man hört sehr häufig die Bemerkung, daß die Handschriften der Kaufleute durchgehends gleich seien. Ja, sie sind sich gleich, aber gerade so wie sich die Kaufleute überhaupt gleich sind. Bei dieser allgemeinen kaufmännischen Gleichheit hat jedoch jeder einzelne derselben seinen specifisch-subjectiven Charakter.

Wie kommt es, daß gerade die Handelswelt diesen stereotypen Ductus führt? Ist diese eigenthümliche Schriftsorte zufällig so entstanden und hat sie sich vom ersten Kaufmann der ganzen Comptoir-welt mitgetheilt — oder steht sie im Einklange mit dem Wesen des Kaufmannes? steht sie in Harmonie mit dessen Aeußern? Lassen diese aufgeputzten, frisirten, parfümirten Züge einen Vergleich zu in Bezug auf die Manschetten und das Parfüm des Kaufmannes? Oder könnte man sich — im Gegensatze — wol denken, daß diese Züge passen würden zu dem Schlafrock des Gelehrten, dessen Haar nicht selten der ehrwürdige Foliantenstaub gepudert hat? Oder weiter, könnten wir uns diese auf „Soll" und „Haben" abgerich-teten Züge wol bei einem bloßhalsigen und langlockigen Musen-sohne denken? oder könnte man es als die größte Ironie betrachten, wenn unser Herrgott diese Rechnen-Buchstaben der Kunstwelt zuge-theilt hätte? Wir glauben, daß Niemand in der richtigen Beant-wortung unserer Fragen irren wird. Wie aber ist das anders zu erklären, als durch die Annahme, daß der Geist sich in der Materie ausdrückt, daß sich das Innere durchs Aeußere repräsentirt.

1. Der Kaufmann wie er sein soll.

Glatte kaufmännische Schrift mit Festigkeit, Gewandtheit und Geist.

2. Der Kaufmann mit wissenschaftlichem Anstriche.

Geistvolle Züge mit kaufmännischer Grundlage.

3. Der süßliche Kaufmann.

Rosinen, Mandeln, so süß, so süßlich, so zuckersüß.   Ein frisch gebackener Semmel=Pudding.

4. Der putzsüchtige Kaufmann.

Kaufmännische Züge mit Sylphiden, durchsichtig und frisch an= gestrichen.

5. Der poetisch=romantische Kaufmann.

Kaufmännische Grundzüge mit zarter Sehnsucht und süßem Hoffen.

6. Der ästhetische Kaufmann.

Kaufmännische Züge mit Geziertheit und Schönheitspflästerchen. Musik, Theater und enge Stiefel.

7. Der rasche Kaufmann.

Merkur, der beflügelte, ist sein Patron.

8. Der derbe Kaufmann.

Kaufmannschaft und Militär.

9. Der eingebildete Kaufmann.

Aufgeputzte kaufmännische Schrift mit Ziererei. Tagefalter und blütentrunken, Ladenphysiognomie mit auswendiggelernten Blicken.

10. Der commandirende Kaufmann.

Kaufmännische Schriftsorte mit Hopfenstangen.

11. Der moquante Kaufmann.

Kaufmännischer Zuschnitt mit Naseweisheit.

12. Der geldgierige Kaufmann.

Der Kaufmann mit stehender Schrift weiß zu rechnen. Besitzer dieser Schrift begegnete einem Bettler, der ihn um ein Almosen ansprach. Er warf ihm einen Kreuzer zu. „Gott ver=

gelt's Ihnen tausendfach" war des Bettlers Antwort. „„Nu, was
thu' ich mit sechszehn Gulden vierzig?!"" Hat der große Rechen-
künstler sofort gewußt, wieviel 1000 Kreuzer sind!

13. Der einsilbige Kaufmann.

Einfache Schrift mit kaufmännischen Ingredienzien. Will lieber
Düten kleistern, als Gesellschaften besuchen.

14. Der bramarbasirende Kaufmann.

Klappern gehört zum Handwerk. Raucht eine Vierzigthaler-Cigarre.

Wie die geschmeidige kaufmännische Handschrift absticht gegen
jede andere, davon nachfolgend ein Pröbchen: Der Bankier F. in L.
hatte den Schauspieler D. schon oft in langen Briefen an endliche
Abtragung seiner Schuld erinnert. Des Mahnens müde, schrieb er
ihm endlich das folgende lakonische Billet:

Der Schauspieler, der noch weniger Lust hatte, lange Briefe zu
schreiben, nahm dasselbe Billet und fügte noch zwei Buchstaben hinzu.
Der Bankier erhielt also sein Billet zurück in dieser Gestalt:

Sogar die Ausrufungszeichen haben andere Natur und andern
Charakter.

Elfter Abschnitt.

Die Handschriften der Frauen.

1. Das Muster einer Frau.

Echt weibliches Wesen im Bunde mit Klugheit.

2. Die Frau mit bewußter geistiger Kraft.

Charakterfestigkeit mit Intelligenz.

3. Der Zug der Schriftstellerin.

Auf welcher Universität haben Sie studirt, Fräulein?

4. Die Frau mit feinster Bildung.

Polirt, gewürzt und geistreich.

5. Die Theater= und Concert=Dame.

[handwritten signature]

Frifirte Buchstaben mit Krinolinen=Ausdehnung.

6. Die Gabe des Gesanges.

[handwritten signature]

Metallreiche Schrift mit kölnischem Wasser.

7. Anlage zu weiblichen Arbeiten.

[handwritten signature]

Spitzfingerige Schrift mit Tausendschönchen.

8. Die kluge gute Hausfrau.

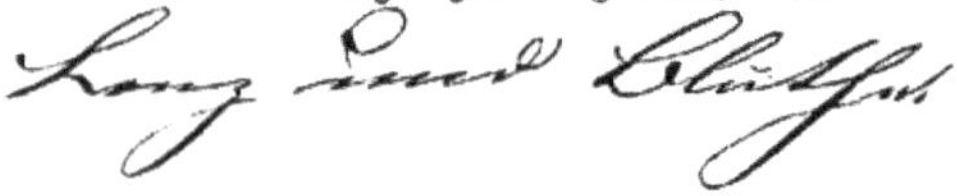

[handwritten signature]

Ein Alpenkraut, lieblich und kräftig.

9. Sinnigkeit.

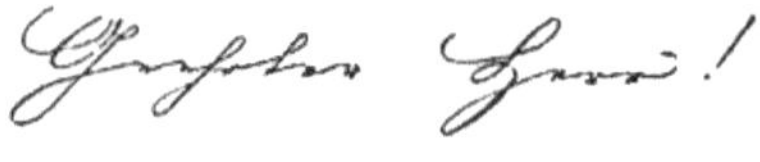

[handwritten signature]

Duftige Moosrosen=Buchstaben.

10. Zärtlichkeit.

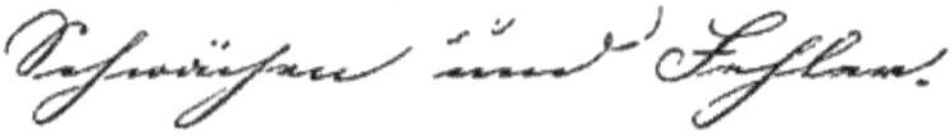

[handwritten signature]

Viel zarte Sehnsucht und süßes Hoffen.

11. Eitelkeit.

[handschriftliche Zeile]

Aufgeputzte Buchstaben mit „Spitzen dran".

12. Neugierde.

[handschriftliche Zeile]

Eine Wochenblättchen=Schrift.

13. Spitzüngigkeit.

[handschriftliche Zeile]

Verzeihen Sie, Frau Nachbarin,
Wenn ich nicht sprach nach Ihrem Sinn,
Ich mert' daß ich beschwerlich bin.

14. Eifersucht.

[handschriftliche Zeile]

Eine leidenschaftlich=eifersüchtige Schrift, die mit Eifer sucht, was Leiden schafft.

15. Romantisch=poetisch.

[handschriftliche Zeile]

Wachtelschlag, einsame Pfade und Liebesseufzer.

16. Heiterkeit.

[handschriftliche Zeile]

[handschriftliche Zeile]

Bachstelzen=Buchstaben und Aurikelaugen.

17. Die emancipirte Frau.

Selbstbewußtsein und Cigarre.

18. Die kalte Frau.

Ernst wie der steinerne Gast.

19. Die düstere Frau.

Diese Buchstaben machen ein essigsaures Gesicht.

20. Die imponirende Frau.

Sonnenblume statt Sonnenschein.

21. Die gebieterische Frau.

Ein böser Feldwebel.

22. Entschlossenheit.

Entschiedenheit und Aristokratismus.

23. Die amazonenhafte Frau.

[handwritten signature]

„Versteht auch ihren Hasen zu schießen."

24. Die militärische Frau.

[handwritten signature]

Commando mit Husaren=Kaffee.

25. Die Frau mit Hausregiment.

[handwritten signature]

Herr im Hause.

26. Reizbarkeit.

[handwritten signature]

Noli me tangere.

27. Eigensinn.

[handwritten signature]

Kleine Buchstaben mit Schmollwinkeln.

28. Die für das Hauswesen geborene Frau.

[handwritten signature]

Liebt hausbackenes Brod.

29. Lust zum Korbaustheilen.

[handwritten signature]

Diesen Buchstaben sieht man es an, daß sie kichern und Andere
zum Besten haben.

30. Die schwärmerisch=trübe Frau.

[handschriftliche Schriftprobe]

Abgehärmte Buchstaben. Leidvoll und freudvoll, gedankenvoll sein ...

31. Für Literatur eingenommen.

[handschriftliche Schriftprobe]

Kann eher ein Sonett machen, als einen Eierkuchen backen.

32. Die schulmeisternde Frau.

[handschriftliche Schriftprobe]

Das „s" zeigt einen langen Arm und holt weit aus.

33. Die grazienhafte Frau.

[handschriftliche Schriftprobe]

Kleine einnehmende Schrift mit Zierlichkeit und Durchsichtigkeit.

34. Mädchen vom Lande.

[handschriftliche Schriftprobe]

Hübsche fette und runde Hand — schrift.

35. Xantippe.

[handschriftliche Schriftprobe]

Ein Dorn ohne Rose. Stechapfelnatur mit Rhabarber.

36. Frömmigkeit.

[handschriftliche Schriftprobe]

Nonnenartige Züge voll Sanftmuth und Milde.

37. Geselligkeit.

Lebhaftigkeit mit Redseligkeit.

38. Die Veränderung liebende Frau.

Schwache Schrift mit Binsennatur.

Zwölfter Abschnitt.

Die Handschriften der Kinder.

Es wurde vielfach an mich die Frage gestellt, ob sich auch in den Handschriften der Kinder ein individueller Charakter auspräge und ob dieser als Ausdruck des geistigen Wesens gelten könne. Um beide Fragen sofort mit einem entschiedenen Ja zu beantworten, bedarf es nur eines Zusammenstellens der Schriftzüge verschiedener Kinder und des Vergleichs der Schrift mit dem Charakter. Ohne Zweifel macht jede Handschrift auf jeden Menschen einen Eindruck, entweder hinsichtlich der Größe oder Zierlichkeit, Festigkeit oder Schwäche, Raschheit oder Langsamkeit. Aber erst dadurch, daß man verschiedene Handschriften mit einander vergleicht, wird dieser Eindruck zu einem Urtheile, zu einer festen Ueberzeugung erhoben. Und ist man erst darüber im Klaren, hat man sich durch öfteres Vergleichen ein Urtheil gebildet über die sonderbare Verschiedenheit der Schrift= züge, dann sind die Schlußfolgerungen von der Schrift auf den Charakter angebahnt, und man wird sehr bald die Ueberzeugung gewinnen, daß in demselben Maße, wie die Buchstaben verschiede= ner Kinder sich unterscheiden, auch der Charakter ein verschie= dener ist. Man braucht sich nur die Mühe zu geben, zu vergleichen, und man wird finden, daß nicht allein die ganze Schrift, sondern auch jeder einzelne Zug charakteristisch ist. Der welterfahrene Knigge sagt in seinem bekannten Werke „Ueber den Umgang mit Menschen" (Th. I, Kap. 1, §. 61): „Alle Kinder, mit deren Erziehung ich be= schäftigt gewesen bin, haben nach meiner Hand das Schreiben ge= lernt, — allein sowie sie nach und nach ihre Gemüthsart entwickel= ten, brachte jedes von ihnen seine eigenen Züge hinein. Beim ersten Anblick schienen sie alle einerlei Hand zu schreiben; wer aber genauer achtgab und sie kannte, fand in der Manier des Einen Trägheit, bei Andern Kleinigkeit oder Unbestimmtheit, Flüchtigkeit, Festigkeit, Verschrobenheit, Ordnungsgeist oder irgend eine andere Eigenthümlichkeit." Darin hat Knigge, der zwar trotz seiner Men= schenkenntniß ein höchst unpraktischer Mensch war, ganz Recht. Es ist sonderbar, daß unter hundert Kindern, die bei demselben Lehrer das Schreiben lernen, jedes anders schreibt; sonderbarer aber ist es für den tiefern Forscher, daß bei jedem Kinde die einzelnen Buch= staben unter sich immer eine Uniformität, einen geistigen Zusammen= halt, eine Familienähnlichkeit nachweisen; alle Buchstaben sind dessel= ben Ursprungs und geben als Theile des Ganzen Zeugniß von der gemeinsamen Geburt.

Schon früher sandte mir ein Schulmann zum Zweck meiner Prüfung ein Blatt ein, auf dem alle seine Schüler ein und dasselbe

Wort geschrieben hatten. Die durch täglichen Umgang gewonnenen Erfahrungen über den Charakter der Kinder fügte er bei, und machte seine Schlüsse nach dem Leben, den Vergleich der Schrift mit seiner empirischen Erfahrungswissenschaft mir überlassend. Selbst dem Laien gewährt es Vergnügen, diese jungen Schriftzüge zu vergleichen mit dem Urtheil des Lehrers, das auf Erfahrung, und mit meiner Schriftdeutung, die einzig und allein auf dem Schrifteindruck beruht.

Charakter der Schrift nach meiner Deutung.

1. Durch Bestimmtheit und Klarheit sich offenbar vor den andern auszeichnende Schrift.
2. Abgespannte, nachlässige Schrift ohne Ausdruck.
3. Verkrüppelte, eigensinnige Zweige, ohne Grün und Blüte.
4. Kleine, doch rührige, strebsame Buchstaben ohne Tiefe.
5. Nachlässige, weiche, faule Züge eines Schlendrians.
6. Schlaffe Züge ohne sichere Richtung.
7. Entschiedenheit, frischer und richtiger Blick.
8. Ohne Kraft, doch dickköpfig und plump.
9. Offenbar unausgebildete Schrift, die selbst auf Linien auf Abwege geräth.
10. Luftige Krakehlbuchstaben.
11. Verkrüppelte Schrift, ohne Ausdruck und Energie.
12. Ebenso wie 11.

Charakter der Kinder nach dem Urtheile ihres Lehrers.

1. Viel Talent, sehr still, mit Festigkeit.
2. Wenig Talent, geistig und körperlich langsam und träge.
3. Geistig arm, sehr still und ruhig, Festigkeit.
4. Wenig Talent, viel Emsigkeit und Fleiß, sehr still und arglos.
5. Sehr wenig Verstand, plump und eigensinnig.
6. Schlaff an Geist und Körper, im Uebrigen nicht ohne Anlagen.
7. Verstand, wenig beweglich, aber ernst und fest.
8. Dumm, verzogen und höchst eigensinnig.
9. Wol Verstand, aber unangeregt, ein Taugenichts, keine Ehrlichkeit.
10. Wenig Verstand, schwatzhaft, streitsüchtig, rechthaberisch und leichtsinnig.
11. Schlaff an Körper und Geist, still.
12. Wenig Verstand, still und blöde.

Daß hier meine Schriftdeutung mit dem Urtheile des Lehrers der Hauptsache nach übereinstimmt, ist offenbar. Aber — ich könnte ja mein Urtheil nach jenem modificirt haben. — Nicht so! Ich frage den Leser, ob er nicht beim Anschauen der Schrift und beim Vergleich mit den andern Zügen das nachfühlt und wahr findet, was ich gesagt, — oder könnte ich von 1 sagen, sie sei verkrüppelt, oder umgekehrt von 3, 11 und 12, sie seien bestimmt und klar? Oder könnte ich meinen Ausdruck „nachlässig" ebenso auf 7 anwenden wie auf 5? — Oder könnte ich wol von 4 die Grobfaustigkeit und umgekehrt bei 10 die Emsigkeit anwenden?

Will man nun die Handschrift eines Kindes prüfen und sich über sie sein Urtheil bilden, so halte man sie gegen die auf unserer obigen Tabelle gegebenen Schriften und vergleiche einzeln, mit welcher von den zwölf Handschriften sie die meiste Aehnlichkeit hat; die entsprechende Ziffer meiner Urtheile giebt hierzu die richtige Antwort.

Dreizehnter Abschnitt.

Der Mensch in seinem äußeren Auftreten.

1. Die Handschrift des zum Regieren Gebornen.

Große befehlende Buchstaben mit Energie und starken Aesten.

2. Die Handschrift des Großsprecherischen.

Buchstaben mit Renommisterei und Hirschgeweihen.

3. Die Handschrift des Kampflustigen.

[handschriftliche Zeile]

Buchstaben, die sich ärgern und die Stirne runzeln.

4. Die Handschrift des Muthigen, Tapfern, Unterneh=
menden.

[handschriftliche Zeilen]

Thatkräftige Buchstaben mit Ausdauer und Kaltblütigkeit.

5. Die Handschrift des Aufbrausenden, Streitsüchtigen.

[handschriftliche Zeilen]

Diese Buchstaben bilden eine Dornhecke.

6. Die Handschrift des offenen Charakters.

[handschriftliche Zeilen]

Diese Buchstaben sprechen, wie sie es meinen.

7. Die Handschrift des Prunksüchtigen.

Viel Samum mit Goldflimmer.

8. Die Handschrift des Bramarbasirers.

Viel Lärm um Nichts.

9. Die Handschrift des Energischen, Derben.

Viel Körper.

10. Die Handschrift des Strebens nach Ungebundenheit.

Langbeiniges Unbekümmertsein.

11. Die Handschrift des festen Charakters.

A. Den 27. December 1851.

In einer Festung.

Ruhige und feste Buchstaben, die dem Wetter widerstehen.

12. Die Handschrift des ritterlichen Charakters.

Zuversicht

Die Handschriften

Edle Buchstaben mit Großmuth und Rittersporn.

13. Die Handschrift des kalten Charakters.

Weltgericht.

Eintheilung

Verschlossene, eingemauerte Buchstaben.

Vierzehnter Abschnitt.

Der Mensch im gesellschaftlichen Leben.

1. Gutmüthigkeit.

[handschriftlich]

[handschriftlich]

Frühlingsduftige Pflanze mit Immergrün und Bohnenblüte.

2. Nachlässigkeit.

[handschriftlich]

[handschriftlich]

Die Buchstaben haben weder Festigkeit noch Exaktheit.

3. Blödigkeit.

[handschriftlich]

[handschriftlich]

Flötentöne eines einsam zirpenden Vögleins am vergißmeinnicht=
umkränzten Bachrain.

4. Unpraktischer Sinn.

Heitern Ruh im Herzen.

Entschuldigen Sie, daß …

Mehlmußige Buchstaben, ohne Löffel, wenn's regnet.

5. Leichtsinn.

Briefwechsel mit Allen für alle.

Mit großem Vertrauen.

Federleichte Buchstaben, die leicht in die Luft zu blasen sind.

6. Unruhig.

Einteilung

Was könnte ihm Ernst.

Unstete Buchstaben mit Brausepulver.

7. Sinn für Anstand.

Ihre Zeitung

Ich bitte um Entschuldigung.

Wohlgeformte Schrift mit poliertem Gemüthe.

8. Listig.

Ihr Handschlag und Wort

Ich suche die gleichen Engel nicht!

Heimliche unwirthliche Buchstaben mit Studentenfallen.

9. Munter.

[handschriftlich]

[handschriftlich]

Luſtige Vögel mit Doppelſchlag, unbeſchnittenen Flügeln und
gelöſter Zunge.

10. Ordnungsliebend.

[handschriftlich]

[handschriftlich]

Wohlgeordnete Buchſtaben mit Hausmannskoſt.

11. Kränkelnd.

[handschriftlich]

[handschriftlich]

Gereizte Buchſtaben im Streite mit der bleiernen Wirklichkeit.

12. Mangel an Selbſtvertrauen.

[handschriftlich]

[handschriftlich]

Schwankende Buchſtaben auf Moorboden.

13. Mangel an freiem Willen.

[handschriftlich]

[handschriftliche Schrift]

Als ob sie am Gängelband das Laufen gelernt.

14. Begierde nach geistigen Getränken.

[handschriftliche Schrift]

Wüste, besprißte Buchstaben, kraterig, wie ausgebrannte Nachtlampen.

15. Unbeholfenheit.

[handschriftliche Schrift]

[handschriftliche Schrift]

Derbe Schrift mit Kartoffelblüten am Hute.

16. Liederlich.

[handschriftliche Schrift]

Wackelartige Buchstaben. Böses Omen.

Funfzehnter Abschnitt.

Der Mensch in der Liebe.

1. Süßlich=sehnsüchtig.

[handschriftlicher Text]

[handschriftlicher Text]

Diese Buchstaben, gebürtig aus Arkadien, kennen die schöne Stelle aus Heine's Reisebildern: „Mimili, Mimili"!

2. Zart=weich.

[handschriftlicher Text]

[handschriftlicher Text]

Durchsichtige Buchstaben mit Maria Farina.

3. Weiblich.

[handschriftlicher Text]

Männliche Schrift mit weiblichem Feiertagsgemüth und Syrup.

4. Schwärmend.

[handschriftlicher Text]

[handschriftliche Zeile]

Diese Schrift sieht träumerisch aus und wandelt zwischen Ulmen und Johanniskäferchen.

5. Sentimental.

[handschriftliche Zeilen]

Hübsch feierlich und rührend.

6. Empfindelnd.

[handschriftliche Zeilen]

Viel Rührung.

7. Sehnsuchtsvoll.

[handschriftliche Zeilen]

Melancholische und unbefriedigte Schrift.

8. Don Juan.

[handschriftliche Zeile]

Treibt der Champagner das Blut erst im Kreise .... Blonde, Brünetten . . . .

9. Frivol.

[handwriting]

Flatterhafte Buchstaben mit Neigung zu Vergnügungen.

10. Schmachtend.

[handwriting]

[handwriting]

Blaue Sehnsucht mit grüner Liebe.

11. Topfgucker.

[handwriting]

Zu häuslich.

12. Frisirt.

[handwriting]

[handwriting]

Schmachtlocken mit Ringelchen und Dingelchen.

13. Der Liebe zugeneigt.

[handwriting]

[handwriting]

Süßliche und leichte Buchstaben mit viel Herz.

14. Unempfindlichkeit für zarte Regungen.

Norden, Haide und Gefrierpunkt.

15. Mit Glück bei den Damen.

Es war einmal ein kleines Ding
Von Farben und Gestalt,
Ein kleiner bunter Schmetterling . . . .

16. Unter dem Pantoffel.

Guter Mond, du gehst so stille.

17. Eiferjüchtig.

Mißtrauende Züge mit: Man sucht keinen hinter dem Ofen . . . .

11*

Sechszehnter Abschnitt.

Der Mensch in seinen Neigungen und Leidenschaften.

I.
Der Freund von Blumen.

Die Liebhaberei für Blumen drückt sich durch weiche, sinnige und wohlgeformte Buchstaben aus. Die Buchstaben selbst sehen aus wie Blumen und gleichen den Künstler-Typen.

II.
Anlage zur Liederlichkeit.

Extravagante Züge mit luftigen und leichten Ranken bezeichnen die Liederlichkeit.

Inhaber dieser Schrift schrieb an die Redaction der Illustrirten Zeitung, nachdem ich ihn in diesem Blatte beurtheilt hatte: „Trotzdem Sie mich so derb durchgewaschen, glaube ich Ihnen doch die Bekenntniß schuldig zu sein, daß Sie durchaus wahr gesprochen."

III.
Typus der Trägheit.

Sind die Buchstaben leblos, stellen sie sich maschinenmäßig auf, so zeigen sie Trägheit an. Ich verweise auf die Belege im siebenzehnten Abschnitte.

IV.
Die Schrift des Tänzers.

Lustige, aufhüpfende und dünnleibige Buchstaben zeigen uns den Tänzer. Vergl. die Handschrift der Taglioni Seite 62.

V.
Sinn für Musik.

Zartes Fühlen, sanftes Aufhorchen sind die Propheten des Sinnes für Musik, wie ich bereits an vielen Facsimiles berühmter Componisten nachgewiesen habe.

VI.
Dem Trunke ergeben.

Ueber den Verfasser dieser Schrift sagte ich in der Illustr. Ztg. unter Nr. 8 unter Anderm also: „ . . . . Erlauben Sie uns noch eine Gewissensfrage: Lieben Sie nicht die Restaurationen und Kaffeehäuser? Wir wagen diese Behauptung und Sie würden uns im Interesse unserer Wissenschaft sehr zu Danke verpflichten, wenn Sie uns hierüber die Wahrheit sagen wollten. Sie sind ja Humorist und lieben dergleichen. Aber — die Hand aufs Herz und die Wahrheit gesagt, ebenso offen wie wir sie Ihnen gesagt haben."

Auf seine bestätigende Antwort schrieb ich demselben im Brief-wechsel der Illustrirten Zeitung:

„Herrn Gr. in L. — Das ist brav von Ihnen, daß Sie uns ein offenes Bekenntniß hinsichtlich unserer Gewissensfrage ablegen. Es ist dies ein neuer Beleg für unsere Wissenschaft. Wir schlossen so: Ihre Schrift trägt alle Kennzeichen einer ungezügelten Phantasie, dabei drückt sich in den Buchstaben ein ziemlich starker Leichtsinn aus, es ist also in jedem Falle der Hang da, die Prosa des kleinern Lebens auf irgend eine Weise zu vergessen, und deshalb schlossen wir, daß Sie den sogenannten Wirthshäusern nicht abhold sein möchten. Und nach Ihrem eigenen Geständnisse haben wir uns nicht getäuscht. Nur noch ein ernstes, gut gemeintes Wort. Wie Ihre Schrift uns sagt, sind Sie noch jung, zügeln Sie Ihre Phantasie, werfen Sie sich auf ernste Wissenschaften und Sie werden noch Bedeutendes leisten. Uebrigens trösten Sie sich über unser Urtheil, unter den Hunderten von zur Beurtheilung eingesandten Handschriften ist noch manche, aus der wir dasselbe lesen.“

Auf seinen dritten mit „Wer?“ unterzeichneten Brief gab ich ihm in derselben Zeitung folgende Antwort:

„Herrn «Wer?» — Aha, Sie denken, wir sollen Sie nicht mehr kennen? Haben Sie unsern guten Rath aus Nr. 432 angenommen und gewisse Gewohnheiten gemieden? — wenn Sie aber glauben, daß ebenso schnell auch Ihre Schrift eine solide werden soll, so heißt dies doch den letzten vier Wochen zu viel zugemuthet!“

Siebenzehnter Abschnitt.

Zwölf Schriftgattungen, welche die Grundtypen für die hervorragendsten menschlichen Eigenschaften bilden.

Wir gehen nun über zur Beantwortung der Frage: Nach welchen Regeln hat man zu verfahren, wenn man aus der Handschrift den Charakter ihres Urhebers beurtheilen will?

Vergleichen wir die Handschriften nach ihrem Aeußern, so unterscheiden wir zwölf Schriftgattungen, welche die Grundtypen bilden und alle möglichen Handschriften in sich vereinigen.

Zunächst wollen wir über diese zwölf Klassen eine Uebersicht gewinnen und dann deren Abarten betrachten.

I. Klasse.

Große, kräftige und markige Züge: Muth.

Männliche Handschrift.

Weibliche Handschrift.

In diese Klasse gehören: Unerschrockenheit, Kühnheit, Keckheit, Selbstgefühl, Energie, Entschlossenheit, Verwegenheit.

Entgegengeſetzte Richtungen: Kleine, unſichere und ſchwache Schrift: Feigheit.

Feucht meiner Muße.

Männliche Handſchrift.

der junge Inhalt dieſes Lieds

Weibliche Handſchrift.

Abarten: Bangigkeit, Muthloſigkeit, Aengſtlichkeit, Furchtſamkeit, Engherzigkeit.

II. Klaſſe.

Eckige, ſchartige und ausſchlagende Züge: Streitſucht.

Veranlaſſter das Köſtelſprunge.

Männliche Handſchrift.

licht zu Semiten

Weibliche Handſchrift.

In dieſe Klaſſe gehören: Krakelerei, Disputirgeiſt, Widerſpruch, Kampfſinn, Klatſcherei, Spitzfindigkeit, Satire, Rache.

Entgegengeſetzte Richtungen: Kleine, milde und ruhige Schrift: Friedlichkeit.

Mögen Indra Stillengünkt...

Männliche Handſchrift.

Vorſteher der Lebensſtunden.

Weibliche Handſchrift.

Abarten: Nachgiebigkeit, Ruhe, Schweigſamkeit, Plauderhaftigkeit.

III. Klasse.

Stämmige, rohe und unpolirte Züge: Derbheit.

[handwritten text]

Männliche Handschrift.

[handwritten text]

Weibliche Handschrift.

In diese Klasse gehören: Grobheit, Rohheit, Brutalität, Frechheit.

Entgegengesetzte Richtungen: Schmächtige, einschmeichelnde und natürliche Schrift: Feinheit.

[handwritten text]

Männliche Handschrift.

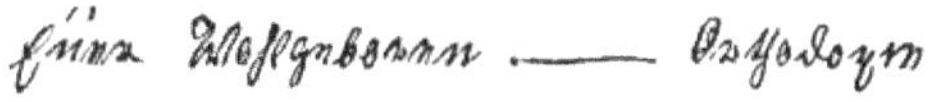

[handwritten text]

Weibliche Handschrift.

Abarten: Höflichkeit, Gefälligkeit, Schmeichelei, Liebenswürdig=
keit, Naivetät, Galanterie, Zierlichkeit, Grazie, Koketterie, Eitelkeit,
Geziertheit, Putzsucht.

IV. Klasse.

Mittelgroße, stehende und zusammenkriechende Buchstaben: Geiz.

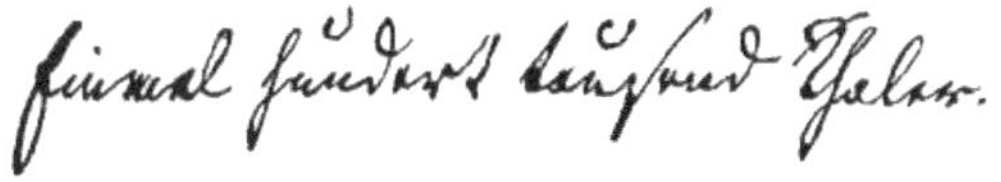

[handwritten text]

Männliche Handschrift.

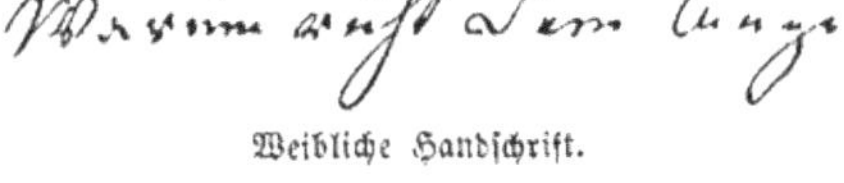

[handwritten text]

Weibliche Handschrift.

In diese Klasse gehören: Erwerbsamkeit, Freigebigkeit, Häus=
lichkeit, Mäßigkeit, Sorglosigkeit, Ehrgeiz, Habsucht.

Entgegengeſetzte Richtungen: Große, ausſchweifende und un-
beſonnene Schrift: Verſchwendung.

Männliche Handschrift.

Weibliche Handschrift.

Abarten: Verſchwendung, Ausſchweifung, Prunkſucht, Luxus,
Schwelgerei, Unmäßigkeit.

V. Klaſſe.

Mittelgroße, rührige und elaſtiſche Buchſtaben: Fleiß.

Männliche Handschrift.

Weibliche Handschrift.

In dieſe Klaſſe gehören: Arbeitſamkeit, Müßiggang, Thätigkeit.

Entgegengeſetzte Richtungen: Nachläſſige, weiche und ſchläfrige
Schrift: Faulheit.

Männliche Handschrift.

Weibliche Handschrift.

Abarten: Bequemlichkeit, Trägheit, Langſamkeit, Langeweile,
Unthätigkeit.

VI. Klasse.

Versteckte Buchstaben mit Winkelzügen: Falschheit.

Männliche Handschrift.

Weibliche Handschrift.

In diese Klasse gehören: Neid, Aufhetzerei, Ränkesucht, Ironie, List, Mißgunst, Verschmitztheit, Argwohn, Windbeutelei, Heuchelei, Intrigue, Flatterhaftigkeit, Treulosigkeit.

Entgegengesetzte Richtungen: Klare, schminklose und einfache Schrift: Aufrichtigkeit.

Männliche Handschrift.

Weibliche Handschrift.

Abarten: Ehrlichkeit, Redlichkeit, Offenheit, Beständigkeit, Dankbarkeit, Freundschaft, Treue.

VII. Klasse.

Mittelgroße, ruhige und einfache Buchstaben ohne Seitensprünge: Ruhe.

Männliche Handschrift.

Weibliche Handschrift.

In diese Klasse gehören: Geduld, Schwerfälligkeit, Seelenruhe, Besonnenheit, Vorsicht.

Entgegengesetzte Richtungen: Unruhige, erregte und spitze Schrift: Unruhe.

Männliche Handschrift.

Weibliche Handschrift.

Abarten: Lebhaftigkeit, Leidenschaft, Schwatzhaftigkeit, Heftigkeit, Laune, Unbesonnenheit, Jähzorn, Neugierde.

VIII. Klasse.

Massige, feiste und ausdruckslose Züge: Dummheit.

Männliche Handschrift.

Weibliche Handschrift.

In diese Klasse gehören: Albernheit, Geckenhaftigkeit, Bornirtheit, Dummdreistigkeit, Oberflächlichkeit, Unwissenheit, Gafferei.

Entgegengesetzte Richtungen: Angeregte, lebhafte Schrift mit scharfer Beobachtung: Klugheit.

Männliche Handschrift.

Weibliche Handschrift.

Abarten: Gelehrsamkeit, Intelligenz, Klugheit, Scharfsinn, Schlauheit, Genialität, Idealität.

IX. Klasse.

Feste, beharrliche und ernste Züge: Charakterfestigkeit.

Nec aspera terrent.

Männliche Handschrift.

Aus meiner Handschrift.

Weibliche Handschrift.

In diese Klasse gehören: Eigensinn, Halsstarrigkeit, Ausdauer, Härte, Pünktlichkeit, Ernst, Zähheit.

Entgegengesetzte Richtungen: Leicht gebaute und bewegliche Schrift: Charakterschwäche.

Männliche Handschrift.

Weibliche Handschrift.

Abarten: Gedankenlosigkeit, Unentschlossenheit, Veränderlichkeit, Flüchtigkeit des Geistes, Wankelmuth, Leichtsinn, Schlendrian.

X. Klasse.

Unwirsche, regnerische und brummbärige Züge: Trübsinn.

Männliche Handschrift.

Weibliche Handschrift.

In diese Klasse gehören: Grillenfängerei, Kälte, Störrigkeit, Melancholie.

Entgegengeſetzte Richtungen: Muntere, fröhliche und ſchimmernde Schrift: Heiterkeit.

Männliche Handſchrift.

Weibliche Handſchrift.

Abarten: Humor, gute Laune, Munterkeit, Schalkhaftigkeit, Schelmerei, Scherz.

XI. Klaſſe.

Große, ſich ausſpreizende und rückſichtsloſe Züge: Stolz.

Männliche Handſchrift.

Weibliche Handſchrift.

In dieſe Klaſſe gehören: Ritterlichkeit, Dünkel, Herrſchſucht, Unverſchämtheit, Renommiſterei, Hochmuth, Ehrgeiz, Arroganz, Brutalität.

Entgegengeſetzte Richtungen: Einfache, beſcheidene Züge: De=muth.

Männliche Handſchrift.

Weibliche Handſchrift.

Abarten: Beſcheidenheit, Einfalt, Milde, Schüchternheit, Kriecherei, Blödigkeit, Duldſamkeit.

XII. Klasse.

Weiche, sanfte und schmiegsame Züge: Gemüth.

[handschriftliche Probe]

Männliche Handschrift.

[handschriftliche Probe]

Weibliche Handschrift.

In diese Klasse gehören: Sinnlichkeit, Mitleid, Anmuth, Gut=herzigkeit, Basenhaftigkeit, Kindlichkeit, Zärtlichkeit, Ueberspanntheit, Wolluft, Frömmigkeit, Betbruderei, Duckmäuserei.

Entgegengesetzte Richtungen: Kräftige, ernste und sich der gera=den Lage zuneigende Schrift: Verstand.

[handschriftliche Probe]

Männliche Handschrift.

[handschriftliche Probe]

Weibliche Handschrift.

Abarten: Materialismus, praktische Wissenschaften, Egoismus, Eigennutz, Gefühllosigkeit.

Durch diese allgemeine Bezeichnungen habe ich Sie vorläufig mit den Ueberschriften der einzelnen Hallen des geheimnißvollen Tempels bekannt und auf den kostbaren Inhalt aufmerksam machen wollen; erlauben Sie nun, daß ich Sie in den einzelnen Hallen herumführe und Ihnen die Kostbarkeiten im Einzelnen zeige und erkläre.

Die größten und stärksten Schriftarten müssen den Anfang machen; daher

I.

Muth und dessen Gegensatz: Feigheit.

Führen wir nun die Scala des Muthes nach den verschiedenen Verwandtschaften durch.

Haben die großen kraftvollen Stammzüge verschiedene markige

Verzweigungen, die gleich den Aesten einer Eiche sich ausbreiten,
so sind das die Schriftzüge der Verwegenheit.

Das ist so eine kecke Schriftart, wie jene des Oberst Lochmann.
Der Oberst Johann Heinrich Lochmann von Zürich, welchen der
König von Frankreich Ludwig XVI. zur Belohnung für seine Kriegs=
dienste in den Adelsstand erhoben, verband mit großer Tapferkeit
eine nicht aus der Fassung zu bringende Kaltblütigkeit. Eines Tages
hatte er den König auf die Jagd begleitet. „Herr Oberst“, sagte
dieser zu ihm, „Sie sind nie vor dem Feinde gewichen; ich zweifele
jedoch, daß sie vor einem wilden Schweine Stand halten werden.“
„Stellen mich Ew. Majestät auf die Probe“, versetzte Lochmann.
„Gut, das soll geschehen“, sagte Ludwig, und es wurde dem Obersten
sein Posten vor einem verlassenen Forsthause am Ausgange eines
großen Waldes angewiesen. Die Jäger erhielten Befehl, das erste
wilde Schwein, welches aufgebracht würde, nach dieser Gegend hin=
zutreiben. Dies geschah. Nicht lange darauf erschien der König
mit seinem Gefolge. „Herr Oberst“, rief er, „haben Sie das wilde
Schwein gesehen?“ — „O ja, Ew. Majestät!“ — „Wo ist es denn hin=
gekommen?“ — „Ich habe es, bis Ew. Majestät kommen würden, in
den Stall gebracht.“ Der König wußte nicht, was er aus dieser
Antwort machen sollte, aber das wilde Schwein befand sich wirklich in
dem alten Forsthause. Lochmann hatte an der Thüre gestanden, als er
das wilde Schwein, mit seinen Hauern den Boden zerwühlend, auf sich
zukommen sah; er öffnete die Thüre, zog sich ein wenig auf die
Seite, ließ das Thier, welches blindlings vorwärts lief, in das Forsthaus
eindringen und schloß die Thüre dann schnell wieder hinter ihm zu.

Tragen die oben beschriebenen Schriftzüge noch den Ausdruck
der Lebhaftigkeit, so haben wir die kecke Schrift.

[Handschriftprobe]

So schrieb der französische Befehlshaber Herzog von Noailles. Als dieser bei der Belagerung von Gerona im Jahre 1711 eine Batterie besuchte, ging eine Geschützkugel nahe bei ihm vorbei. „Hören Sie diese Musik?" fragte er den tauben Rigolo, unter dem das Geschützwesen stand. „Ich gebe nie auf die acht, welche kommen", antwortete Rigolo, „sondern nur auf die, welche abgehen."

Hat jene Handschrift etwas Nachlässig=Verachtendes, so ist sie der Typus der Kühnheit.

[Handschriftprobe]

Ihm

> War kein Vogelnest zu hoch,
> Wußt' es zu erreichen,
> Höher wollt' er um sich schaun
> Als die hohen Eichen.

[Handschriftprobe]

Das ist eine spartanische Handschrift. Aristomenes schlug die Spartaner drei Jahre hindurch. Er wagte sich sogar nach Sparta und lehnte einen Schild mit seinem Namen an den Tempel der Artemis. Als er aber spartanische Frauen dafür mitnehmen wollte, kam er übel an; denn sie wehrten sich keck mit Bratspießen und Opfermessern, daß ein Theil der Frauenräuber getödtet, der andere verjagt wurde.

Hat jene Schriftart etwas Derbes, so ist sie der Typus der Dreistigkeit.

[Handschriftprobe]

[Handschriftprobe]

Ein Beispiel von edler Dreistigkeit mit Geistesgegenwart erzählt man sich von dem Schauspieler Wilks, der eine ähnliche Handschrift hatte. Wilks wurde in einer Tragödie ermordet. Da er aber einen starken Husten hatte, so konnte er sich desselben nicht enthalten, als er todt auf der Bühne lag. Die meisten Zuschauer brachen hierüber in ein Gelächter aus. Er richtete den Kopf auf und sagte: „Nun trifft ein, was meine Mutter mir prophezeite, welche von mir sagte, daß ich noch im Grabe husten würde, weil ich bei der Suppe zu trinken pflegte." Dies erregte ein allgemeines Händeklatschen und machte den vorher begangenen Fehler wieder gut.

Finden wir in der muthigen Schrift auch Festigkeit, so deutet das auf Energie.

Jene männlichen Schriftzüge sehen so aus, als könnte ihnen folgendes Geschichtchen passirt sein. Zu einem Pachter, welcher durch eine einsame Strecke der Lüneburger Haide fuhr, gesellte sich auf dem Wege ein altes dickes Weib mit einem großen Korbe, welches ihn in kläglichen Ausdrücken bat, er möge sie auf seinen Wagen steigen und mitfahren lassen. Der mitleidige Pachter that es, ohne sich viel zu besinnen, merkte aber im Laufe der Unterhaltung Verrath. Er ließ deshalb, wie aus Versehen, seinen Hut auf die Erde fallen, bat das Weib, ihm denselben wieder heraufzuholen und fuhr dann, als sie abgestiegen war, seine Pferde antreibend, rasch weiter. Bald darauf holten ihn quer übers Feld zwei verdächtig aussehende Kerle ein, die ihn fragten: ob er nicht einem alten Weibe mit einem Korbe begegnet sei? „Ja wohl", war seine Antwort; „die Frau ist vorhin zu einem wohlgekleideten Herrn in die Kutsche gestiegen, der ich voraus gefahren bin." Die beiden Stromer entfernten sich rasch und der Pachter hieb kräftig auf seine Pferde. In seinem Wohnorte angekommen, untersuchte er den erbeuteten Korb und fand darin zwei geladene Pistolen, einen Strick und ein großes Messer.

Ist jene Schrift fest, aber weniger groß, so haben wir das Ur=
bild der Entschlossenheit.

Dies Handschriften=Paar hat große Daumen und eckige Glieder,
die Zeichen der Entschlossenheit. Napoleon, der Mathematiker, der
Feldherr, der Mann der Befehle, hatte große Daumen. Unent=
schlossene Menschen haben stets einen kleinen Daumen. Obige Hand=
schriften wollen sich die Sache nicht erst beschlafen und riskiren daher
auch nicht, mitsammt der Bettlade gefangen zu werden. So schrieb
der Bürgermeister von Königsberg. In der letzten Hälfte des vori=
gen Jahrhunderts entstand eine große Feuersbrunst in Königsberg
und bei dieser ward auch das dortige Löbenicht'sche Hospital, in
welchem zugleich Wahnsinnige mit untergebracht wurden, ein Raub
der Flammen. Die Irren trieben sich anfänglich in der Stadt herum
und einer davon lief am folgenden Tage, einem Freitag, in
das Haus des damaligen Bürgermeisters, Kriegsrathes Hintersinn.
Hier stürzte der Wahnsinnige, mit einem großen Messer in der Hand,
in das Arbeitszimmer des Bürgermeisters, der eben an seinem mit
einem Schranke mit Spiegelthüren versehenen Schreibbureau saß.
Hintersinn erblickte den Verrückten in dem Spiegel seines Schrankes,
entschlossen sprang er von seinem Sitze auf, ging auf ihn zu und
sagte: „Was willst du, es ist ja heute kein Fleischtag!“ — „Dat
is ock wohr“, entgegnete der Wahnsinnige, kehrte gleich um und
verließ das Haus. Es ward nämlich in dem Hospital den dort
Untergebrachten am Freitag nie Fleisch verabreicht.

Wir gehen nun über zu den negativen Verzweigungen des
Muthes, zu seinen feindlichen Gegensätzen. So groß die Hand=
schriften des Muthes sind, so klein sind die der Furchtsamkeit und
Feigheit.

Im Allgemeinen zeichnet sich die Schrift des Furchtsamen
durch Schwäche und Weichheit aus, so:

[handschriftlicher Text:] Sollte diese Lösung richtig sein?

Wir benutzen diese Gelegenheit, darauf aufmerksam zu machen, daß bei den Besitzern solcher Handschriften an der mit einem Sternchen bezeichneten Stelle des Kopfes:

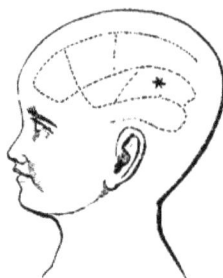

das Organ der Furchtsamkeit stark entwickelt ist.

Ist die furchtsame Schrift zitternder, espenlaubiger Natur, so tritt die Engherzigkeit hervor.

[handschriftlicher Text]

[handschriftlicher Text]

Zeigt die furchtsame Schrift eine gewisse Glätte, so ist die Bangigkeit vorherrschend.

[handschriftlicher Text]

[handschriftlicher Text]

Der Herr Diaconus war in der Nacht beim Nachhausegehen beraubt worden. Als man ihm rieth, für die Zukunft Pistolen zu sich zu stecken, antwortete er: „So, damit mir die auch weg= genommen werden? Ich bedanke mich."

Ist die Schrift des Furchtsamen eine liegende, so haben wir die Aengstlichkeit.

[handschriftlicher Text]

[Handschriftliche Schriftprobe]

Das sind dünnleibige Buchstaben, die leicht das Heimweh be=
kommen und wie des Müllers Karren allabends wieder nach Hause
reisen.

Weht in der furchtsamen Schrift ein gewisser Anstand, so ist
sie der Typus der angeborenen Furcht mit angelernter Groß= und
Dickthuerei.

[Handschriftliche Schriftprobe]

Es war im Mai 1849, als Henry Coxwell von Kroll's
Etablissement aus eine Luftschifffahrt unternahm.

„Noch einen Augenblick", sagte ein elegant gekleideter junger
Mann zu dem Luftschiffer, der eben seine Gondel zur Abfahrt be=
steigen wollte, „ich zahle hundert Thaler, wenn ich mitfahren kann."—
„Angenommen", erwiederte der Luftschiffer. Der junge Mann war
ein Jüngling mit blondlockigem Haar, schlank, geschmeidig und
graziös, gerade so wie ihn unsere Handschrift repräsentirt. Er
stammte aus einer Gegend, welche mit ihren vielen Seen und zer=
streuten, stets von Regen und Wind gewiegten Weiden einer Witwe
mit fliegenden Haaren gleicht, deren schönes Gesicht von Thränen
naß ist. Er hüllte sich in seinen Mantel nach der neuesten Mode.
„Sind Sie bereit?" fragt der Luftschiffer. „Ja." — „Dann setzen
Sie sich hierher." Sie setzten sich, die Seile wurden gelöst und der
Ballon erhob sich. Sie steigen immer höher. Schon nach einigen
Minuten erschien ihnen die Menge, die sie eben verlassen, nur noch
wie ein Ameisenhaufen; aber der junge Mann wurde blaß, er lachte
und scherzte nicht mehr und um seine Augen zeigten sich blaue
Ringe. „Zum Teufel," sagte der Luftsegler, „werden Sie nicht
unwohl; passen Sie auf, daß Sie das Gleichgewicht halten, denn
wie Sie sehen habe ich das Schiff nur mit vier Stricken befestigt,
andere nehmen viermal so viel." Der junge Mann wurde immer
blässer. „Ich sage Ihnen noch einmal", sagte der Luftschiffer, „wir
sind Beide verloren, wenn Sie den Muth verlieren. An Ihrer
Stelle bildete ich mir ein, Sie säßen ruhig in Ihrem Salon, in
welchem alle Fenster geöffnet sind." Der junge Mann hörte ihn

nicht. „Mich friert sehr", stammelte er. „Hauchen Sie in Ihre Hände, halten Sie den Athem an; den Teufel auch, helfen Sie sich, wie es geht." — „Mir schwindelt." — „Denken Sie an Ihre Geliebte, an Ihre Aeltern, an Ihre Freunde; denken Sie an Ihre Pferde, an Ihre Hunde, an, was weiß ich, was Sie Alles besitzen. Was kümmert's am Ende mich, ich verliere nur mein Leben, Sie ver- lieren mehr." — „Der Kopf geht mit mir um, lassen Sie den Ballon hinunter!" — „Uns hinunterlassen? Ja wohl! Was würden die da unten sagen, die uns mit ihren Blicken verfolgen?" — „Es wird mir übel!" — „Machen Sie sich Nichts daraus, — essen Sie ein Stück Schinken." — „Schinken — haben Sie Schinken?" fragte er mit schwacher Stimme. „Ja." — „Ohne Knoblauch, wie?" — „Ja, ohne Knoblauch." — „Ich möchte lieber Bouillon." — „Ah, Sie möchten lieber Bouillon?" Soviel konnte der Luftsegler noch herausbringen, ohne herauszuplatzen; länger konnte er sich aber nicht halten und brach in ein schallendes Gelächter aus, und zappelte dabei so gewaltig, daß der junge Mann, vor Schrecken ohnedies halb todt, sich nun gänzlich für verloren hielt. „Um des Himmels willen", sagte er, indem er krampfhaft die beiden Seile auf seiner Seite ergriff, „Sie werden uns umwerfen oder den Boden des Schiffes eintreten." Aber der Luftschiffer hörte nicht auf seine Vor- stellungen und fuhr fort, sich mit anhaltendem Gelächter zu schütteln. Nur von Zeit zu Zeit hörte man ihn mit halberstickter Stimme sagen: „Bouillon. — Ha, ha, ha! Bouillon in einem Ballon! ... Kellner, Bouillon für den Herrn .... sehr heiß, Kellner! ... Ha, ha, ha!" — „Das heißt einen Menschen tödten", sagte der junge Mann mit jämmerlicher Stimme; „lassen Sie uns hinabsteigen, ich beschwöre Sie!" Es geschah.

II.

Streitsucht und deren Gegensatz — die Friedlichkeit.

Handschriften wie Dorngestrüpp, stachelig und spitzig, sind die Typen der Streitsucht.

Schlagen Handschriften mit diesen Eigenschaften um sich, so ist dies das Zeichen des Aufbrausens.

Charakter und Ausdruck

Ich kenne zwei Advocaten in F., die eine Zungenfertigkeit sonder Gleichen entwickeln. Wenn sie sich unterhalten, geht es ihnen stets wie zwei singenden Canarienvögeln, von denen bekanntlich der eine den andern im Schreien überbieten will. Wenn die Stimme unserer lebenden Vocale auf höchster Stufe ist, und Jeder Noth hat, zu Worte zu kommen, dann greift der Eine gewöhnlich rasch in die Tasche und holt eine Anzahl Geldstücke hervor mit dem Rufe: paar oder unpaar — wer das Wort haben soll! Einem dieser Rohrsperlinge gehört unsere Handschrift an.

Einen weiblichen Wiederhall findet sie in der

Zungenfertigkeit der Handschriftfrau.

von der das Sprichwort gilt: Je grüner das Holz, desto dicker der Rauch.

Haben die streitsüchtigen Buchstaben Zähigkeit, so gehen sie über in K r a k e h l e r e i.

Fehler in der Achtung der...
Laut von der Brief

Besitzer vorstehender Handschrift saß bei einem Freunde, der ihm nie widersprach, um ihn nicht zum Zanke zu reizen. Jener konnte diese Ruhe nicht länger ertragen und brach endlich in die Worte aus: „Zum Teufel, so widersprich mir doch nur einmal, damit ich weiß, daß wir unser Zwei hier sind."

Besitzen die streitsüchtigen Buchstaben spitzige Formen, so begegnet uns die Z a n k s u c h t.

Haben ich deine Fuß Fangen.

Das ist so eine Schrift, spitz wie eine Distel und stechend wie eine Brennnessel, die Handschrift einer Dame, ähnlich Milton's Frau. Milton hatte eine sehr hübsche, aber auch sehr zanksüchtige Frau. Einst nannte sie der Herzog von Buckingham eine Rose. „Ueber

die Farbe kann ich nicht urtheilen", versetzte der blinde Dichter,
"aber Sie können Recht haben, ich fühle wenigstens täglich die
Dornen."

Drückt sich in der streitsüchtigen Schrift Begabung, die durch
den geistigen Buchstabenbau sich kennzeichnet, aus, so begegnen wir
dem Disputirgeiste.

[handwritten: Die schöne Zeit.]

> Das ist der Geist, der nur verneint,
> Das Böse will und doch das Gute schafft.

Dieselben Eigenschaften mit weniger Geist und weniger Brause=
wind bezeichnet die Händelsüchtigen.

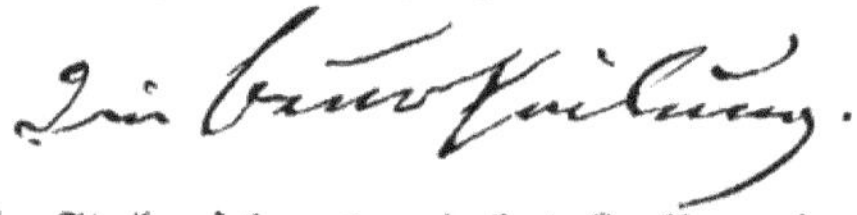

[handwritten: Zur...]

Sieht wie Stechapfel aus und hat Krallen wie ein Habicht.

Die Phrenologen geben der Händelsucht den Platz am Hinter=
theil des Kopfes, ganz im Sinne des Sprichworts: Der hat's hinter
den Ohren.

Sind die streitsüchtigen Buchstaben lebendig, dabei aber klein,
weich und schwach, so begegnen wir der Klatscherei.

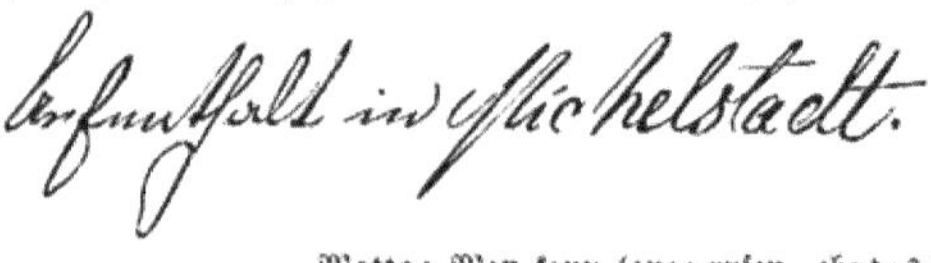

[handwritten: ... in ... helstadt.]

> Motto: Man kann lange rufen, ehe das Echo schweigt.

> Er trägt es zur Bas' hin und zur Frau Gevattern,
> Bis daß es die Gäns' auf dem Markte beschnattern,
> Bis daß es der Entrich beredt auf dem See,
> Und der Kukuk im Walde und auf der Höh'.

[handwritten: Der ... mit ...: ....]

> Motto: Besser mit den Füßen gestrauchelt, als mit der Zung'.

> Du mit dem gerümpften Näschen,
> Bin ich anders recht belehrt,
> Wohl gefiele dir ein Bßchen,
> Das vor fremden Thüren kehrt.

Sind diese Buchstaben hart und spitzig, so begegnet uns der Kritiker.

Statt des Schwerts die scharfe Feder
Ziehn sie kampfbereit vom Ohr,
Schieben statt Visirs die Brille
Den entbrannten Augen vor.

Sind diese Buchstaben nicht allein spitzig, sondern auch scharf und schneidend, so haben wir die Satire vor uns.

Inhaber jener männlichen Handschrift befand sich in einer Ge=
sellschaft schöner Geister. Es wurde von der Eroberung weiblicher
Herzen gesprochen und jeder rühmte sein Glück. „Sie können mir
glauben, lieber Doctor“, meinte ein eingebildeter junger Mann,
„daß ich mancher hübschen Frau den Kopf verdreht habe.“ — „Doch
nur so, daß sie ihn wegwandte?“ fragte der Doctor.

Trägt diese Schrift die Zeichen des Aufspürens und der Nase=
weisheit an sich, so haben wir die Spitzfindigkeit.

Der Berliner spricht:

Von Schönheit ward mir kaum 's Accessit,
Auch gleiche ich der Distel nur,
Nemo impune me lacessit,
Denn stachlicht bin ich von Natur.

Und sie, die Tochter der Alpen, meint: Ich bin zwar kein
Alpenröschen, aber eine Weberkarde, auch genannt Weberdistel.

Bringt diese Schrift Widerhaken mit, so haben wir den Geist des Widerspenstigen.

Jener Handschrift gaben wir einst das Motto:

> Wer nachgiebt mit Bescheidenheit,
> Fährt wohl; doch Widerspenstigkeit
> Hat sich nichts Gutes zu versprechen:
> Was sich nicht biegen läßt, muß brechen.

Hat diese Handschriftenart Gutmüthigkeit bei regem Leben, so — Plauderhaftigkeit.

Das sind zwei Mühlen, die immer klappern, und Mühlen, die immer klappern, mahlen nicht das beste Mehl.

Sind diese Schriften gedehnt, so Nachgiebigkeit.

Dieselbe Schrift besaß der bekannte Dr. Zimmermann in Hannover. Ein Witzling hatte auf Zimmermann ein Pasquill gemacht, das weder Witz noch Laune, aber desto mehr böses Herz und Brutalität verrieth. Zimmermann entdeckte den Verfasser bald. Einige Zeit nachher spricht er von ungefähr in Gesellschaft mit diesem Menschen. Sie saßen bei Tische gerade einander gegenüber. Er schwatzte viel von Naturgeschichte. „Kennen Sie eine Eigenschaft der Vipern?" fragte Zimmermann, „man läßt sie beißen zwanzigmal, dreißigmal nach einander, dann verlieren sie ihr Gift."

III.

Derbheit und ihr Gegensatz Feinheit.

Stämmige, rohe und unpolirte Buchstaben sind die Kenn=
zeichen der Derbheit. Gesellt sich zu diesen Eigenschaften noch
Plumpheit der Buchstabenäste, so geht die Derbheit in Grob=
heit über:

Bei dem ist's wahrlich an der Zeit,
Zu halten große Wäsche,
Daß er, was in den Schränken leit,
Auswische, seif' und dresche.

Buchstaben von Zwillich, und aus Zwillich kann man keine
seidenen Beutel machen.

Zeigt sich in der groben Schrift eine gewisse Leblosigkeit, so
haben wir den Typus der Rohheit.

Der Oekonom R. W. in Steinau, Besitzer dieser Schrift:

der bei einem geringen Vorrath von Geist gern etwas Scharfsinni=
ges sagen wollte, äußerte einst in einer Gesellschaft von Herren und
Frauen: „Die Frauenzimmer sind von weitem Brillanten, in der
Nähe besehen nur Composition." — „Und manche Herren", erwie=
derte die ebenso derbe als geistvolle Besitzerin dieser Handschrift:

„Sehen von Weitem aus wie Saffian, aber in der Nähe sind sie
ungegerbtes Schafleder!"

Zeigt die grobe Schrift noch Stechapfelart und Herausforderung, so — Brutalität.

Die Handschrift eines Emporkömmlings —

> Das ist gewiß: der Knecht, wo er wird Herr im Haus,
> Der schickt seine Knechte im ärgsten Regen aus.

Liegen in den groben Buchstaben Züge von Gutwilligkeit und Verstand, so zeigt uns die Schrift einen Charakter von geistiger Ausbildung, aber äußerer Derbheit an:

So schrieb der bekannte Rector Trotzendorf zu Goldberg. Wenn er in den Hörsaal trat, redete er gewöhnlich seine Zuhörer also an: „Guten Tag, Ihr kaiserlichen und fürstlichen geheimen Räthe, Ihr Bürgermeister und Rathsherren, Ihr Kaufleute und Krämer, Ihr Künstler und Handwerker, Ihr Büttel, Henker und Lumpenvolk!" Zuweilen setzte er hinzu: „Das Alles könnt ihr werden, je nachdem ihr euch aufführt."

Ist dagegen die Schrift schmächtig und einschmeichelnd, so zeigt sie die entgegengesetzten Eigenschaften an.

Sind die Buchstaben glatt, zierlich und gewählt, so sind sie der Ausdruck der Höflichkeit.

Sind diese Buchstaben klein und lebhaft, so zeigen sie die einschmeichelnde Schrift an.

Genau so schrieb der Herzog d'Antin, General=Intendant der Bauten unter Ludwig XIV. Er ließ absichtlich unter Bildsäulen oder deren Fußgestelle kleine Steine legen, damit der König, wenn er spazieren ging, dies gewahr werden und gegen ihn die Bemer=kung machen sollte, diese Statuen ständen nicht senkrecht. Nach einigen Einwendungen dagegen pflichtete dann der Herzog dem König bei und ließ den Uebelstand heben, blos um mit verstellter Ueberraschung dem Monarchen zu versichern, wie er sich doch auf Alles verstände.

Und sie

[Handschrift: Der beste Wünsche]

weiß: wer Bären fangen will, muß sich mit Honig versehen.

Zeichnet sich diese Schrift durch Eleganz und Elasticität aus, so ist es die gewandte Handschrift.

[Handschrift: Probe meiner Handschrift.]

Die Schrift eines Schauspielers. Der Theaterkassirer, der gern Reminiscenzen aus Schauspielen ins Gespräch mischte, brachte ihm einst die Gage, und zwar einige Tage später als gewöhnlich. Er redete diesen pathetisch mit folgenden Worten aus Schiller's „Wallen=stein" an:

> Spät kommt Ihr, doch Ihr kommt, der weite Weg,
> Graf Isolan! entschuldigt Euer Säumen.

Der Kassirer erwiederte sogleich ebenso pathetisch aus dem nämlichen Trauerspiele:

> Wir kommen auch mit leeren Händen nicht.

Verbindet sich Weichheit mit dieser Schrift, so haben wir die Gefälligkeit. Die Phrenologie weist diesem Organ seinen Platz auf der Mittellinie des Oberkopfes über der Stirn an, da, wo das Wohlwollen, das Mitgefühl und die Theilnahme ihren Sitz haben.

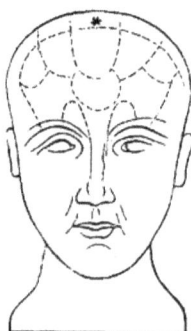

Hat diese Schrift etwas Süßliches und Zartes, so begegnet uns die Schmeichelei.

[handschriftlicher Schriftzug]

> Der kann schmeicheln, wedeln, schwänzeln,
> Lecken seines Herren Hand,
> Hündisch kriechen in den Sand,
> Auch auf Hinterpfoten tänzeln.

Und sie

[handschriftlicher Schriftzug]

hat Odem warm und kalt.

Machen sich in diesen Buchstaben schöne ästhetische Formen bemerkbar, so ist es die liebenswürdige Schrift:

[handschriftlicher Schriftzug]

Und zwar schöne Blüthen und Blumen — und diese stehen nicht lange am Wege.

Sind die Buchstaben klein und natürlich, so begegnet uns das naive Element.

[handschriftlicher Schriftzug]

Als diese Buchstaben noch einem Knaben im Flügelkleide angehörten, passirte ihnen folgendes Geschichtchen. „Liebes Kind“, mahnte der Vater, „bleib' immer fromm und gut und besuche fleißig die Kirche, dann wirst du selig werden." — „Aber, lieber Vater, gehst du denn jeden Abend in die Kirche? Mutter sagt, du kämst jeden Abend selig nach Hause."

Gefällt sich die Schrift in netten Formen, so haben wir die zier= liche Schrift.

[handschriftlicher Schriftzug]

[handschriftlicher Schriftzug]

> Jedes dieser Vöglein spreizt
> Seine zierlich=feinen Schwingen,
> Vöglein, das wol Manchen reizt,
> Ihm zu stellen seine Schlingen.

Nimmt diese Buchstabenart Manier und Vornehmheit an, so ist sie der Typus der Galanterie.

[handschriftlicher Schriftzug]

Wir gaben bereits früher ein Facsimile von Fontenelle's Hand= schrift, die der vorstehenden überaus ähnlich ist. Eine liebenswür= dige junge Dame fragte Fontenelle einst, ob er ihr sagen könne, welcher Unterschied zwischen ihr und einer Uhr sei. „Gewiß", sagte der galante alte Philosoph, „eine Uhr erinnert uns an die Flucht der Zeit, Sie lassen uns die Zeit vergessen."

Zeichnet sich die Schrift durch eigenthümliche wohlgebaute Formen aus, so haben wir die interessante Schrift.

[handschriftlicher Schriftzug]

[handschriftlicher Schriftzug]

Haben die Buchstaben etwas Schmachtendes, so prägt sich in ihnen der anziehende Charakter aus.

[handschriftlicher Schriftzug]

Eine frischgewaschene Schrift mit Sammetweste und galvanisch
vergoldeten Knöpfen.

Das Gegenstück generis feminini

[handschriftlicher Schriftzug]

ist eine Prinzessin Eboli aus Schiller's „Don Carlos" —

> In ihr Herz kann ich nicht sehen,
> Aber das muß ich gestehen,
> In ein holder Angesicht
> Sah ich all mein Leben nicht.

Kommen ästhetische Formen hinzu, so begegnet uns die Grazie.

[handschriftlicher Schriftzug]

Hr. Pr. D. M. ist nicht in München, sondern in Arkadien ge=
boren, und sie

[handschriftlicher Schriftzug]

> Lange Zöpf' und schlanker Wuchs
> Und ein goldnes Häubchen!
> Hat ein Auge wie ein Luchs
> Und ein Herz wie Täubchen.

Nimmt diese Schrift antike Formen an, so begegnet uns der
ästhetische Sinn.

[handschriftlicher Schriftzug]

[handschriftlicher Schriftzug]

Haschen die Buchstaben nach Affekt, so haben wir die
Koketterie.

[handschriftlicher Schriftzug]

Fräulein Rosalie, die schier dreißig Jahre alt war und im
Spiegel ihre Runzeln sah, rief, sich verächtlich abwendend: „Das

neue Spiegelglas taugt gar Nichts. Man kann gar nicht mehr solche Spiegel wie früher machen!"

Ist diese Schrift manierirt, so trägt sie Eitelkeit zur Schau:

Der spielt mit seiner Gerte
Nach junger Stutzer Art,
Und streicht mit weißen Händen
Den kleinen schwarzen Bart.

Rossini, der ähnliche Schriftzüge hatte, machte die Aufschriften seiner Briefe an seine Mutter folgendermaßen: Alla rever. Signora Rossini, madre del celeberrimo Maestro.

Die eitle Frau, der diese Handschrift angehört, ließ ihrem Manne keine Ruhe, bis er um den Titel: Commerzienrath einkam. Dieser wurde ihm auch bewilligt, und die neue Commerzien= räthin war überselig. In einem solchen Moment des Entzückens spielte sie mit ihrem Schooshund und ihn streichelnd sagte sie zu diesem: „O du bist doch mein kleines, liebes Dianchen, und ich bin nun deine liebe Frau Commerzienräthin."

Nimmt die eitle Schrift unnöthige Zierrathen an, so ist sie der Ausdruck der Geziertheit.

Motto: Sammet am Kragen, Kleien im Magen.

Aeuglein, glänzend schwarz und schlau,
Blinzeln schelmisch auf und nieder,
Grün und roth und veilchenblau
Schillert zierliches Gefieder.

Diese schöne Frau ging einst mit dem Kammerherrn v. H. in einem Garten spazieren. Eine Regenwolke trat vor die Sonne und plötzlich wurde es auffallend finster. Die holde Schöne sank

mit dem Schrei: „Ach, mein Gott!" in die Arme ihres Begleiters.
„Aber weshalb erschrecken Sie so, gnädige Frau?" fragte der
Kammerherr, und da er auch in dem nämlichen Moment den Grund
davon errieth und schon lange die Geziertheit der Dame kannte, so
setzte er hinzu: „Die Sache geht so ganz natürlich zu, die Sonne
hat sich, neidisch über den Glanz Ihrer schönen Augen, aus Aerger
verkrochen!" Diese mehr als lohensteinsche Hyperbel hatte eine so
heilsame Wirkung, daß die halbohnmächtige Dame mit einem sehr
freundlichen Lächeln wieder zu sich kam.

Hat diese Schrift noch Schnickschnack, so begegnet uns die
putz süchtige Schrift.

Motto: Sind die Treffen los, kennt man den Rock nicht mehr.

Ich trag' ein Baret demantenflimmernd,
Staatsweste, Höslein, goldbrocaten,
Den Frack von grüner Seide schimmernd
Und ausgenäht mit bunten Nahten.

Motto: Sammet und Seide auf dem Leibe löschen das Feuer auf dem Herde aus.

Nimmt dieselbe Schrift Zierlichkeit an, so haben wir die über=
feinerte Schrift.

Viel Politur! Freilich — wenn die Politur abgefallen, sieht
man die Wurmlöcher. Inhaber jener Handschrift machte auf die
Hände einer Dame folgende Verse:

An ihrer Aermel Ende
Sah man so schöne weiße Hände,
Daß in der That bei mir der Wunsch entstand,
Ohrfeigte mich doch solche Hand.

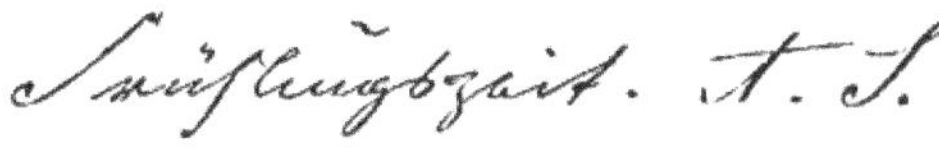

[handwritten: Säuglingbzeit. A. S.]

Wir gaben dieser Handschrift einst das Motto:

Sei Gänseblume nicht am Bach da draußen,
Daß nicht die Gans den Schnabel nach dir strecke;
Sei keine Mandel, überzuckert außen,
Daß jedes Leckermaul dich nicht belecke.

IV.

Geiz und dessen Extrem die Verschwendung.

Stehende und zusammenkriechende, und dabei klare Schrift ist der Typus des Geizes.

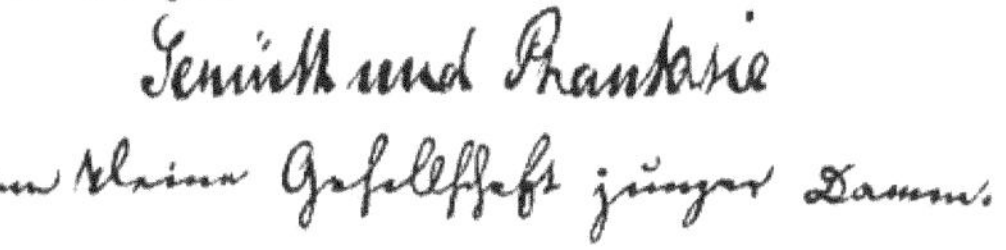

[handwritten: Gemüth und Phantasie / für kleine Gesellschaft junger Damen.]

Es sieht unserem Repräsentanten des männlichen Geizes ähn=
lich, daß er beim Schneidermaß den Odem an sich hielt, um weni=
ger Tuch zu gebrauchen; daß er seine Frau auf den Händen trug,
um die Schuhsohlen zu sparen; daß er seinen eigenen Pferden den
Hafer stahl, um ihn morgen noch einmal zu füttern; daß er jede
Nacht aufstand und in seinem Hofe selbst bellte, um einen Hofhund
zu sparen. Seinen Bedienten hatte er längst abgeschafft, die Livrée
verkauft, jedoch davon einen Aermel der Nachbarschaft wegen be=
halten; denn so oft er Etwas zum Fenster hinauszuwerfen hatte,
streifte er diesen an seinen Arm.

Haben diese Buchstaben ein gemeines Aeußere, so ist es die
Abart Knickerei.

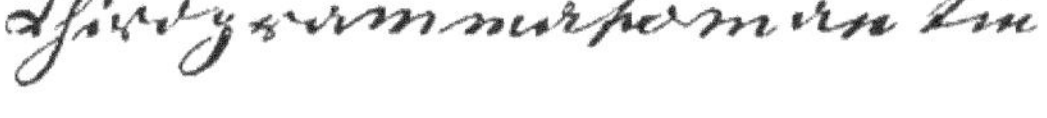

[handwritten]

Inhaber dieser Schrift hatte eine Actie von einem Liebhaber=
theater, weshalb er es, da er als Actionär den Eintritt sehr wohl=
feil hatte, oft besuchte. Statt aber seinen Mantel einer dazu im
Theater angestellten Person zu übergeben und ihr für das Aufheben
die bestimmte Kleinigkeit zu entrichten, versetzte er ihn jedesmal bei

13*

einem Pfandleiher unfern des Theaters und löste ihn dann nach
Beendigung der Vorstellung wieder ein; da er dafür nur einige
Pfennige Zinsen zu bezahlen hatte, so machte er dabei eine Erspar=
niß von über hundert Procent.

Dieselbe Schrift etwas größer zeigt uns die Habgier.

Rips, raps in meinen Sack; der Andere habe was er mag.

Gieb ab ab, gieb ab ab, klappert's in der Mühle.

Die Phrenologen verlegen das Organ des Eigenthumssinnes
in die Höhe des Seitenkopfes, in ungefähr gleiche Entfernung von
Auge und Ohr.

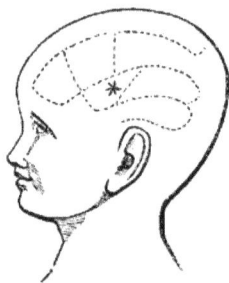

Hat die stehende Schrift ein gemüthliches Gesicht, so begegnet
uns die Sorglichkeit.

Ehe die Sündflut kommt, baut Noah eine Arche.

Die Katze hätt' die Fische gern, aber sie will die Füße nicht
naß machen.

Besitzer der „Selbständigkeit" erhielt Besuch von einem Geschäfts=
freunde, der nicht wenig erstaunt war, als der alte Herr eine Fliege fing
und diese sorgfältig in eine Zuckerdose setzte, die er dann rasch mit dem

Deckel versah. „Was soll das bedeuten?" fragte der Gast. „Pst!"
flüsterte der Geizige, „ich will mich überzeugen, ob mein Bedienter
mir den Zucker stiehlt."

Ist die Schrift weich und „nur immer langsam voran", so
haben wir den Typus der Sorglosigkeit.

Greis, Mann, Jüngling

Ein Vogel, der zu Gott in die Kost geht, braucht keine Scheune
zu bauen.

Du mußt deinen Lieben.

Sie hält den Zaum und läßt das Roß laufen.

So mochte Kaiser Gallienus, der Hans ohne Sorgen des Alter=
thums, ungefähr schreiben. Dreißig seiner Generale traten als
Gegenkaiser auf; es machte ihm wenig Kummer. Aegypten fiel ab,
und er scherzte: „Wir können ja leben ohne dessen Flachs!" Die
Scythen verheerten Asien, und er tröstete: „Müssen wir denn gerade
ihren Salpeter haben?" Gallien ging verloren, und er spottete:
„Braucht Rom gestreifte Soldatenröcke?" Ueber jeden Verlust lachte
er, und fragte nur: „Was wird heute gespielt? Was giebt's zu essen?"

Neigen sich diese Buchstaben mäßig nach rechts, so repräsenti=
ren sie den Typus der Freigebigkeit.

Aufgaben über Physiognomien.

Nach der Phrenologie liegt das Organ der Freigebigkeit schief
über dem Organ der zeichnenden Künste, dort, wo auf der Binde
das Sternchen ist:

Das ist Kodrus, der letzte König von Athen, dessen Selbst=
aufopferung in Jedermanns Munde ist. Bei Geizhälsen und Wuche=
rern findet man an der bezeichneten Stelle eine Vertiefung, bei
freigebigen Menschen ist aber die Schädelfläche hier ohne Einsenkung
fortlaufend oder wol gar hervorragend.

Ist diese Schrift ruhig und thätig, so ist sie das Bild der
Häuslichkeit.

Das Lesen-Publikum.

> Der baut nach Lust sein Feld,
> Nach seinem Bedarf sein Haus,
> Und sieht auf die tolle Welt
> Behaglich zum Fenster hinaus.

Einrichtung der Hausfrau?

„Diese Hausfrau ist", um im Tone des Abraham a Sancta
Clara zu sprechen, „wie der Schnee, der desto länger und beständ=
diger liegen bleibt, je weniger er in die Sonne kommt; ihr ist Nichts
lieber, als die Einsamkeit, daher wird sie auch genannt: Frauen=
zimmer und nicht Frauengassen, sie ist ferner wie die Duck=Ent=
lein, die sich unter das Wasser verbergen, damit sie den vielfältigen
Nachstellungen entfliehen; sie ist wie die schönen Bücher, welche mit
Klausuren müssen versehen werden, sonst geschieht es bald, daß sie
Eselsohren bekommen."

Dieselbe Schrift etwas gerade stehend ist der Ausdruck der
Sparsamkeit.

Eine Familienaushaltungschrift.

Ihr Motto:

> Wo es drei Heller thun, da wende vier nicht an,
> Und nicht zwei Worte, wo's mit einem ist gethan.

Glauben, Liebe Hoffnung.

Ihr Motto: Man soll die Suppe nicht versalzen, wenn man schon Salz genug hätte.

Macht diese Schrift den Eindruck des Einfachen und Nüchternen, so begegnet uns die Mäßigkeit.

Genügsamkeit.

Süßer schmeckt am eignen Tisch
Ihm sein Brot und Trünklein Bier,
Als Limonen, Wein und Fisch
An des reichen Manns Quartier.

Gieb nur was du hast Du Dir.

So schrieb Leonore, die Tochter Eduard's von Portugal. Als Kaiser Friedrich III. eine Prinzessin zur Gemahlin suchte, die wie er keinen Wein tränke, ward in ganz Europa nur Leonore gefunden.

Haben diese Buchstaben etwas Zügelloses, so haben wir die verschwenderische Schrift.

Finis coronat opus,
Das nimmt er fein in Acht,
Drum hat er Tasch' und Flaschen
So manchmal leer gemacht.

Dem brennt das Geld auf der Hand, wie die alten Thaler, die ehemals der Teufel zum Handgeld gab, und der lustige Kyau einem prellenden Wirthe in die Hand drückte, der ihn daher auch für den Teufel hielt.

Die Hoffnung.

In ihr Album: „Man mot de Morgensuppe nig to grot maken, dat man Abends ook wat hat."

Machen diese Buchstaben Umschweife, so sind sie die Vorboten der Ausschweifung.

Ausschweifung

Besitzer dieser Handschrift fragte: „Was beschäftigt mich am meisten?"

Antwort:

> Wein und Weib und Würfel
> Ist ein dreifach W,
> Liegt mir auf dem Herzen,
> Wo ich geh und steh!

Er schrieb zurück: „Leider haben Sie Recht —

> Fischfangen und Vogelstellen
> Verdarb manch' Junggesellen!"

Und sie, die

Schürmann

hat keinen Zaun, und wo kein Zaun, da treiben alle Heerden hin —

> Fliegt die Taube zu weit ins Feld,
> Zuletzt der Habicht sie behält.

Als die Besitzerin fragte: „Wie ist meine Vergangenheit?" da antworteten wir:

> Das war eine wilde Wirthschaft!
> Kriegsvolk und Landesplag!
> Sogar in Deinem Herzchen
> Viel Einquartirung lag.

Macht diese Schrift vornehme Mienen, so ist sie der Typus der Prunksucht.

Sieht so aus nach festlich Schmausen,
Geigenschall und Hörnerklang,
Lebehoch und Tanzesbrausen,
Becherklingen, Spiel und Sang.

Der Herzog von Richelieu, der auch so schrieb, ließ bei seinem Gesandtschaftseinzug in Wien den Pferden silberne Hufeisen so leicht aufschlagen, daß sie nothwendig abfallen und dem Volke zu Theil werden mußten.

Geht diese Schrift ins Weiche über, so haben wir die Vergnügungssucht.

Zwei Schelme müssen sein zu lang ergeiztem Gut,
Der eine, der's erspart, der andre, der's verthut.

Sind diese Buchstaben steckelbeinig, so sind sie die Anzeichen des Luxus.

Dies Bild?

> Das Glas in der Rechten,
> Die Flasch' in der Linken,
> So wollen wir fechten,
> Nicht wanken, nicht sinken.

Motto: Zuviel Schüsseln zerbrechen die Tische.

Kleine wählerische Buchstaben sind die Abzeichen des Lecker=
haften.

Da seht den lüsternen Gesellen,
Er macht es wie das Roß,
Knickt wählig aus dem hellen
Gezweig den zart'sten Sproß.

Sieht aus wie Kuchen und süße Milch, und wo erstere rauchen,
da mundet das Brot nicht, und wo letztere ist, da darf man keine
Katzen hinlassen.

Haben die Buchstaben den Anstrich des Wüsten, so haben wir
die Typen der Schwelgerei.

Der denkt wie die Vögel unter dem Himmel, sie sammeln nicht
in die Scheune und der himmlische Vater ernährt sie dennoch; er
lebt in den Tag hinein, gleich den Caraiben, die Morgens ihre
Hängematte verkaufen und Abends, wenn sie schlafen wollen, darü=
ber weinen.

Sind diese wüsten Buchstaben ungerade, so haben wir einen
Mann vor uns, der geistige Getränke liebt.

Diese Schrift hat dürren Boden und muß leider manchmal
naß gemacht werden.

Was ist das für ein durstig Jahr,
Die Kehle lechzt ihm immerdar,
Die Leber dorrt ihm ein.
Er ist ein Fisch auf trocknem Sand,
Er ist ein dürres Ackerland;
O schafft ihm, schafft ihm Wein.

Er spricht durch die Nordhäuser Blume und meint, daß der, der den Korkbaum erschuf, auch die Stöpsel erfand. Seine Kirche stellt er sich mitten ins Dorf und läutet mit den Gläsern zusammen.

Sind diese wüsten Buchstaben ausschweifend, so haben wir die Unmäßigkeit.

Man erzählt sich von ihm folgendes Histörchen. Als Student war er dem Trunke leidenschaftlich ergeben. Sein Arzt drohte ihm mit Lebendigbegraben, wenn er dem Laster nicht entsagte. Vergebliche Drohung. In einem abermaligen sinnlosen Zustande legt der Doctor ihn in einen mit Luftlöchern versehenen Sarg, stellt ihn in einen tiefen finstern Keller und erwartet mit Spannung seine Reue und seine schönsten Versprechungen zur Besserung beim Erwachen. — Er erwacht, klopft an den Sargdeckel, indem er mit kräftiger Stimme ausruft: „Heda, Ihr in der andern Welt, habt Ihr auch Schnaps hier?"

V.

Fleiß und dessen Gegensatz: Faulheit.

Sind die Buchstaben lebhaft und rührig, so haben wir den Typus der Arbeitsamkeit.

Motto: Tages Arbeit, Abends Gäste,
Saure Wochen, frohe Feste.

[handschriftlicher Schriftzug]

Zwar eine Frau, aber sie fürchtet die Strudel nicht, wenn sie Perlen fischen will.

Zeigt sich an diesen Buchstaben eine gewisse Eile, so haben wir die Betriebsamkeit. Diese

[handschriftlicher Schriftzug]

weiß Zeit und Gelegenheit zu benutzen und denkt: „Das Glück ist ein Heuschober, rupfe davon, so hast du.“

[handschriftlicher Schriftzug]

liest man Thatkraft und Ausdauer.

Zeigen die „arbeitsamen“ Buchstaben Besonnenheit und gemäßigten Fortschritt, so haben wir die Erwerbsamkeit.

[handschriftlicher Schriftzug]

Ja — Erdäpfel und Wicken —, danach sehen die Schriftzüge dieses Oekonomen aus. Und sie

[handschriftlicher Schriftzug]

pflanzen lieber Kartoffeln, als Blumen.

Mit diesen Handschriften stehen die Spatelhände mit Knoten,

welche ſtets die Zeichen der Erwerbſamkeit ſind, in vollkommenſter Harmonie.

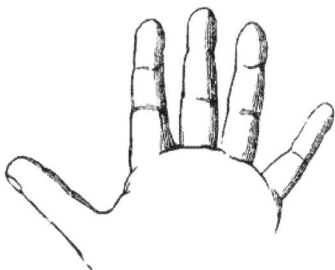

Haben die „erwerbſamen“ Buchſtaben eine mäßig geſenkte Lage, ſo begegnen uns die Vorboten der Thätigkeit.

Sind die Buchſtaben ſchlaff und ſchläfrig, ſo begegnen uns die Antipoden des Fleißes, nämlich die Trägheit und ihre Verwandtſchaft.

Dünnleibige und ſchwache Buchſtaben repräſentiren die Bequemlichkeit.

Buchſtaben wie Roſen und Lilien, und — Roſen und Lilien ſind die ſchönſten Blumen; aber ſie bringen keine Frucht.

Dieſelben Buchſtaben mit Ruhe deuten auf Langſamkeit.

Motto: Nur immer langſam voran,
Nur immer langſam voran . . .

Motto: Wer zu ſpät kommt, ſitzt hinter der Thür.

Haben diese Buchstaben ein plumpes Gepräge, so sind sie die Spiegelbilder der Unthätigkeit.

Mit diesen derben Schriftzügen harmonirt die uranfängliche Hand. Und in der That ist sie, wie die Erfahrung hinlänglich ge= lehrt, das treue Thermometer der Unthätigkeit:

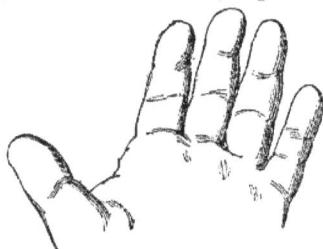

Eine solche Handschrift, wie die gegebene „unthätige“, hatte der bekannte Mechaniker Romsden, der bekanntlich sehr schwer an die Arbeit ging. Daher sagte Lichtenberg von ihm: die Posaunen für den jüngsten Tag wären bei ihm bestellt, und man hofft, daß, wenn ihm Gott bis dahin Leben und Gesundheit schenke, sie zur rechten Zeit fertig sein würden.

Läßt die Schrift, um mich figürlich auszudrücken, die Ohren hängen, so ist sie der Ausdruck der Schläfrigkeit.

Hr. M. Sch. aus Frankfurt, dem Nichts über den Schlaf ging, meinte: „Ich kann Alles entbehre! s’Arbeite und alle annere Strapaße, aber de Schlaf nit!“

Sie läßt die Aehren zu dürr werden und verliert deshalb die Körner. Ist die Schrift langsam und schwerfällig, so deutet sie auf Trägheit.

[handschriftlich: Eurer, küsse mich nimmer!]

So schrieb der Bediente Klopstock's. Einst, des Abends spät, hörte dieser in dem Nebenzimmer, in welchem sein Bedienter schlief, diesen mehrmals laut seufzen und endlich die Worte sagen: „Ach, wenn ich doch nur einen Tropfen Wasser hätte!" Da diese Worte mehrmals unter Stöhnen wiederholt wurden, zog Klopstock die Klingel. Der Bediente sprang auf dies Zeichen aus dem Bette, ging zu seinem Herrn und fragte, was er befehle? „Hol' mir ein Glas Wasser vom Brunnen!" Der Bediente gehorchte. Als er darauf seinem Herrn das Glas Wasser hinreichte, sagte dieser zu ihm: „Nun trink, wenn du so durstig bist."

Dehnt und streckt sich diese Schrift, so ist es der langweilige Typus.

[handschriftlich]

[handschriftlich: Meinen schönsten Dank.]

Der geheime Rath v. M. las auf dem Museum zu L. eines seiner matten Gedichte vor, wodurch er den Anwesenden nicht wenig Langeweile gemacht hatte. Nach Beendigung der Vorlesung sagte einer der Zuhörer dem andern ins Ohr:

Apoll, du großer Richter!
Mach' doch den Herrn geheimen Rath
Auch zum geheimen Dichter.

VI.
Falschheit und ihre feindliche Schwester Treue.

Kleine, blinzelnde und versteckte Buchstaben bezeichnen die aufhetzende Schrift.

[handschriftlich: Ich hoffe Geliebte, daß sich dieser Brief alle recht trifft.]

So schrieb Hogarth. Der im Jahre 1797 in England weilende berühmte italienische Violinist Castrucci war ein abgesagter Feind aller lärmenden Instrumente. Hogarth, der dies wußte, ließ einst in London auf der Straße vor dessen Wohnung eine Musik von solchen Instrumenten machen, worüber der Virtuose so erbost war, daß er im Ausbruch der höchsten Wuth an das Fenster seines Wohnzimmers lief, es aufriß und sich mit den grimmigsten Blicken nach diesem fürchterlichen Getöse umsah. Hogarth benutzte diesen Moment, um das Gesicht des Italieners mit allen Zügen der höch= sten Leidenschaft zu zeichnen und es am andern Tage auf einer seiner berühmtesten Karikaturen mit der Unterschrift: „Der wüthende Musikant" anzubringen.

Behält diese Schrift die Rettigschärfe bei, wird aber mehr passiv, also liegend, so begegnet uns der Neid.

Herrn B. M. in Zürich gaben wir einst zu bedenken:

Auf einem Esel reitest du, dein Vordermann auf einem Roß,
Und hinter deinen Fersen keucht zu Fuß ein ungezählter Troß.
Du siehst mit Neid dem einen nach, wie viele sehn dir hinterdrein,
Und wenn die Herberg ist erreicht, gehn alle doch zu Fuß hinein.

Nimmt diese Schrift den bissigen Charakter an, so haben wir den Abglanz der Ironie.

Geht diese Schrift krumme Wege, so haben wir die List vor uns.

Besitzer erster Handschrift, der eines Abends spät in einer Droschke nach Hause fuhr, besann sich unterwegs, daß er kein Geld

bei sich habe, um den Kutscher zu bezahlen, und kam auf folgendes
Mittel, sich aus der Verlegenheit zu ziehen. Er erzählte dem
Kutscher, als er ausstieg, so ängstlich besorgt wie möglich, daß er
zwei Friedrichsd'or im Wagen verloren habe, sie im Dunkeln nicht
finden könne und daher erst ein Licht holen wolle, um die Droschke
besser zu durchsuchen. Er schloß dann das Haus, in welchem er
wohnte, eilig auf und horchte an der Hausthür; hörte aber die
Droschke schnell fortfahren. Sogleich eilte er auf die Straße und
rief dem Kutscher nach. Dieser aber blieb taub und fuhr nur um
so schneller weiter. Er ging nun zu Bett und lachte herzlich
über die kluge Art, wie er umsonst nach Hause gekommen und über
das lange Gesicht, welches der Fiaker machen würde, wenn er ver=
gebens nach den Goldstücken suchte.

Begegnet uns in diesen Buchstaben Geist und Klugheit, so ist
es die hämische Handschrift.

Motto: Zierlich Bücken, arge Blicke,
       Freundlich Nicken, schlaue Tücke.

Motto: In den Blumenfenstern lauern
       Wilde Jägerinnen dort,
       Und die Spinnen an den Mauern
       Weben Netze immerfort.

Hat die Schrift etwas Gemeines, so begegnen wir der Ver=
schmitztheit.

Ich kann diese Handschrift nicht ansehen, ohne an jenen Gauner
zu denken, der gern eine Zeitlang lustig gelebt hätte und auf
anderer Leute Unkosten, ohne deshalb im Ertappungsfalle sitzen
und brummen zu müssen. Dieser ging jeden Abend in eine leere
Dorfkirche und betete gar inbrünstig: „O lieber Schutzengel! schenk'
mir halt hundert Gulden; aber nit mehr und nit weniger, ich
könnt's sonst nicht annehmen und wenn's um einen Kreuzer weniger
wäre, so könnt' ich's nicht brauchen!" Das trieb er lange Zeit,

Henze, Chirogrammatomantie.   14

bis es dem Meßner hinter dem Altare zu Herzen ging. Dieser hinterbrachte dem Herrn Pfarrer das oft wiederholte Stoßgebet des Gauners, sammt dem Schlußseufzer wegen der Nichtannahme, wenn's etwas zu wenig sei, und meinte, man könnt's auf dieses hin versuchen; die Kirche könne berühmt werden, ohne Unkosten. „Hast Recht, Seppel!" sprachen Seine Hochwürden; „da leg' 99 Gulden auf den Altar, und schau' heimlich zu, was er macht!" Denselben Abend kam der Gauner wie gewöhnlich, brachte sein tägliches An-liegen vor, sah das Geld auf dem Altar und zählte es. Er schüt-telte wol anfänglich den Kopf, steckte aber das Geld ein, und tröstete sich mit den Worten: „Es sollten freilich hundert Gulden sein, und ich kann's eigentlich nicht annehmen; aber ich dank' dir für das, lieber Schutzengel! Hast halt selber nicht mehr g'habt!" Und fort war er.

Ist diese Schrift gutmüthiger Natur, so deutet sie auf Argwohn.

Beide machen aus Spinnfäden Schiffstaue.

Hat diese Schrift Dornen, so begegnet uns die Intrigue.

Schrift mit Katzenkrallen.

Haben die Buchstaben ein gutmüthiges und glattes Ansehen, dabei aber Häkchen, so drückt sich in ihnen die Heuchelei aus.

Motto: Rosen auf den Backen,
Den Schelm im Nacken.

Bläst einer auch die Backen auf,
Posaunend Psalmenmelodei,
Und dreht das Aug' zum Himmel 'nauf —
Glaubt nicht, das er ein Engel sei.

Motto: Schöne Hütten,
Schlechte Sitten.

Ob von der Lippe dann auch kühn
Sich Witz und Scherz ergießt,
's ist nur ein heuchlerisches Grün,
Das über Gräbern sprießt.

„Ehrlich währt am längsten“, sprach der Materialist Herr
Heinr.....n in R.....k zu seiner Frau, „an uns selbst be=
währt sich, daß der liebe Gott die Ehrlichkeit segnet — — apropos,
Franz, hast du auch in den Schnupftabak Kaffeesatz gemengt?“ —
„Ja wohl, Herr Principal!“ — „Sieh, liebe Frau“, fuhr dieser fort,
„nur unsere Ehrlichkeit und der Segen Gottes verschaffte uns eine
so große Kundschaft — — Fritz, hast du auch in den Branntwein
Wasser geschüttet?“ — „Ja wohl, Herr Principal!“ — „Gut, mein
Sohn — ja“, beginnt er von Neuem, „liebe Frau, er gab uns
eine so große Kundschaft, daß wir Gott nicht genug dafür danken
können — — Franz, ehe ich's vergesse, du hast doch zu dem ge=
mahlenen Kaffee eine entsprechende Quantität Cichorie gemischt?“ —
„Ja wohl, Herr Principal, ein viertel Pfund zu jedem Pfund.“ —
„Schön, mein Sohn — und du vergaßest doch nicht, zu der Butter
Hammelfett zu kneten?“ — „Ist Alles besorgt, Herr Principal!“ —
„Gut, mein Sohn, nun kommt nach oben, und nachdem wir unser
Abendgebet gesprochen, laßt uns in Gottes Namen zu Bette gehen.“

Sind diese Buchstaben flott und mit unnöthigen Zierrathen
versehen, so haben wir den Flattersinn.

Eine Pflanze, die oft versetzt ist und deshalb nicht gedeiht.

Vier Freier möcht' sie haben, dann hätt' sie genug,
Wenn alle schön wären und alle nicht klug,
Einen, um vor ihr herzulaufen,
Einen, um hinter ihr drein zu schnaufen,
Einen, um ihr Spaß zu machen,
Und einen, um drüber zu lachen.

14 *

Mit weniger Weichheit versehen, zeigen diese Buchstaben die Unbeständigkeit an.

Physik und Mathematik.

Ein Eisvogel, der den Schnabel nach dem Winde dreht und denkt:

> Treue ist ein morsches Fädchen,
> Nimmt man's nicht gleich zwanzig mal,
> Hing deshalb auch zwanzig Mädchen
> In des Herzens Bilderfaal.

Falsche Anlagen und Regungen.

Ihr Wahlspruch:

> Ein Wetterfähnlein ist mein Sinn,
> Er schwankt und wankt im Lieben;
> Er dreht sich her und dreht sich hin,
> Von jedem Wind getrieben.

Leicht und verschlungen, geben die Buchstaben das Bild der Treulosigkeit.

Beurtheilung der Handschrift.

So eine Handschrift, die da spricht:

> Heut' klopf' ich bei der Blonden an,
> Und morgen bei der Braunen,
> Und übermorgen muß ich dann
> Der Schwarzen Reiz bestaunen.
> Nur kann ich nimmer allzu lang
> Bei einer mich verweilen;
> Macht mich ein dunkles Auge krank,
> Ein blaues muß mich heilen.

Wir gehen nun über zu den entgegengesetzten Eigenschaften.

Einfache und schmucklose Buchstaben sind die Anzeichen der Ehrlichkeit.

Turennes nicht.

Inhaber dieser Schrift ist ein ehrlicher Turenne. Eine bedeutende holländische Stadt bot diesem 100,000 Louisd'or an, wenn er ihr Gebiet mit dem Durchzuge seiner Armee verschone. Der Feldherr antwortete dem Magistrat: „Da Ihre Stadt nicht auf dem Wege liegt, den meine Truppen marschiren sollen, so kann ich Ihr Anerbieten mit gutem Gewissen nicht annehmen."

Kommt Klarheit in die Buchstaben, so repräsentiren sie die Redlichkeit.

Verbinden dieselben Buchstaben Leichtigkeit mit einer nach rechts gesenkten Lage, so vertreten sie die Offenherzigkeit.

Besitzer der ersten Schrift, Dr. Sch — r, könnte jener Arzt sein, den Napoleon eines Tages mit malitiösem Lächeln fragte: „Sagen Sie mir doch einmal aufrichtig, wie viel Menschen Sie in Ihrer Praxis getödtet haben?" — „Sire", entgegnete ruhig der Arzt, „etwa 500,000 weniger, als Ihre Majestät."

Sind diese Buchstaben freundlich und regelrecht, ohne gerade weich zu sein, so haben wir den Typus der Gerechtigkeit.

Diese „gerechte" Schrift hatte Kaiser Leopold. Als dieser noch Großherzog von Toskana war, wurde ihm eines Abends, da er eben im Begriffe war, sich zur Ruhe zu legen, angezeigt, es habe sich erwiesen, daß ein vor einigen Tagen Verhafteter ganz schuldlos sei. „So muß er morgen früh auf freien Fuß gestellt werden", sagte Leopold. Er ging darauf zu Bette, aber der Gedanke, daß ein Unschuldiger noch eine Nacht über sein Schicksal in unruhiger

Ungewißheit schweben sollte, hinderte ihn am Schlaf. Mitten in der Nacht stand er auf und fertigte den Befehl aus, den Gefangenen sofort seiner Haft zu entlassen.

Sind diese Buchstaben mehr als gewöhnlich fest, so drücken sie Beständigkeit aus.

Ihr Motto:

Dein war ich und blieb ich,
Dein bin ich und bleib' ich;
Schon einmal schrieb ich's,
Noch einmal schreib' ich's.

Streift die Festigkeit dieser Buchstaben an Härte, so sind sie die Zifferblätter der Pünktlichkeit.

Weichheit und Treuherzigkeit der Schrift sind die Zeichen der Anhänglichkeit.

Diese Anhänglichkeit schillert auch in größeren Handschriften durch und giebt sich da durch jene Weichheit, die neben so manchen andern Eigenschaften vertreten ist, zu erkennen. Um nur ein Bei= spiel anzuführen, verweisen wir auf Blücher's Schriftzüge, denen man ebenso, wie dem Besitzer der ersten Schrift, eine Anhäng= lichkeit wie die nachstehende zutrauen kann. Als Blücher im Jahr 1816 nach Rostock kam, fand er dort in einer Gesellschaft in dem Senator Löwenhagen einen alten Schulkameraden. Mit der ihm eigenen Treuherzigkeit ging er auf den Senator zu und redete ihn mit dem brüderlichen Du an. Der Letztere, verlegen, verbeugte sich tief und stammelte: „Durchlaucht" und mehrere Worte der kalten

Ceremoniensprache; aber Blücher unterbrach ihn mit dem Zuruf: „Sei doch kein Narr, Löwenhagen! oder glaubst du, daß ich ein Narr geworden bin? Wir waren in der Jugend Brüder und sind es noch!"

Die Phrenologie weist dem Anhänglichkeitstriebe jene Stelle an, die wir auf der nachfolgenden Zeichnung mit einem Sternchen bezeichneten.

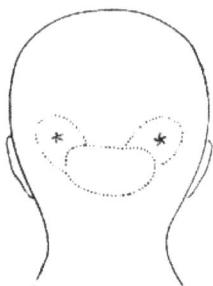

Verrathen die Buchstaben der „treuen" Schrift einen erwärmenden Sonnenschein und freudige Hingebung, so sind sie die Botschafter der Dankbarkeit.

Sollte nicht der Besitzer der ersteren Handschrift jener Gastwirth sein, von dem man sich folgende Geschichte erzählt? Ein Student wohnte in einem Gasthause und hatte durch seine lustigen Schwänke viel andere Gäste herbeigezogen und dem Wirthe bedeutenden Nutzen geschafft. Er wollte abreisen und der Wirth brachte ihm die Rechnung mit dem Bemerken: „Damit Sie sehen, wie dankbar ich Ihnen bin, streiche ich die Hälfte der Rechnung." — „Und damit Sie sehen, daß ich nicht hinter Ihnen zurückbleibe, so streiche ich die andere Hälfte", sagte der Student. Der Wirth lachte und war damit zufrieden.

VII.

Ruhe und Unruhe.

Sind die Buchstaben weich und windstille, so drücken sie Ruhe aus, rauscht in ihren Zweigen aber Sturm, so sind sie die Anzeichen von Erregbarkeit und Unbesonnenheit.

Verbindet sich Gutmüthigkeit mit jener Windstille, so sind solche Buchstaben die Vorboten der Geduld.

Das sind zwei Saffianschuhe, die sich leicht anziehen lassen, und was sich leicht anzieht, zieht sich auch leicht aus. So schrieb der Pythagoräer Lysis. Als dieser einst gerade aus dem Tempel der Juno trat, bat ihn ein Schüler zu warten, bis auch er seine Andacht verrichtet habe. Der Denker wartete den ganzen Tag, die ganze Nacht, noch einen Theil des andern Tages — es kam kein Schüler. Letzterer hatte Alles vergessen; erst des folgenden Tages, als Lysis nicht im Hörsale war, erinnerte er sich des Vorganges, lief zum Tempel, und da saß Lysis noch vor der Thür desselben.

Ist die Schriftart gemästet, so deutet sie Schwerfälligkeit an.

Die Handschrift eines behäbigen bekannten Barons. Einst reiste dieser mit seinem Diener auf der Eisenbahn von W** nach P**. Unterwegs hat der Zug das Unglück, aus dem Geleise zu gerathen, der Lord stürzt aus dem Wagen in den neben der Bahn hinlaufenden Graben, sein Diener aber geräth unter die Räder des Zuges. Ohne aus seiner Ruhe zu kommen und sich um die Contusionen, die er beim Sturze erhalten hat, weiter zu bekümmern, erhebt sich der Lord und ruft dem Conducteur zu: „Wo ist Johann, mein Diener?“ — „Ew. Gnaden“, erwiederte dieser erschüttert, „der Unglückliche ist leider von der Locomotive in Stücke zerrissen worden!" — „Dann haben Sie doch die Gefälligkeit", erwiederte kaltblütig der Baron, „und sehen Sie einmal nach, in welchem Stück meines zerrissenen Dieners meine Schlüssel sich befinden."

Die weibliche Schwerfälligkeit drückt sich in nachstehender Schriftsorte aus:

Kommt sie heute nicht, so kommt sie morgen.

Ist die eben beschriebene Schriftart steif, so ist sie der Typus der Trockenheit.

Dr. M. ist in großen Gesellschaften sehr zurückhaltend und einsilbig und nur in einem kleinen Zirkel von Freunden belebt er die Unterredung durch seine geistreichen Bemerkungen und seinen Witz. Einst besuchte er eine Dame, die ihn nur in großen Gesellschaften gesehen hatte, und da er in dem Gespräch mit ihr sehr unterhaltend gewesen war, so dankte sie beim Abschied für das Vergnügen, welches er ihr so unerwartet gemacht habe. „Ich bin ein Instrument", versetzte der Doctor, „Sie haben es gut zu spielen gewußt, Madame."

Ist diese Schrift klar und unbewegt, so begegnen uns die Typen der Seelenruhe.

Wie bekannt, ist Shakespeare's Handschrift diesen ähnlich. Königin Elisabeth von England wohnte einst der Aufführung eines Trauerspiels von Shakespeare bei, in welchem der berühmte Dichter die Rolle des Königs selbst spielte. Sie wünschte zu wissen, ob er

die Rolle eines Souverains einen Augenblick außer Acht lassen
würde und ließ wie aus Versehen ihr Taschentuch aus der Loge
auf die Bühne fallen. Der Bühnenmonarch, der soeben einer
Standesperson einen Auftrag ertheilt hatte, rief aber augenblicklich:

> — — „Doch eh' Ihr dies thut,
> Hebt unsrer Schwester dort ihr Schnupstuch auf.“

Dieselbe Schrift mit nachdenkenden Zügen zeigt die Beson=
nenheit an.

Korn ohne Spreu. Sie meinen:

> Der mit Besonnenheit vereint Begeisterung,
> Kommt sicher schnell und weit und hält das Maß in Schwung.
> Wenn so der Geist dich treibt, daß er dir niemals raube
> Besinnung, aber nie Besinnen dir erlaube.

Dieselbe Schrift mit kleineren klugen Buchstaben ist das Anzeichen
der Vorsicht.

Motto: Man muß die Thür nicht abschnappen, ehe man im Zimmer ist.

> Und Reisig und Hälmchen, und Zweiglein und Streu,
> Sie tragen es emsig und sorglich herbei,
> Verweben, verschlingen es zierlich und fest,
> Und gründen im Laube das schaukelnde Nest.

Und ihr Motto: Liebe deinen Nachbar, reiß aber den Zaun nicht ein.

Beide haben sich die altdeutschen Reime gemerkt, welche auf
einem Richtschwerte in der Rüstkammer des Schlosses Sebenstein in
Niederösterreich eingegraben sind und also lauten:

Als, was du dust nimm wol in Acht,
Vor Alem du das Ent betracht,
Wer eh kauft, eh gebothen wird,
Eh findt, eh verloren wird,
Der stirbt, eh er krank wird.

Das wären die Schriftsorten der Ruhe und ihrer Verwandtschaft; führen wir nun ihre Schwestern mit entgegengesetztem Charakter vor.

Ist die Schrift aufgeregt, hat sie eine stehende Lage, so begegnet uns die Lebhaftigkeit.

Ein Hase versinkt in keinem Sumpfe.

Ist dieselbe Schrift schwach und kopfhängerisch, so haben wir die Empfindlichkeit.

Noli me tangere!

Große Buchstaben mit wilden, unregelmäßigen Ausschlägen sind die Austrompeter der Leidenschaft.

Kleine „Kräutchen rühr' mich nicht an" sind die Zifferblätter der Erregbarkeit.

Aeolsharfen, die bei jedem Windhauch klingen, aber nicht immer in angenehmen Weisen.

Sind die Buchstaben ideal, groß und hinreißend, so haben wir
Feuer, Glut, Begeisterung.

Ein zu heißer Ofen, kein Wunder, daß der beste Teig verdirbt;
wenn der Wein schäumt, fliegt der Stöpsel leicht.

Es liegt in diesen Zügen ein schwärmerisches Feuer, wie eine
lauwarme Mainacht ihrer Umgebung einen poetischen Anstrich ver=
leiht. Mancher spricht dann:

> Es ist mir eben angethan,
> Zwei schöne Augen sahn mich an,
> Und in den süßen feuchten Schein
> Blick' ich zu tief, zu tief hinein.

Die künstlerische Hand ist es vorzugsweise, bei der sich Auf=
regung des Gemüths und Glut im Handeln und Denken kundgeben.

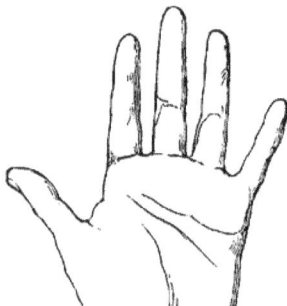

Spitze, lebhafte Schriften sind die Zeugen der Schwatz=
haftigkeit.

So schrieb die Fürstin L. Sie hatte auf dem Congreß zu Wien 1814 den Kaiser Alexander für kurze Zeit gegen Hardenberg einzunehmen gewußt. Der preußische Staatsmann beklagte sich offen gegen den Kaiser. „Mindestens waren es schöne Lippen, durch welche Sie bitten", lächelte der Monarch, „man kann den Mund der Fürstin unmöglich ansehen, ohne an eine Rose zu denken!" — „An eine Klatschrose!" erwiederte Hardenberg auf gut Deutsch.

Schlagen diese Buchstaben aus, so offenbart sich Heftigkeit.

Starkes Feuer, schwer zu löschen.

Weniger bissig sind die Buchstaben die Propheten der Launen= haftigkeit.

Sitzt entweder im Schmollwinkel oder fängt Fliegen und Mäuse.

Sind die Buchstaben leicht hingeworfen, so begegnet uns die Unbesonnenheit.

Sä't eher, als er pflügt, und da fressen die Vögel gewöhnlich den Samen.

Frischer Malaga und neuer Wein haben viel Hefen.

Verlassen die Buchstaben ihre gewöhnliche Lage, sind also die einzelnen Züge verrückt, so haben wir die excentrische Schrift.

[handschriftliche Zeile]

Je fetter der Boden, desto mehr muß man jäten.

[handschriftliche Zeile]

Eine verzwickte Schrift, die Heu macht, wenn's regnet.

Sieht die Schrift wie Dorngestrüpp aus, so scheint der Jäh=
zorn durch.

[handschriftliche Zeile]

[handschriftliche Zeile]

Ihm gab ich einst folgende Lehre:

> Geduld ist eine schöne Salb',
> Beschmier' dich damit allenthalb.

Große und kräftige Schriften, die ausschlagen wie Pferde,
tragen den Stempel der Wildheit an sich.

[handschriftliche Zeile]

> Er trägt ein Wamms von Leder
> Und einen Jägerhut
> Mit mancher wilden Feder:
> Das steht dem Jäger gut.

[handschriftliche Zeile]

Eine aus dem Geschlechte der Amazonen.

Sind die Buchſtaben klein, glatt und aufhorchend, ſo kündigen
ſie die Neugierde an.

[handschriftliche Zeilen]

> S i e. Guckſt du mir denn immer nach,
> Wo du nur mich findeſt?
> Nimm die Aeuglein nur in Acht,
> Daß du nicht erblindeſt.

> Er. Gucktest du nicht ſtets herum,
> Würdeſt mich nicht ſehen;
> Nimm dein Hälschen doch in Acht,
> Wirſt es noch verdrehen.

VIII.
Dummheit — Intelligenz.

Iſt die Handſchrift mit unnöthigen Zierrathen verſehen, ſo iſt
das ein Zeichen der Geckenhaftigkeit.

[handschriftliche Zeile]

> Sein Kleid iſt weit geſchlitzet,
> Verbändelt und benäht,
> Sein Bart ſchön ſcharf geſpitzet,
> Sein Hütlein ſchief gedreht —

aber das Siegel auf der Flaſche macht den Wein nicht beſſer.

[handschriftliche Zeile]

Und ſie erfreut ſich an bunten und hohlen Seifenblaſen.

Ein Herr aus Halle bot Alles auf, um in einer Geſellſchaft
die Aufmerkſamkeit auf ſein neues elegantes Kleid von dem ſchönſten
Tuche zu ziehen. „Das ſollt er nicht thun,“ ſagte der dortige
Prof. L. zu einem Bekannten, „nun merkt man es erſt recht deut=
lich, daß die ſchöne Wolle von einem Schafe auf das andere ge=
kommen iſt.“

Hat die Schrift etwas Kindiſches, ſo haben wir die Anzeichen der Albernheit.

Was ſchließen Sie aus meiner Schrift?

Vor ſechs Jahren rief ich dem Inhaber dieſer Handſchrift zu:

> Die Welt iſt reich und wohlberathen,
> Nur zäume nicht das Pferd am Schwanz;
> Wolle die Nachtigall nicht braten,
> Und nicht ſingen lehren die Gans —

Ob er's ſich ad notam genommen? Irgend ein junger Mann in Ar . . . en führte in einer Geſellſchaft von Herren und Damen das große Wort, und ſprach über Alles mit kecker Zuverſicht ab. „Es iſt wahr“, ſagte eine Dame, die auch Anſprüche auf gelehrte Bildung machte, „man hört dem jungen * gern zu, er ſpricht wie ein Buch.“ Und ſich an den Doctor E. wendend, ſetzte ſie hinzu: „Sind Sie nicht auch meiner Meinung?“ — „Allerdings,“ erwiederte dieſer, „und was noch mehr, wie ein in Kalbleder gebundenes.“

Solche Handſchriften mögen die Abderiten, die unſeren Weil= heimern, Lalenburgern ꝛc. gleichen, gehabt haben.

Iſt die Schrift ohne allen Ausdruck, ſo iſt ſie die Repräſen= tantin der Bornirtheit.

Der kann nicht malen und muß deshalb Farben reiben.

> So auf dem lahmen Eſel ſchalen Werkeltagslebens
> Sitzt er, 'ne traurige Figur auf traurigem Vieh,
> Verkehrt, Schwanz in der Hand, und treibt und ſtößt vergebens,
> Der Eſel ruckt und ruckt, doch vorwärts geht er nie.

Hr. — l — ging in die Dorfſchule zu — g. Der Schulmeiſter trug die neuteſtamentliche Geſchichte vor. Um die Urtheilskraft der Knaben zu prüfen, fragte er: „ — l —, wie heißt der Vater der Söhne Zebedäi?“ — „Ick wäß't nich.“ — „Na, wie heißt denn dein Nachbar?“ — „Jähnſch.“ — „Und deſſen Vater?“ — „Doch Jähnſch.“ „Alſo hieß der Vater der Söhne Zebedäi?“ — „Jähnſch!“

[handschriftlicher Schriftzug]

Leerer Topf, und leerer Topf zerspringt beim Feuer.

Sind die Buchstaben groß, gefühllos und derb, so deuten sie auf Dummdreistigkeit.

[handschriftlicher Schriftzug: Alexander]

Schmieds Kinder sind der Funken gewohnt. „Alexander" hat einen Guttaperchamantel an, läßt Alles über sich herunterlaufen. Jener seelengute Domherr Graf T . . . . g, dem die Uhr gestohlen ward, schrieb auch so wie Alexander, nur etwas weicher. „Herr Graf!" schrie man ihm zu, „da läuft er, der Ihnen die Uhr gestohlen hat," und Viele waren bereit, den Dieb einzufangen. „Laßt ihn nur laufen", wehrte der Bestohlene lächelnd, „er kann's doch nicht brauchen; hab ich ja den Uhrschlüssel dazu!"

Ausdruckslose Buchstaben sind die Vorboten der Oberflächlichkeit.

[handschriftlicher Schriftzug: Schwachheit]

[handschriftlicher Schriftzug: Ich wünsche das Rechte üben . . . . .]

Ungebrannte Ziegeln, und diese zerfließen leicht im Bache.

Hat die Schrift ein fades Ansehen, so ist sie der Ausdruck der Unwissenheit.

[handschriftlicher Schriftzug: Im Glauben]

[handschriftlicher Schriftzug]

Sind die Buchstaben aufgeschossener und pappelweidenartiger Natur, so haben wir den Typus der Gafferei.

[handschriftliche Unterschrift]

Der macht's wie die Herren zu Metz, die lassen's geschehen, wenn's regnet. Jemand schrieb ihm ins Stammbuch: „Sanct=Nikolaus bescheret wol die Kuh, aber nicht den Strick dazu."

[handschriftliche Zeile]

Und sie sitzt in später Stunde,
Und sie sieht die Nacht entfliehn,
Sie erharret frohe Kunde
Und verbrennet Holz und Kien.

Sind die Buchstaben stehend, ausgeschrieben und geistvoll, so haben wir die gelehrte Schrift.

[handschriftlich: Schmiedezunft zu Görlitz]

Eine Handschrift, die gelehrte Bildung mit Menschenbildung verbindet, und auf die das Sprichwort: „Je gelehrter, desto ver=kehrter" keine Anwendung findet.

[handschriftliche Unterschrift]

Sie liebt Gesellschaften,

wo am blanken Theetisch
Das Wasser brodelt und der Blaustrumpf glänzt,
Und wo prosaisch bald und bald poetisch
Des Geist's Rakete durch die Luft sich schwänzt.

Sind diese Buchstaben polirt, so ist es die intelligente Schrift.

[handschriftliche Zeilen]

Nehmen dieselben Buchstaben einen häuslichen Charakter an, so repräsentiren sie die kluge Handschrift.

Geist der Handschrift.

Der macht Heu, wenn die Sonne scheint, und denkt:

> Wenn so die Feder nicht mehr geht,
> Schreibe mit umgekehrter,
> Wer seinen Spieß nicht zu wenden versteht,
> Ist kein rechter Gelehrter.

Genau so schrieb der kluge Avejan. Zu Anfang der Regierung Ludwig's XV. entstand wegen Getreidemangels ein Volksauflauf in Paris. Der Minister, Herzog von Bourbon, gab dem Chef einer Compagnie Musquetiere, Avejan, den Befehl, die Ruhe dadurch wiederherzustellen, daß er auf das zusammengelaufene Gesindel scharf schießen lassen möchte. Avejan rückte aus, ließ vor den Augen des Volks die Compagnie ihre Gewehre zum Schuß anlegen, trat dann, den Hut in einer Hand und in der andern den Befehl haltend, vor, und sagte: „Meine Herren, diese Ordre hier gebietet, auf das Gesindel (canaille) scharf schießen zu lassen: ich ersuche also alle rechtlichen Leute, sich zu entfernen, ehe ich «Feuer» commandire." Sogleich verlief sich die zusammengerottete Menge und der Aufstand wurde ohne Blutvergießen beigelegt.

Erinnerung, Nachdenken!

Sie mischt Cichorien unter den Kaffee und denkt:

> Der Kluge düngt die Scholle Sandes,
> Pflanzt Runkelrüben, Kohl und Kraut,
> Indeß der Thor den Morgen Landes
> Zum Garten macht und Blumen baut.

Ist derartige Schrift spitzig, so deutet sie auf Scharfsinn.

Beurtheilung der Schrift.

Der Linke Sattler.

15 *

Dieselbe Schrift kleiner und lebhafter, zeigt die Schlauheit an.

Das ist ein Facsimile der Handschrift jenes Landpredigers, mit dem Friedrich der Große zusammentraf. „Glaubt Er, daß Er selig werde?" — „Nein, Sire, denn es steht geschrieben: Ihr werdet nicht in das Reich Gottes kommen, wenn ihr nicht den letzten Heller be= zahlet, und ich schulde vierhundert Thaler." Friedrich zahlte, kneipte ihn aber, und flüsterte ihm ins Ohr: „Er hat gewiß von dem Andern gehört, den ich von der Verdammniß befreit habe."

Ihr ist's nicht um den Zaum, es ist um das Roß.

Die Schrifttypen, welche den Geist in seinen verschiedenen Eigenschaften kennzeichnen, lernt man am besten durch Anschauung unterscheiden:

Geistesarmuth:

Geweckter Geist:

Vielseitiger Geist:

Geiſtiger:

[handschriftlicher Text]

[handschriftlicher Text]

Zeichnet ſich die Schrift durch ſchöne Formen und ideale Gestaltungen der Buchstaben aus, ſo haben wir die Typen der Genialität.

[handschriftlicher Text]

[handschriftlicher Text]

Sind dieſe ſchönen Buchstabenformen groß, ſo ſind ſie die Herolde der Idealität.

[handschriftlicher Text]

[handschriftlicher Text]

Die erſte Handſchrift gehört unſerem Friedrich von Schiller, die zweite einer bekannten, noch lebenden geiſtreichen Dame an.

Hat die Hand glatte Finger, die ſich in dünne Kegel endigen,

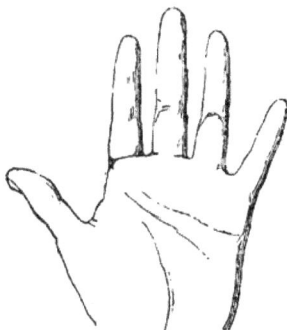

so ist das ein Zeichen von Idealität, Gleichgültigkeit gegen materielle Interessen, Poesie des Herzens und der Seele, Bedürfniß nach Liebe und Freiheit, Verehrung alles Schönen in Form und Wesen.

Die Phrenologen räumen der Idealität ihren Platz ein an dem höchsten und vordersten Theile des Seitenkopfes, unmittelbar hinter dem obern Theile der Stirn.

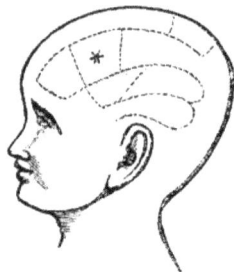

Ist dies Organ hervorragend vertreten, so ist der Flug der Phantasie, das Träumen in einer schönen Welt, das Schaffen idealer Bilder vorherrschend; wenn nicht, so führen prosaische Wirklichkeit, ungekünstelte Prosa, Auffassung der Welt, wie sie ist, und nicht wie sie sein soll, ein stilles Regiment.

Ist diese Schriftart ruhig und ernst, so ist sie jene des Denkers.

Geht die Schrift mit Beibehaltung dieses geistreichen Charakters in das Aufhüpfende und Spitzige über, so begegnet uns die witzige Handschrift.

Wie Dr. H. schrieb jener alte Oberst, der lange nicht in der Kirche gewesen war und zufällig mit Friedrich dem Großen in die

Hofkirche gehen mußte. Es wurde gerade das Evangelium von Bel=
zebub, dem Obersten der Teufel, verlesen. „Seit zwanzig Jahren",
sagte der Oberst, „bin ich in keine Kirche gekommen; wie ich höre,
geht's in der Hölle zu wie auf Erden: Belzebub ist noch immer
Obrist!" Er ward dafür General.

IX.
Charakterfestigkeit und Schwäche.

Sind die Buchstaben kernig, so sind sie die Vorboten der
Festigkeit.

Die Phrenologie weist diesem Organe seinen Platz auf dem
Oberkopfe an:

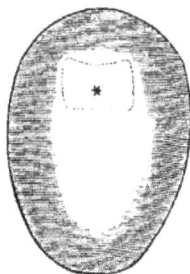

Ist das Organ in besonders starkem Grade vertreten, so haben
wir den Ausdruck der Halsstarrigkeit und unvernünftigen Consequenz,
im Gegentheil die Anzeichen des Wankelmuthes und der Unschlüssigkeit.

Ist die Schrift klein, rührig und eckig, so haben wir die Re=
präsentanten des Eigensinnes.

Was das Glück mir bisher hold

Wenn's regnet, wollen die Heu machen.

Ist die Schrift fest und widerspenstig, so begegnen uns die Typen der Halsstarrigkeit.

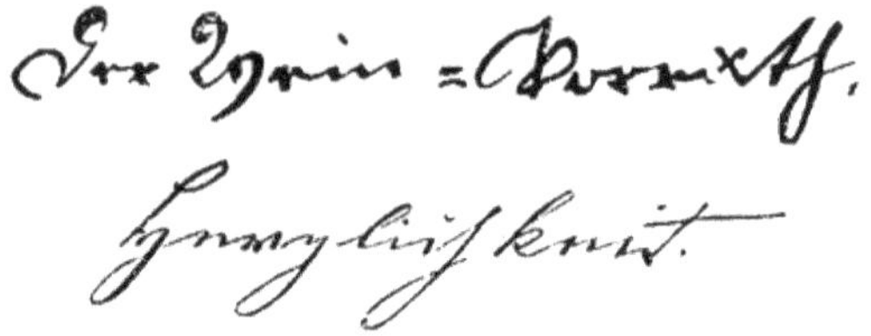

Der Wein = Verneth.

Herrlichkeit.

Metallbuchstaben, die dem Feuer und Wetter widerstehen.

Verbindet dieselbe Schrift Ruhe mit Festigkeit, so haben wir die Ausdauer.

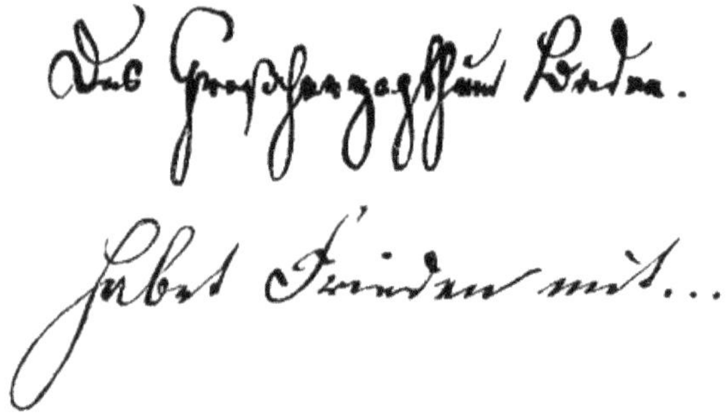

Das Großherzogthum Baden.

Habet Frieden mit …

Feste Lapidarschriften mit gutem Mörtel.

Dieselben Buchstaben in gedrungener Gestalt sind die Typen der Beharrlichkeit.

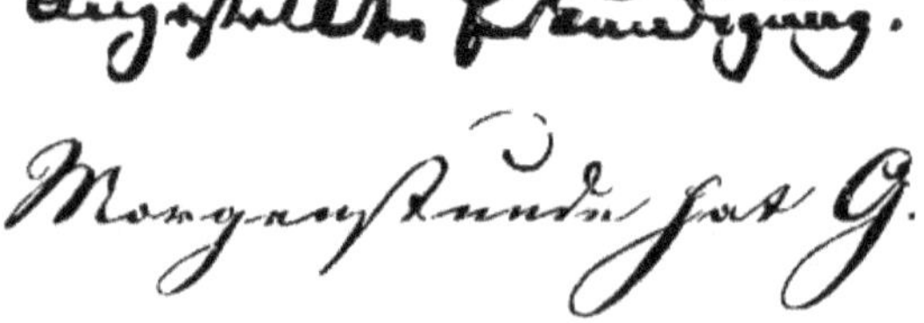

Angestellte Erkundigung.

Morgenstunde hat g.

Die „Angestellte Erkundigung" erinnert mich an die Hand=
schriften der Engländer, die meist in demselben Geist, wie die vor=
stehenden, ausgeführt sind, und besonders an eine Geschichte, die

Karl Andrée in seinen Reiseskizzen mittheilt. „Vor einigen Jahren“, erzählt Andrée, „fuhr ich das Radauthal (im Harz) aufwärts, um durch Thüringen an den Main und Rhein zu reisen. Etwa 10 Uhr Morgens sah ich, wie ein Sohn Albions in dem Felsengewirr umhersprang und Angel auswarf. Nach fünf Wochen kam ich um dieselbe Tageszeit desselben Weges zurück, und sah denselben Engländer fast an derselben Stelle angeln! Ich erfuhr, daß er sich darauf gesteift habe, die Harzer Forellen das Anbeißen an jene blechernen Fliegen zu lehren (die sogenannten Figgers), mit welchen die britischen Angler in Ermangelung lebendigen Köders fischen. Und mit einer Ausdauer, die eines besseren Erfolges werth gewesen wäre, hatte er in jener langen Zeit in der That eine der Radau=Forellen berückt. Die Sache ist buchstäblich wahr, der Angler, ein literarisch auch in Deutschland bekannter Mann, ließ von seinem Vorhaben nicht ab.

Die Phrenologie zeigt das Organ der Beharrlichkeit und Festig=keit an dem hinteren Theile des Schädels:

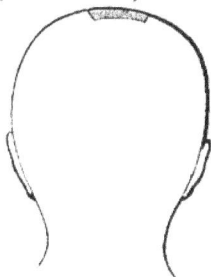

Wenn dieses Organ übermäßig stark ist, so zeugt es von Hart=näckigkeit. Ist der Schädel an dieser Stelle glatt oder gar einge=drückt, so zeigt sich im ganzen Betragen des Menschen Wankelmuth.

Endet diese Schrift in Spitzen, so ist sie die Handschrift eines Harten.

Auch das meines Lebens.

Diese Schrift hat das Herz erfroren, und sie —

Meine Handschrift.

sie steht da eiskalt,
Ein kunstgemeißelter Pilaster,

Wol eine reizende Gestalt,
Doch Haupt und Herz von Alabaster.

Ist jeder Buchstabe dieser Schriftsorte in allen seinen Theilen vorsichtig ausgeschrieben, so tritt uns die Ordnungsliebe entgegen.

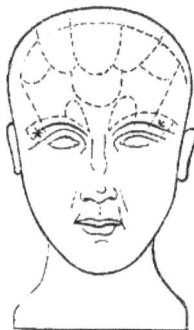

Ordnungssinn.

Ist die Schrift ruhig, einfach und hart, so begegnet uns der Ernst.

„Was nicht sauert, süßet nicht!" ist beider Grundsatz. Eine gerade Nase deutet vorzüglich auf ein ernstes Wesen.

Diese Ruhe finden wir am meisten in den Schriftzügen der Chinesen vertreten. Ein Chinese ging als Gesandter nach Batavia, um mit dem holländischen Gouverneur über Handelsverbindungen zu verhandeln. Als er bei dem Gouverneur eingeführt wurde, verweilte er bei ihm nach den ersten stummen Höflichkeitsbezeigungen

faſt einen ganzen Tag, ohne eine Miene zu verziehen und ohne
daß ein Laut über ſeine Lippen kam. Er wollte den Gouverneur
dahin bringen, daß dieſer zuerſt das Schweigen breche, um daraus
zu entnehmen, was er eigentlich im Schilde führe. Der Gouverneur
beobachtete die nämliche Zurückgezogenheit aus demſelben Grunde,
wie der Chineſe. Der Letztere, da er endlich alle Ausſicht verlor,
Etwas zu erfahren, entfernte ſich wieder ohne ein lautes Wort, und
der Gouverneur entließ ihn ſo ſtumm, wie er ihn empfangen hatte.

Sind die Buchſtaben groß, ſchwungvoll und klar, ſo ſehen wir
in denſelben die Symbole des männlichen Charakters.

Geſchmeidige Buchſtaben deuten auf Folgſamkeit.

Willenloſe, gefügige Züge, die ſich zwar angenehm machen,
aber eine dauernde Herrſchaft nie erlangen können.

Etwas mehr geweckt, ſind dieſe Buchſtaben die Typen des
Gehorſams.

Der Gehorſam zeigt ſich auch an den Händen. Ein Soldat
mit großen Händen und eckigen Gliedern iſt ſtets wohl ausgerüſtet,

die Knöpfe sind bei ihm geschlossen und Alles ist wohl zugehäkelt; die Freuden augenblicklicher Ausschweifung kennt er nicht und fühlt Hunger und Durst nur zur vorgeschriebenen Stunde; er wird tapfer und kräftig, vor Allem aber gehorsam und unterwürfig sein. Der Rittmeister v. G. hatte solche Hand und Schrift. Er lebte, nachdem er lange gedient und durch einige Verwundungen zum ferneren Kriegsdienste untüchtig geworden, auf seinen Gütern. Er wurde tödtlich krank. Der Pfarrer des Dorfes hielt es für seine Pflicht, den Kranken zu besuchen und ihm Trost zuzusprechen. Er begann also mit einer weitläufigen Einleitung, daß alle Menschen sterben müßten, daß man sich in den Willen Gottes mit Ergebung fügen soll u. dergl. „Wozu sagen Sie mir das?" fiel ihm der Rittmeister plötzlich in die Rede, „ich bin ein alter Soldat und an Subordination gewöhnt. Wenn Gott mich zu allen Teufeln schicken will, so muß ich gehorchen, das ist keine Frage."

Mit etwas derberem Zuschnitt ist diese Handschrift der Typus der Gesetztheit.

Auch die Sprache ist ein Barometer der Gesetztheit. Wer jedes Wort seinen einzelnen Silben nach klar betont, hat auch ein gesetztes Wesen.

Sind die Buchstaben ohne Bewegung und fest, so drücken sie Kaltblütigkeit aus.

So eine Schrift hatte der strenge Marcus Porcius Cato. Nur drei Dinge gereuten ihn während seines Lebens: daß er seiner Frau ein Geheimniß anvertraut, einen Tag unbeschäftigt zugebracht, und eine Seereise nach einem Orte gemacht habe, wohin er auch zu Lande hätte kommen können.

Verwandt mit dieser Schrift, jedoch etwas weicher, ist die zuversichtliche Handschrift.

Die Dame, von welcher die vorstehende Zeile abstammt, schrieb einst einer Freundin ins Stammbuch:

Willst Dich immer selbst verlieren,
Jeden Schritt 'ne Andre sein,
Bleib in waldigen Revieren,
Wo Dich Blumen rings umzieren,
Sei beständig, still und rein.

Kräftige Schrift, aber gezogen, deutet auf Zähigkeit.

Beim Uebergange zu den entgegengesetzten Handschriften begegnet uns zunächst der schwache Charakter:

Sie sind das fünfte Rad am Wagen, und kommen bei der Theilung der Welt zu spät.

Dieselben Buchstaben sind auch die Typen der Gedankenlosigkeit. Bei gelehrten, aber gedankenlosen Männern zeigen diese Buchstaben mehr Geist und Festigkeit. Zu den gedankenlosen Schriftsorten liefern hauptsächlich die Letzteren namhafte Beiträge.

Das ist die Handschrift eines Professors in F — a, der, als er einst auf einer Fußreise in einer Dorfschenke eingekehrt war, beim Aufbruch statt seines Stockes — das lange Horn des Nachtwächters ergriff und damit eine Tour von vier Stunden zurücklegte. Erst als sein Freund, dem sein Besuch galt, beim Anblick seiner neumodischen Fortbewegungsmaschine in ein helles Gelächter ausplatzte, wurde er seinen Irrthum gewahr, und „schämte sich so sehr". — Ein andermal rannte er in Gedanken an einen Baum: „Verzeihen Sie gütigst!" murmelte er, sich höflichst entschuldigend. — Wieder ein andermal klopfte er, von einem Spaziergange zurückkommend, an seine eigene Thür. Der Diener, der ihn in der Dunkelheit nicht erkannte, rief ihm zu: „Der Herr Professor ist nicht zu Hause!" worauf jener ruhig entgegnete: „Gut, ich werde wiederkommen", und wieder umkehrte.

Lafontaine's Schrift ist genau so wie die vorstehende. Als er einst mit dem Doctor Dupin, den er besucht hatte, aus dessen Hause gehen wollte, kam ihnen der Sohn des Dichters entgegen. „Gehen Sie auf mein Zimmer", sagte Dupin zu diesem, „ich will nur Ihrem Herrn Vater das Geleit geben, ich komme sogleich zurück." Kaum hatte Lafontaine's Sohn den Rücken gewandt, so fragte der Dichter: „Wer ist dieser junge Mensch?" — „Kennen Sie denn Ihren Sohn nicht?" antwortete Dupin. Lafontaine besann sich eine Weile und sagte dann: „Es ist mir so, als wenn ich ihn irgend einmal gesehen hätte."

Die weibliche Type der Gedankenlosigkeit ist diese:

Ein Küchlein, das gern auffliegen möchte, aber niemals einen Steg finden kann.

Ist die Schrift dünn, beweglich und schwankend, so ist es die Veränderlichkeit, die uns in ihr entgegentritt.

Ihr ins Stammbuch:

> Motto: Einem Wetterhahn behagt jeder Wind.
> Die Biene, der Käfer, der Schmetterling,
> Die lassen nie das Wandern,
> Die summen, tanzen, schwirren flink
> Von einer Blum' zur andern.

Ihr ins Album:

> Fürstengunst, Aprilenwetter,
> Frauenlieb' und Rosenblätter,
> Würfelspiel und Kartenglück
> Verändern sich all' Augenblick.

Haben diese Buchstaben ein geistreiches Gesicht, sind aber dabei zerfahren, so zeigen sie Flüchtigkeit des Geistes an.

So schreibt der bekannte General von K. Einst wohnte er einem glänzenden Balle bei, auf welchem sich auch der ganze Hof befand. Er war darauf blos erschienen, weil er es nicht füglich vermeiden konnte, und überließ sich daher, da ihm ein solches Vergnügen wenig zusagte, ganz seiner Zerstreuung. In Gedanken vertieft stand er an einer Fensterbrüstung und sah die Tänzer und Tänzerinnen an sich vorüberschweben. „Nun, mein Lieber", fragte ihn der Fürst, „wie gefällt es Ihnen hier?" — „Hm!" erwiederte der General, „es geht noch sehr steif her, aber ich denke, der Hof soll sich bald entfernen, dann wird man doch freier athmen können."

An den Händen zeigt sich der flüchtige Geist und die Schwatzhaftigkeit in den glatten und kegelförmigen Fingern.

Sind die Buchstaben langstielig und ausschlagend, so haben wir den faseligen Typus.

[handschriftlicher Schriftzug]

Sehen aus wie grünes Holz, das sich bekanntlich wirft. — So schreibt der bekannte Hofrath G. in G—n, dessen Herzensgüte seine kleinen Schwächen nicht mißfällig bemerken läßt. Er war oft bei dem Unterrichte zerstreut und glaubte, um nicht Unrecht zu haben, das irrig Behauptete festhalten zu müssen. So nannte er einst bei Aufzählung der Bergschlösser und ehemaligen Klöster in Sachsen auch Schulpforte. „Erlauben Sie", wandte ein Schüler ein, „Schulpforte liegt unten im Thale." — „Das mag jetzt sein", fiel der Professor, der die Einwürfe nicht leiden mochte, ihm barsch in die Rede, „zu meiner Zeit lag es oben."

Regelmäßige, aber weiche Züge deuten auf Wankelmuth.

[handschriftlicher Schriftzug]

[handschriftlicher Schriftzug]

Ist die Schrift leicht und unregelmäßig, so zeigt sie Leicht= sinn an.

[handschriftlicher Schriftzug]

Der spricht:

> Ich greife in die Tasche —
> Wo steckt der Beutel doch?
> O weh! statt Gelds erhasche
> Ich nur ein weites Loch.

[handschriftlicher Schriftzug]

Ist bei ihr der Himmel blau, so ist auch der Blitz vergessen.

Leichtsinn zeigt sich in der Eigenschaft, keine hinlänglich starken Eindrücke von den Gegenständen und ihren Ursachen zu erhalten. Der Leichtsinnige setzt das Wichtigste aufs Spiel und vergißt sehr bald den größten Verlust aus Mangel an Aufmerksamkeit. Ein

unstäter munterer Blick ist das Zeichen des Leichtsinns. Die Leicht=
sinnigen selbst sind gewöhnlich gute Leute und angenehme Gesell=
schafter. Befinden sich an den mit Sternchen bezeichneten Stellen

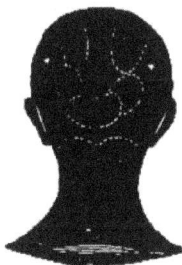

Vertiefungen, so deutet das auf Leichtsinn, wie umgekehrt auf Vor=
sicht; im ersten Falle sind die Seitenwandbeine meistens eingedrückt
und der Schädel an der Seite abgerundet.

Nehmen diese Buchstaben eine schleppende Haltung an, so be=
gegnen wir dem Schlendrian.

Kommen Sie heute nicht, so kommen sie morgen.

Sind die Buchstaben leicht und hingeworfen, so sind sie die
Typen der Nachlässigkeit.

Das „B" sieht aus wie ein Haus, in das es regnen und
schneien will, und das „g" wie ein zerfetzter Rock, der noch nicht
bezahlt ist.

Da geht es gar faul und wirr,
Es stockt des Haushalts Leben,
Bestäubt Geräth, verrostet Geschirr,
Und überall Spinneweben.

X.
Murren und Heiterkeit.

Im Allgemeinen deutet eine düstere und versteckte Handschrift auf einen mürrischen, und offene und freundliche Schriftzüge auf einen heiteren Charakter.

Heimliche, in sich verkriechende Buchstaben mit Häkchen und Spitzen repräsentiren den grillenhaften Charakter.

Ringsum kein Lebensmahnen,
Nicht Flüstern noch Geschrei,
Und leise tönt im stillen
Gebäu das Lied der Grillen:
Zirp! Zirp!

Ist die Schrift trocken, hart und kräftig, so — Kälte.

Störrisch dagegen ist der Charakter, wenn jene spitzigen Buchstaben unzufrieden und pechkleberig aussehen:

Ludwig van Beethoven hatte eine solche Handschrift. Schon als Knabe phantasirte er auf dem Fortepiano, mehr aber noch auf der Violine, und that dies oft in seinem einsamen Zimmer mit

solchem Eifer, daß er darüber alle Lebensbedürfnisse vergaß und
ihn dann seine Mutter scheltend zum Mittag= oder Abendessen ab=
rufen mußte. Einst sah sie bei solcher Gelegenheit, wie er, auf
der Geige spielend, in der Mitte des Zimmers stand, und ward mit
Schrecken gewahr, daß eine Spinne, von der Decke herabhängend,
sich über der Violine schwebend erhielt. Aus Widerwillen und
Verdruß schleuderte sie die Spinne auf die Erde und zertrat sie mit
dem Fuße. Beethoven, von Natur cholerisch, warf im überwallen=
den Zorn der Mutter die Geige vor die Füße, trat sie in Stücke
und hat nie wieder auf diesem Instrumente gespielt. Diese Spinne
war seine einzige Zuhörerin gewesen, er hatte sie durch seine Töne,
wie Amphion, zu sich herabzaubern können — sie war ermordet!

Liegt in der Schrift Düsterkeit und Stille, so haben wir den
finsteren Charakter.

Der schwarzäugige Italiener.

Finstere Nacht mit Abendleuchten, und bei ihr

Ich such den Tod — Juh..

ist Charwoche und da singt man kein Alleluja.

Der Herzog von Alba, Ferdinand Alvarez, hatte eine solche
düstere Schrift. Die schöne Dichterin Lupercia fragte ihn einst,
weshalb er niemals lache? „Ich stehe mit mir nicht auf so ver=
trautem Fuße, um mir eine solche Pöbelhaftigkeit zu erlauben!"
antwortete der finstere Feldherr.

Unter den entgegengesetzten Charakteren begegnet uns zuerst
der Humor mit seinen lustigen, heiteren, leichten Buchstaben:

Hast du wissenschaftliche Bildung genossen?

Das mir übersandte Buch

Ihm und ihr ins Stammbuch:

> Wie Schmetterlinge flink und leicht
> Um junge frische Rosen,
> So spielen um den kleinen Mund
> Die Worte dir, die losen.

16 *

Dürer's Handschrift gehört auch zu dieser Sorte. In seinem Leben sowohl als in seinen Werken zeigt sich der gutmüthigste Humor. In dem bekannten kaiserlichen Gebetbuche illustrirt er die Stelle „führ' uns nicht in Versuchung" im Vaterunser durch einen Fuchs, welcher, auf einer Pfeife musicirend, die Hennen herbeilockt, um sie nachher bequemer würgen zu können.

Ganz ähnlich der humoristischen Schrift ist jene der g u t e n L a u n e.

Humoristenanschaung.

Er spricht wie Mephistopheles im Faust:

> Seht mir nur ab, wie man vor Leute tritt:
> Ich komme lustig angezogen,
> So ist mir jedes Herz gewogen;
> Ich lache, gleich lacht jeder mit.
> Ihr müßt wie ich nur auf euch selbst vertrauen,
> Und denken, daß hier was zu wagen ist,
> Denn es verzeihen selbst gelegentlich die Frauen,
> Wenn man mit Anstand den Respect vergißt.
> Nicht Wünschelruthe, nicht Alraune,
> Die beste Zauberin liegt in der guten Laune.
> Bin ich mit allen gleichgestimmt,
> So seh ich nicht, daß man was übel nimmt:
> Drum frisch ans Werk und zaudert mir nicht lange,
> Das Vorbereiten macht mir bange.

Ist dieselbe Schrift mehr lebhaft, so haben wir den Ausdruck der M u n t e r k e i t.

Freimüthigkeit und Humor.

Der Mensch ist König . . .

> Bin noch jung und guter Dinge,
> Freue mich auch, daß ich's bin;
> Wenn ich rede, wenn ich singe,
> Immer kommt's aus heiterm Sinn.

Haben die Buchstaben interessante und listige Nebenzweige, so tritt uns der S c h a l k entgegen.

Wohl der Menschheit

Kennzeichen: Es haben nicht Alle den Husten, die sich räuspern.

Die Blumen welk ... Leben.

Denkspruch: Wer Nichts an die Angel steckt, wird Nichts fangen.

Das ist so eine hofnärrische Schrift. Klemens August hatte, wie damals gebräuchlich, auch einen Hofnarren, einen Doctor der Philosophie, mit dem Range eines Hof=Kammerrathes. Der Narr stand einst an einer Furt der aufgeschwellten Aar, als ein Prälat zu Pferde herankam, und ihn barsch fragte, ob man den Fluß wohl durchreiten könne, und wo die geeignetste Stelle sei? „Verstehen Sie Latein?“ fragte der Hofnarr, indem er den stolzen Prälaten anstarrte. „Freilich versteh ich Latein und wohl noch Etwas mehr“, versetzte jener stutzend, „wie trüg’ ich sonst das Prälatenkreuz und Priestergewand? Allein davon ist die Rede nicht, guter Freund! Ich verlange nur zu wissen, ob ich den Fluß auf meinem guten Pferde wohl ohne Gefahr hier durchreiten könne.“ — „Reiten Sie nur ge= trost, da ich weiß, daß Sie Latein verstehen; reiten Sie in Gottes Namen hier hinüber. Wahrlich, ich stehe fürs glückliche Hinüberkommen“, sagte der Narr. Der Prälat setzte in den Fluß; doch kaum war er einige Schritte vom Ufer, so verlor das Pferd den Grund, und Mann und Roß wären in den Fluten umgekommen, hätten nicht Fischer die Noth gewahrt und sie herausgezogen. Der erbitterte Prälat trat darauf in hastiger Wuth mit harter Anklage zum Kur= fürsten. Dieser forderte den Hofnarren vor sich. „Warum hast du, ungetreuer Schalk! durch deine verrätherischen Vorspiegelungen den hochwürdigen Herrn getäuscht und in die augenscheinlichste Gefahr verlockt?“ lautete der derbe Empfang. „Halten zu Gnaden, Euer Durchlaucht! Wohl merkt’ ich mir das Sprichwort, so Ew. Liebden immer im Munde führten, und noch gestern Abend bei Tafel auftischten: Wer Latein versteht, kommt durch die ganze Welt. Daß der hochwürdige Herr lateinkundig, hat er mir selber gesagt; da er nun in der Hand voll Wasser schier um= kam, so haben entweder Seine Hochwürden mit ihrem Latein oder Eure Durchlaucht mit Höchstdero Sprichwort mich belogen, und ich war der Lügner keineswegs.“

Haben die Buchstaben Widerhaken, so sind sie die Typen der Schelmerei.

Mit voller Hochachtung ...

Wie ist meine Handschrift?

Sie sind wie das trojanische Pferd mit Schelmen gefüttert. Kyau bemerkte einst, daß der König sehr übel aufgeräumt war. Er ließ also die Hofkapelle bestellen, befahl aber: sie sollten lauter Saiteninstrumente mitbringen und dieselben zuvor zu Hause stimmen, damit sie, den Regenten desto angenehmer zu überraschen, sobald man sie in das Zimmer riefe, auf einen Strich anfangen könnten. Die Herren kamen, mußten ihre Instrumente im Vorgemach ab= legen, und in einem benachbarten Saale des verabredeten Zeichens harren. Unterdessen ließ Kyau insgeheim ihre Bogen mit Unschlitt bestreichen. Kaum war das geschehen, so ward die Thür des königlichen Zimmers geöffnet, die Musici eilten auf das Signal herbei und fingen an mit aller Gewalt ihre Violinen zu bearbeiten. Allein es war kein einziger Ton zu hören, und wie sehr sie auch drückten und sägten, so blieben doch die Saiten stumm. Die Vir= tuosen sahen einander voll Erstaunen an und wußten nicht, ob sie oder ihre Instrumente bezaubert wären. Der König merkte alsbald den Spaß. Die Kapriolen, welche seine Kapelle schnitt, zwangen ihn zum Lachen; er war auch so gnädig, daß er auf der Stelle Jedem eine Flasche Wein reichen ließ, sich von dem gehabten Schrecken zu erholen.

Sind die Buchstaben wohlgebildet, freundlich und ohne Neben= sprünge, so sind sie Vorboten der Fröhlichkeit.

Haben sich Schwingungen gemacht?

Er meint: Gevatter über den Zaun, Gevatter wieder herüber.

die Fortziehung

Sie meint:

> Frisch, fröhlich, fromm und frei,
> Das Andre Gott befohlen sei.

Solch eine Handschrift muß Demokrit, der lachende Philosoph, gehabt haben. Er sagte: „Ein Leben ohne Freude ist eine weite Reise ohne Gasthaus“, und lachte selbst im Schlafe.

Dieſer Schriftſorte verwandt ſind die Typen der Geſelligkeit.

[handschriftliche Zeile]

[handschriftliche Zeile: Mondbeglänzte Nacht.]

Das Organ der Geſelligkeit und freundſchaftlichen Anhänglich=
keit befindet ſich zwiſchen und über den beiden Organen des Muthes
am Hinterkopfe:

Iſt die Schrift lebhaft ohne Winkelzüge, ſo repräſentirt ſie
die geſprächige Handſchrift.

[handschriftliche Zeile]

[handschriftliche Zeile: Die Hoffnung das Menſchen Himmel.]

Beide meinen: Gutes Geſpräch kürzt den Weg.

Die Handſchriften des Scherzes ſind den Handſchriften der
Geſprächigkeit ſehr ähnlich. Die Phrenologen ſetzen das Organ
des Scherzes zu beiden Seiten der Stirnhöhe:

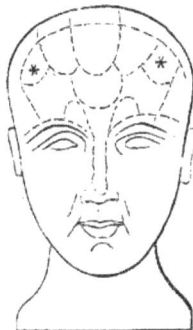

Einfache, anspruchslose Schrift zeugt von Zufriedenheit.

[handschriftliche Zeile]

— was einmal nicht zu ändern ist. Ihr Wahlspruch ist: Wer glücklich sein will, muß wenig Raum einnehmen und selten seinen Platz ändern.

XI.
Stolz und Demuth.

Verbindet die Schrift Würde mit Keckheit, so haben wir die ritterliche Handschrift.

[handschriftliche Zeile]

„Warum“, so fragte eine Dame den türkischen Gesandten am Wiener Hof, „warum erlaubt die muhammedanische Religion mehr als eine Frau zu nehmen?“ Der Gesandte, ohne sich in weitläufige Erörterungen darüber einzulassen, antwortete: „Unsere Religion erlaubt uns die Vielweiberei deshalb, weil wir bei den verschiedenen Frauen zusammen, die wir nehmen, kaum diejenigen Eigenschaften antreffen, welche in Ihrer Person, Madame, allein sich vereinigt finden.“ — Ohne Zweifel hat dieser galante und ritterliche Gesandte eine unserem Muster ähnliche Handschrift gehabt.

Sind dieselben Buchstaben zierlich und weich, so haben wir den edeln Charakter.

[handschriftliche Zeilen]

Hat die Schrift Quasten, Schnörkel und noble Angewohnheiten, so begegnet uns der Adelstolz.

[handschriftliche Zeile]

So schrieb Franz I., König von Frankreich. Bischof Duchatel hatte einst eine Rede vor ihm gehalten. Der König, dem sie gefallen, fragte ihn in der Absicht, ihn näher um sich zu haben, ob er ein Edelmann sei. „Sire", versetzte Duchatel, „ich kann nicht mit Gewißheit sagen, von welchem unter den Dreien, die in der Arche Noah's waren, ich abstamme."

Sind diese Buchstaben geleckt und lustig, so deuten sie auf Dünkel.

Der ist in Dünkel gefallen, und wer in Dünkel fällt, kommt staubig heraus —

> Siegbewußt im Selbstgefallen
> Steht der Stutzer ganz verloren,
> Ganz besonders doch vor Allem
> Schaut er stolz auf seine Sporen.

Die Handschrift der Sängerin ***. Sie trug die Nase sehr hoch, weil man ihr überall Weihrauch streute. Trotz ihrer großen Einnahme und der vielen reichen Geschenke, die sie erhielt, war sie doch bei ihrer verschwenderischen Lebensweise oft in großer Geldverlegenheit. Dieser Fall trat auch in Hamburg ein und sie nahm ihre Zuflucht zu einem reichen Juden, den sie zu diesem Ende zu sich rufen ließ. Als er zu ihr ins Zimmer trat, sagte sie zu ihm mit dem Tone hoffärtiger Selbstgefälligkeit: „Höre, Moses, die große *** will sich so weit herablassen und tausend Thaler von dir borgen." — „Hören Sie, Madame", erwiederte der Israelit, „der kleine Moses will sich nicht so hoch erheben, Ihnen nur einen Schilling zu leihen."

Große und feste Buchstaben sind ein Zeichen der Herrschsucht.

Züge mit ehernen Augen, in denen nur selten die Empfindung perlt.

Etwas kleiner, dabei fest und beweglich, deuten die Buchstaben
auf ungestümes Wesen.

Eine Bürste! Ist sie zu scharf, so nimmt sie die Wolle.

Ißt die Suppe zu heiß, verbrennt sich deshalb die Zähne.

Sind die Buchstaben groß und prasselnd, so — Unver-
schämtheit.

Mit dem ist nicht gut Kirschen essen.

Große, kräftige und bramarbasirende Buchstaben sind die Wahr=
zeichen der Renommisterei.

Der denkt:

> Ach, wär' ich auch kein Kaiser,
> Ein Graf nur möcht ich sein,
> Dann hüter' ich zu Pferde
> Die Schafe mein.

Aber — der Schnurrbart thut's nicht.

Kein kindlich Gemüth.

Große aber gezierte Buchstaben mit Quasten und Trobbeln
sind die Vertreter des Hochmuthes.

Motto: Kleine Birne, langer Stiel.

> Wie schreitet er so stolz einher,
> Possirlich gleich dem Hahne,
> Trägt einen morschen Ritterspeer,
> Dran eine bunte Fahne.

So schrieb Ludwig's XIV. Gemahlin, Maria Theresia, Tochter
Philipp's II. von Spanien. Sie hatte eine Karmeliterin um sich,
die ihr bei ihren religiösen Handlungen, hauptsächlich bei den
Beichten, als Gewissensrath diente. Einst fragte diese Nonne die
Königin, ob sie nicht in jüngeren Jahren am Hofe ihres Vaters
zuweilen den Wunsch gehegt habe, einem jungen Manne bei Hofe
zu gefallen. „Ei, was fällt Euch ein", rief die Königin aus, „es
war ja dort kein König."

Nimmt die Schrift einen zierlichen Charakter an, so begegnen wir den Typen des Ehrgeizes.

Gönnerton, Altan, Tastlüstigung.

Denkt immer: Ehre, dem Ehre gebührt, und sie —

Ich gebe hiermit ...

ist die Voigtin. . . . „Bleibt nur sitzen! Ich denk' wohl auch, daß ich arm war", sprach die Voigtin, als sie mit langem Pelz in die Kirche trat und die Leute bei dem Evangelium aufstanden.

Das Organ des Stolzes, des Ehrgeizes und der Eitelkeit liegt in dem hinteren Theile des Kopfes, fast in der Mitte. Wo der Kopf nach hinten wie abgeschnitten ist, da findet man übertriebene Eitelkeit und Sucht zu glänzen.

Ehrgeizige Frauen, von Natur zur Galanterie geneigt, die sich trotz aller Klugheitsmaßregeln leicht vergessen, haben rollende Augen, eine gebogene Nase, röthliche Wangen, ihr Mund ist selten ruhig. Die Spitze des Kinnes steht stark hervor, ihre Haut ist zart, etwas faltig, weich, beinahe schlaff.

Abgeschliffene, geistdurchwehte und eitele Buchstaben zeugen von Ruhmsucht.

autographische Baumbülte.

Wer meinte daß Ehrsitzung halte.....

Ist die Schrift groß und derb, so begegnen uns die Vorboten der Anmaßung.

Charakterisirung

Starker Tabak mit Dampf und Qualm, Moorboden mit viel Hopfenstangen.

Das sind die weiblichen Hopfenstangen mit einem Hühner=hof, wo die Henne kräht und der Hahn schweigen muß.

Der „Seelenschmerz" ist die Handschrift einer Gräfin aus W. Nachdem ich ihre Handschrift beurtheilt, antwortete sie: „Mein Herr! Sie haben meine Handschrift besser erkannt, als der Post=meister in O..n. Dieser übersandte mir ein für mich eingegan=genes Postpacket mit dem Ersuchen, über den Empfang zu quittiren. Ich stellte die Quittung aus und sandte sie ihm zurück. Kurz darauf kam der Briefträger im Auftrage des Postmeisters zurück mit dem Bemerken, daß die Quittung nicht von dem Herrn Grafen, sondern von der Frau Gräfin auszustellen sei, und daß er deshalb Letztere um eigenhändige Namensunterschrift bitten müsse....."

Sind solche große derbe Buchstaben eckig, so haben wir die arrogante Schrift.

Ist die Schrift groß, fest und glatt, so haben wir den be=
fehlenden Ductus.

Obgleich solche Handschriften durch entschiedenes Auftreten und
selbstbewußte Energie in der Regel aus allen Kämpfen als Sieger
hervorgehen, so gilt das doch minder von ihrem Verhältniß zur
Frauenwelt —

      Den Männern, die zu viel befehlen,
      Wird selten gehorcht. Ich will, ich will!
      Man muß die Worte schicklicher wählen,
      Sonst schweigen die Frauen trotzig still —

es sei denn, daß ein Seelenfriede dieser Art:

mitzusprechen hat, diese Art Seelenfriede weiß den Pantoffel zu
schwingen.

Macht die Schrift Gesticulationen und schlägt sie viel um sich,
so haben wir den bramarbasirenden Typus.

Viel Hefe — und zu viel Hefe macht den Teig blasig.

Ist die Schrift groß, ruhig und wohlgeformt, so ist sie der Vorbote der Großartigkeit.

Tritt dagegen an die Stelle dieser Wohlgeformtheit eine kecke Ausgespreiztheit, so haben wir den Großsprecher.

Die Schrift des Barons v. B—n. Als er einst mit einem reichen Bankier in Wortwechsel gerieth, wollte er denselben die Wichtigkeit seiner Person fühlen lassen, indem er sagte: „Vergessen Sie nicht, mein Herr, daß Sie mit einem Manne von großen Qualitäten reden.“ — „Und Sie, mein Herr“, entgegnete der Bankier, „mögen nicht vergessen, daß Sie mit einem Manne von großen Quantitäten reden.“

Ist die Handschrift fest, kräftig, entschieden und wohlgeformt, so weist sie auf Geradheit hin.

Hat als Motto:

Ich gehe meinen Weg gerade nach dem Ziele,
Ich gehe unbekümmert Schritt vor Schritt.
Geht nun mein Weg etwa durch eine Mühle,
So kann ich Nichts dafür, wenn mich ein Esel tritt.

Und sie

Ohne Sorgen.

geht stets auf betretenen Wegen, und da verirrt man sich nicht.

Einfache, ziemlich weiche Buchstaben zeigen Anspruchslosig-
keit an.

Nimmersüchler M.

Diese Schrift geht lieber auf bezahlten Schuhen, als daß sie
in einer geborgten Kutsche fährt; sie weiß, daß eine flache Mütze
wärmer ist, als ein hoher Hut.

Essen ist mein Vorvergnügen.

Ihr Denkspruch:

> Möge Jeder stillbeglückt
> Seiner Freude warten.
> Wenn die Rose selbst sich schmückt,
> Schmückt sie auch den Garten.

Ihr sehr ähnlich ist die Schrift der Bescheidenheit.

Ist die Auflösung wohl richtig?

Halali, sind meine Silben.

Ist die Schrift weich und nehmen die Buchstaben eine gesenkte
Stellung ein, so haben wir die Demuth.

Ausschmückung des Ehrgeizes.

Sind dagegen dieselben Buchstaben geistlos, so haben wir den
einfältigen Charakter.

G. Leichtgläubiger.

Das ist die Handschrift des Hrn. v. S —. Fräulein v. G.
sagte zu dem geckenhaften Herrn v. S., der ihr viele abgeschmackte

Galanterien selbstgefällig vorschwatzte „Sie haben einen recht nied=
lichen Verstand.“

„Wie meinen Sie das?“ fragte er.

„Ei nun“, antwortete sie, „Alles, was klein, ist niedlich.“

Porta vergleicht in seinen Studien über die menschliche Phy=
siognomie den Dummen mit dem Esel. Für den Buccomantisten,
der aus der Beschaffenheit des Mundes den Charakter erkennen
will, hat dieser Vergleich vorzüglich seine Beziehungen auf die Kau=
werkzeuge. Und wirklich hat der Einfältige und Unbesonnene starke
Kinnbacken, starke, aber weiße Zähne. Seine Lippen, beinahe eine
auf die andere festgeleimt, bezeichnen einen vermessenen Entschluß.
Unter Umständen streckt er die Nase in die Höhe, schiebt die Unter=
lippe hervor und verleiht dadurch der ganzen Physiognomie den
Charakter der Unvorsichtigkeit. Die Thörichten, welche von dem
Physiognomen in dieselbe Kategorie geworfen werden, haben eine
dicke Nase, ein besonders in Bezug auf die Backen fleischiges und
langes Gesicht und eine herabhängende Unterlippe.

Wenn die Unterlippe mit den Zähnen, von der Seite gesehen,
horizontal zur Hälfte der Breite des Mundes hervortritt, so setzt
man, sagen alle Physiognomen, einen der vier Charaktere oder alle
vereinigt voraus: Einfalt, Roheit, Bosheit und Geiz.

Die Schrift des Ergebenen hat etwas Gedehntes an sich.

Ergebenheit mit Leichtsinn —

> Aus ist das Tänzel,
> Die Tasche ist leer.
> Bin ich zufrieden,
> Was brauch' ich mehr?

Ein Elias, den die Raben speisen, wenn ihn hungert.

Ist die Schrift zart und wohlgebildet, so ist sie der Ausdruck
der Milde.

Wächserne Buchstaben, die leicht weich werden.

[handschriftlicher Schriftzug: Elisabeth Sonnenschein]

> Es blüht ein schönes Blümchen
> Auf unsrer grünen Au;
> Sein Aug' ist wie der Himmel
> So heiter und so blau.

Sind die Buchstaben klein und kraftlos, so spricht aus ihnen die Schüchternheit.

[handschriftlicher Schriftzug: Der Schatten im Haide.]

[handschriftlicher Schriftzug: Und ließ dich ihr Kind]

Schwachstielig, spinnwebig.

Vereinigen sich mit der Kraftlosigkeit Spitzen und Häkeleien, so haben wir die Kriecherei.

[handschriftlicher Schriftzug: Meinem Schwücken und Influt.]

Ein Elias Krummweg, der auch seinen Hasen zu schießen versteht.

Haben die Buchstaben eine wohlgeordnete Form, zeigen aber Schwäche und kindlichen Charakter, so repräsentiren sie die Blödigkeit.

[handschriftlicher Schriftzug: Geehrter Herr Doktor.]

[handschriftlicher Schriftzug: Immer flug bin ich bei Euch]

Unpraktische Leute, denen die besten Gedanken allezeit hinter=
drein kommen —

> Der Frühling ist ihr Leben,
> Die Blüte ist ihr Traum;
> Ein Andrer preßt die Reben,
> Ein Andrer leert den Baum.

Dieselbe Schrift, nur etwas fester, deutet auf Duldsamkeit.

[handschriftliche Zeile]

[handschriftliche Zeile]

Deutliche Schrift ist der Typus der Einfachheit.

[handschriftliche Zeile]

Das ist so eine Schrift, der Alles mundrecht ist —

> Ein paar gute Sohlen
> Und ein heiler Rock,
> Ein paar weite Hosen
> Und ein Knüttelstock,
> Dichtes Wachstuch überm Hut
> Ist in Wind und Wetter gut.

[handschriftliche Zeile]

Einfach, natürlich —

> Sie trägt kein Gold im Gürtel,
> Sie trägt ein schlichtes Kleid,
> Im Haare keine Perlen,
> Am Arme kein Geschmeid.

Eine solche Handschrift muß Epaminondas gehabt haben.

Mehrere Tage sah man ihn nicht auf der Straße, und er ward nachher gefragt, ob er krank oder verreist gewesen sei. „Nein", gestand Epaminondas ganz ernsthaft; „mein Mantel war in der Wäsche.

XII.

Gemüth und Verstand. Liebe und Religion.

Weiche Buchstaben deuten auf Gemüth, harte dagegen auf Verstand.

Sehen die Buchstaben frisch und üppig aus, so sind sie Vorboten der Sinnlichkeit.

[handschriftliche Zeile]

17 *

[handschriftlicher Text]

Weiche Seelen voll wässeriger Gefühle und brachem Verstande.

Hat die Schrift etwas wohlgefällig Gedehntes, liegt Schmelz in ihr, so haben wir die wehmüthige Schrift.

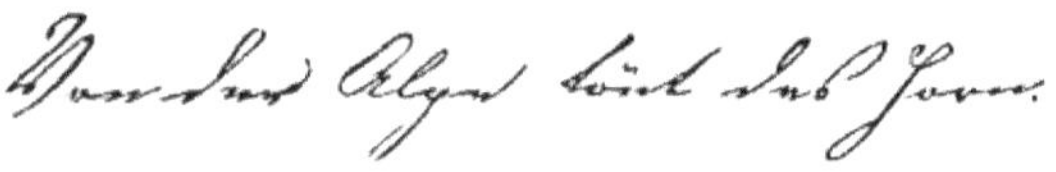

[handschriftlicher Text]

Ist sie dagegen so weich, daß sie zerfließen möchte, so haben wir das Mitleid.

[handschriftlicher Text]

[handschriftlicher Text]

Das ist die Handschrift des Fräulein A. M. in B — g. Diese Dame, welche einem Vereine gegen Thierquälerei beigetreten war, sagte zu ihrem Bedienten: „Johann, fange Er die lästige Brumm=fliege, die mich so entsetzlich genirt; aber thue Er ihr Nichts zu Leide, sondern lasse er sie zum Fenster hinaus." Johann fing die Fliege, öffnete ein Fenster, zögerte aber, ihr die Freiheit zu geben. „Nun", fragte seine Herrin endlich: „weshalb läßt Er die Fliege nicht hinaus?" — „Es regnet ein wenig", erwiederte der Diener. „So, nun dann bringe Er sie einstweilen ins Nebenzimmer", lautete der humane Befehl.

Nach der Phrenologie liegt das Organ des Wohlwollens auf der Mittellinie des Oberkopfes über der Stirn; ist diese Stelle er=haben, so zeigt sich Mangel an Wohlwollen, Kälte, Theilnahmlosig=keit, Rücksichtslosigkeit; ist sie aber flach, so Wohlwollen, Milde, Geduld, Freundlichkeit, Gefälligkeit, Gastfreundschaft.

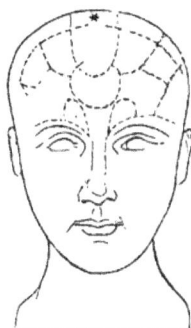

Zeigt die Schrift Sanftmuth mit interessanten Formen, so ist es die Anmuth.

Ich bitten Sie noch sehr...

Weiche blauäugige Schrift, sanfter Heinrich. Mit ihr in Harmonie steht:

Im Norden auch besser Zeit

Ist die Schrift glatt, so haben wir die anschmiegende Handschrift.

Die Kindeswelt.
Schön helläugender Mann.

Dieselbe Schrift mit gezogenen Buchstaben deutet auf Güte.

Regierungen — Talente

Zum Mitleiden gehört.

Das Organ der Güte und Sanftmuth liegt in der Mitte der Stirn.

Daß der Blick oder das Auge hierfür ein untrügliches Barometer sei, lehrt uns die tägliche Erfahrung, nicht nur an einzelnen Personen, sondern selbst an ganzen Nationen.

Kleine, einfache und weiche Buchstaben sind die Repräsentanten der Gutherzigkeit.

(handschriftliche Zeilen)

> Da giebt es keine finstern Mienen,
> Nicht Zank noch Neid, nicht Haß noch Zorn,
> Da summen stachellos die Bienen,
> Und Rosen blühen ohne Dorn.

Wird die Gutherzigkeit zu einer verschwenderischen, artet sie in Schwäche aus, so ist sie nicht mehr die wahre Gutherzigkeit. Derartige Schriftzüge kennzeichnen sich durch überflüssige Weichheit und Schwachheit. Solche Persönlichkeiten schlagen den Nagel und ein Anderer hängt den Hut daran; zu glatte Steine geben keine festen Mauern; und Vöglein, so gern zur Hand fliegen, sind gut zu fangen. Ernst und Vorsicht müssen mit der Gutherzigkeit Hand in Hand gehen; wer Pfeffer aufs Papier streuen will, darf die Feder nicht in Milch tauchen.

Die Typen der Herzensgüte sind jenen der Gutherzigkeit gleich.

(handschriftliche Zeilen)

Jeder Buchstabe ist ein treuherziges Aurikelauge. Amaranth:

> Ihr Antlitz sei nicht zaubervoll,
> Mich soll nicht reizen Aug' und Mund;
> Doch friedlich draus mich grüßen soll
> Ein gläubig Herz rein und gesund.

So schrieb Ludwig XVI. Während des sehr strengen Winters im Jahre 1776 ließ dieser in Versailles Holz an die Armen vertheilen, welches diese auf Schlitten luden und fortzogen. Der König war einst selbst Zeuge einer solchen Holzaustheilung, und als eben ein junges Mädchen einen mit Holz beladenen Schlitten fortzog, trafen mehrere Hofkavaliere Anstalten zu einer glänzenden Schlittenfahrt. Ludwig zeigte nach dem armen Mädchen, die ihren Schlitten

nachschleppte, und sagte zu den Hofleuten: „Sehen Sie, meine
Herren, das ist meine Schlittenfahrt.“

Nimmt jene Schriftsorte auffallende Beweglichkeit an, so haben
wir die Schrift der Geschwätzigkeit und Basenschaft.

Unsaftige Züge mit viel Thee und Musterpredigten.

Zeichnet sich diese Schrift durch einfaches Wesen aus, so deutet
sie Kindlichkeit an.

Type:

Nimmt dieselbe Schrift Zärtlichkeit und Feinheit an, so ist sie
die liebliche Schrift.

Ein lilienheitres Angesicht,
Ein Auge wie Vergißmeinnicht,
Ein Mund, der nur von Liebe spricht
Und Rosen in das Leben flicht.

Weiche Schrift überhaupt ist das Zeichen des Gemüths=
menschen.

Er spricht:

Bin ich doch durch dich geworden
Willenlos wie ein Magnet,
Der sich immer statt nach Norden
Nur nach deinem Herzen dreht.

[handschriftlich] Eine interessante junge Dame.

Sie spricht:

> Veilchen, Rosmarin, Mimosen,
> Engelsüß und Immergrün,
> Lilien, Tausendschön und Rosen
> Hier in meinem Garten blühn.

Sind diese Buchstaben zierlich, so sind sie der Ausdruck der Zärtlichkeit.

[handschriftlich] Leidenschaften.

[handschriftlich] Gemüthsstimmung.

Sind die Formen der Buchstaben gesucht und gekünstelt, so sind sie die Repräsentanten der Affectation.

[handschriftlich] Die Sprache der Töne.

Kennzeichen: Die Form der Buchstaben ist gesucht, will gefallen. Wir gaben dieser Schrift einst das Motto:

> Springer, der in luft'gem Schreiten
> Ueber die gemeine Welt
> Kokettiret mit den Leuten,
> Sicherlich vom Seile fällt;

und ihr:

[handschriftlich] Mädchen schweigt der List.

widmeten wir den Denkspruch:

> Fraue, in den blauen Tagen
> Hast dein Netz du ausgehangen,
> Zart gewebt aus seidnen Haaren,
> Süßen Worten, weißen Armen.

Ein festgeschlossener Mund, der auf beiden Seiten ein wenig in die Höhe geht, ist ein unfehlbares Zeichen von Affectation, Eitelkeit und ein wenig Bosheit.

Ist die Schrift etwas widerhaarig, so deutet sie auf Sprödigkeit.

[Handschriftenprobe]

> Wol jauchzen die Andern und schwingen die Hüt';
> Viel Bänder darauf und viel edle Blüt';
> Doch dem Burschen gefällt nicht die Sitte,
> Geht still und bleich in der Mitte.

[Handschriftenprobe]

Natürlich und verschämt.

Ist die Schrift dagegen zu flüssig und weich, so sind es die Zeichen der Wollust.

[Handschriftenprobe]

Strohbuchstaben, die leicht Feuer fangen. Der junge Mann, dem sie angehören, hat vor seinem Herzen eine Glasthür, und da wirft wol jeder mal 'ne Scheibe ein.

Aufgeregte mißtrauische Buchstaben verkünden Eifersucht.

[Handschriftenprobe]

Sein Motto:

> Hast ein Reh du lieb vor andern,
> Laß es nicht alleine grasen;
> Jäger ziehn im Wald und blasen,
> Stimmen hin und wieder wandern.

[Handschriftenprobe]

Mit der Besitzerin dieser Handschrift kann man in fünfzehn Minuten kostenfrei Essig bereiten, wenn man über die Schönheit ihrer besten Freundin eine bewundernde Rede hält.

Gewisse Grübchen und Vertiefungen der Wangen mehr oder minder dreieckiger Form sind ein unfehlbares Zeichen von Neid und Eifersucht.

Kühne und hinreißende Buchstaben bezeichnen einen feurigen Charakter.

[handschriftliche Schriftprobe]

Stolze, feurige Buchstaben mit Sonnenblumen und Einbildung, — freilich — wo Feuer im Kopfe, da riechen die Gedanken häufig verbrannt.

[handschriftliche Schriftprobe]

Diese Buchstaben gehen auf den Brandsohlen, — Feuerlilie, Leuchtthurm für verirrte Liebhaber.

Geht bei einer Schrift die Weichheit in Hingebung über, so repräsentirt sie die Andacht.

[handschriftliche Schriftprobe]

Eine sehnsuchtsvolle Schrift, deren Gefühlsreichthum wie die Memnonssäule beim Strahle der Morgensonne erklingt, bald melancholisch=klagend, bald innig=heiter. Rein wie der Thautropfen am Haideblümchen und klar wie der blumenbekränzte Wiesenquell.

Einfache, milde und sammetne Buchstaben sind die Typen der Frömmigkeit.

[handschriftliche Schriftprobe]

[handschriftliche Schriftprobe]

Züge, denen man die Zufriedenheit ansieht; sie haben im Hause gut Wetter, mag's deshalb draußen stürmen.

Die Frömmigkeit äußert sich zwar nicht durch die alten Zeichen des Pharisäers, noch durch die neuen der Kopfhängerei, hat aber doch auch einen bestimmten Ausdruck in den Gesichtszügen, der sich namentlich durch einen milden Blick und eine sich stets gleich blei= bende Innigkeit kundgiebt.

Als Belege geben wir zwei Portraits von geschichtlich bekann=
ten Persönlichkeiten.

Ludwig der Fromme.

Kaiser Heinrich II.

Das erste Portrait zeigt uns Ludwig den Frommen, das
zweite Heinrich II. Von beiden Kaisern ist hinlänglich bekannt,
daß die Frömmigkeit der Grundzug ihres Charakters war.

Die Phrenologie weist der Frömmigkeit und Religiosität den
Sitz auf dem Oberkopfe an, da, wo auf der nachfolgenden Ab=
bildung das Sternchen ist.

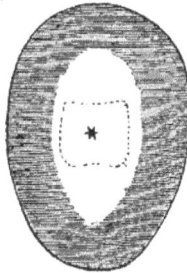

Verwandt mit dieser Schriftart ist jene der Religiosität.

Walter:

Und wenn dir oft auch bangt und graut,
Als sei die Höll' auf Erden,
Nur unverzagt auf Gott vertraut!
Es muß doch Frühling werden.

Amaranth:

>   Zwischen Rosen, Ampeln, Engelchören
>   Steht ein Bild der Himmelskönigin;
>   Dort der ew'gen Lampe Glut zu nähren,
>   Bringt sie Oel wie Vesta's Priesterin.

Hat die Hand glatte Finger, die in dünne Kegel endigen, so findet man Beschaulichkeit, Religiosität, Idealität, Gleichgültigkeit gegen materielle Interessen, Poesie des Herzens und der Seele, Lyrik, Verehrung alles Schönen in Form und Wesen. — Die geistigen Hände finden sich im mittägigen Asien in ungeheuerer Anzahl, weshalb das Gefühl der Völker, die es bewohnen, wesentlich religiös, beschaulich und poetisch ist.

Mit mehr Fröhlichkeit sind dieselben Buchstaben die Zeichen der Tugendhaftigkeit.

Einige meiner Freunde

Uebt immer Treu und Redlichkeit —

weibliche Arbeiten.

Abraham a Sancta Clara:

>   Casta vixit, lanam fecit, domum servavit.

Düstere, schläfrige Buchstaben bezeichnen den Aberglauben.

Lieb ist echt und wahr.

Schriftzüge mit Einfalt und unbewußter Gutmüthigkeit, aber ohne Nachdenken und Kraft — Aehnlichkeit mit Damenschrift, langsam und fraubasig. Große uranfängliche Hände sind die Zeichen des Aberglaubens. Im Dunkel der Wälder oder auf einsamem Strande, wenn der Sturm die Wellen peitscht, sehen uranfängliche Hände um so eher Phantome, Gespenster und allerlei Erscheinungen, je mehr ihre äußern Glieder einen spitzigen Kegel bilden. Allein, welches immer die Form einer großen Hand sein mag, so übt der Aberglaube stets großen Einfluß auf diesen Typus. In Finnland, Island, Lappland u. s. w. giebt es eine Menge Zauberer. Die Beduinen, ein träger, wilder Stamm, sind meist nur Hirten, ihre Hände sind ungeheuer groß; Aberglaube ist das einzige Mittel, sie in Bewegung zu setzen.

Große Aehnlichkeit mit diesen Buchstaben haben jene der Bet=
brüder und Betschwestern.

Der liebe Gott hat viele Kostgänger, — das ist so einer, —
schwach pharisäisch, heimlich.

> Wir halten nostras vesperas
> Cantu cantilenarum,
> Und trinken dann ohn' Unterlaß
> Salutem horum harum
> In saecula saeculorum.

Und sie „übt immer"

Ein falscher Groschen, der im Himmel nicht gilt. Die Be=
sitzerin dieser Handschrift treibt die Sittenstrenge so weit, daß
sie nicht gestattet, daß in ihrer Bibliothek Werke von Schrift=
stellern und Schriftstellerinnen in demselben Repositorium stehen.

Wollen diese Buchstaben sich verkriechen und verrathen sie dabei
eine gewisse Pfiffigkeit, so haben wir die Handschrift der Duckmäuser.

Schlau — kurz Gebet, lange Bratwurst —

> Und auf einem Baumast
> Sitzt ein Papagai, ein grauer,
> Steckt den Schnabel in den Busen
> Wie ein ind'scher Selbstbeschauer.

Das Femininum dieses Geschlechts ist:

> Hüte dich!
> Diese Rosen auf den Wangen
> Blühn so harmlos unbefangen,
> Doch zu thörichtem Verlangen
> Locket ihre Blüte dich.
> Hüte dich!

Der Schlaue oder Duckmäuser hat einen gewandten, gezogenen Gang. Er ist geheim und zurückhaltend in seinen Handlungen.

Geistlose und schleppende Buchstaben sind die äußeren Zeichen der Leichtgläubigkeit.

Sind die Buchstaben kräftiger Natur, so sind sie materiell.

Besitzer vorstehender Handschrift, ein Oekonom, fragte uns einst: „Habe ich Sinn für Schönes, habe ich Geschmack?" Antwort:

> Auch unser edles Sauerkraut,
> Wir sollen's nicht vergessen,
> Ein Deutscher hat's zuerst gebaut;
> Drum ist's ein deutsches Essen.
> Wenn solch ein Fleischchen, weiß und mild,
> Im Kraute liegt, das ist ein Bild
> Wie Venus in den Rosen.

Und sie? Will nicht immer weiter schweifen, denn das Gute liegt so nah — —

> Dem Lande bleibt sie ferne,
> Wo die Orangen blühn;
> Erst kennt sie jenes gerne,
> Wo die Kartoffeln blühn.

Das ist so der amerikanische Ductus. Ein amerikanischer Pflanzer saß bis spät in die Nacht mit einem Freunde aus der Stadt bei einem Fläschchen. Eine junge schöne Negerin wartete ihnen auf und ergötzte sie durch Tanz und Gesang. Als der Wein dem Fremden zu sehr in den Kopf stieg, bat er die Sklavin, ihm frisches Wasser zu holen. Der Herr aber gab ihr einen Wink, zu bleiben, und ging hinaus. Nach einiger Zeit erschien die Gattin des Wirthes mit einem Kruge Wasser, aber bis auf die Haut von dem herabströmenden Regen durchnäßt. Bestürzt und fragend blickte der Fremde den Pflanzer an und dieser sagte ruhig: „Sie wundern sich, daß ich in einer solchen schrecklichen Nacht mein Weib statt der Sklavin nach der eine weite Strecke entfernten Quelle schicke? Die Sache ist ziemlich einfach. Die Sklavin kostet mich 50 Dollars, die Frau krieg' ich umsonst."

Dieselben Buchstaben etwas mehr stehend, deuten auf prak= tische Natur.

Der weiß: Mit der Gabel ist's eine Ehr', aber mit dem Löffel kriegt man mehr.

Sie sieht auf die Hühner und nicht auf die Nester.

So schrieb der bekannte Eremit von Gauting. „Haben Sie Empfehlungen?" fragte der österreichische Consul in Konstantinopel den unscheinbaren Sonderling. „An die ganze Welt!" versetzte Hallberg zuversichtlich, obwol er sich mit solchen Dingen nie be= schwerte. Der Gesandte war begierig, die Allerwelts=Empfehlung kennen zu lernen, und Hallberg zog eine Handvoll Dukaten aus der Tasche.

Auch der Tiroler Anführer Oppacher schrieb so. Ein Reisen= der verglich den Wirth Oppacher vom Jochberg in Tirol, den Ver= theidiger des Passes Loser (1809), mit Leonidas, und schloß: „Hättest du, Wirth! dich hinschlachten lassen, wie Leonidas, so würdest du noch ruhmvoller dastehen." — „Dös wär' mir schon z' dumm, wenn's nix nutzt!" gab der Tiroler Anführer zu verstehen; „often is aa selbige Fabelg'schicht schon gar so lang her, daß man itzt wol nit mehr recht wissen kann, wie's damals zuging; so viel is aber sicher, daß die 300 Griechen, als koan Rettung mehr g'wesen, auch davon wär'n, wenn s' noch Zeiti genua auskönnt hätten."

Ist die Handschrift größer und nimmt eine mehr gerade Stellung ein, so ist hinter ihr der Egoismus versteckt.

Die kann man nicht ansehen, ohne das Sodbrennen zu bekommen.   Menschen, die einmal unglücklich genug sind, daß sie
Nichts mehr außer sich lieben, können sich auch selbst nicht
mehr lieben.

Wenn die Hand, ohne darum aufzuhören geschmeidig zu sein,
zu starke Einschnitte zeigt, so sind Egoismus und Sinnlichkeit die
vorherrschenden Neigungen.

Ist mit dieser stehenden Haltung Härte verbunden, so haben
wir den Eigennutz.

Eine freundliche Schrift, aber — der Fuchs grüßt den Zaun
um des Gartens willen.   Bratest du mir eine Wurst, so lösche ich
dir den Durst.

Wo ihr Schatz ist, da ist auch ihr Herz; hat die Liebe nicht
zu klingen, so hört sie auf zu schmelzen und zu singen.   „Was
doch die Gewohnheit thut", sprach der Schneider, und warf Lappen
vom eigenen Tuch in die Hölle.

Achtzehnter Abschnitt.

Alter, Körperbildung und Stimme.

I.

Kann man das Alter aus der Handschrift bestimmen?

Die Handschrift ist der genaue Abdruck der einzelnen Lebensperioden des Menschen. Als Repräsentant des geistigen Waltens ist
dieser Ausdruck der getreueste Spiegel des Innern, der bei dem Kinde
vage und unfest, bei dem Jüngling muthig und kühn, bei dem Manne
bedächtig und ausdrucksvoll und bei dem Greise ermüdet und schlaff
sich wiedergiebt. Betrachtet man alle Theile der Physiognomik —
das Auge, das Haar, das Gesicht u. s. w. —: in keinem repräsentirt sich in diesem Maße und so geistig bedeutsam das innere Wesen,
als in der Handschrift, sie ist in der That das Zifferblatt
einer Uhr, das mit größter Treue die Zeit anzeigt. Man versuche
es einmal, die Schrift von den Kinderjahren an bis ins Greisen-
alter zu vergleichen, — und man wird, ohne gerade Kenner zu
sein, finden, in welchem wundersamen Zusammenhange Schrift und
Geist sich befinden; namentlich ist es höchst charakteristisch, daß sich
gerade diejenigen Schriften, die in Perioden geschrieben wurden, in
denen der Mensch in seinen äußeren Verhältnissen sich behaglich
fühlte, durch Munterkeit, durch Schwung auszeichnen, sowie umgekehrt jene eine kränkelnde, stille Physiognomie haben, welche in
Zeiten der Gedrücktheit entstanden sind.

1, 2 und 3 sind Handschriften von derselben Persönlichkeit. Wer möchte es verkennen, daß 2 eine jugendliche, elastische, eine kühne und wagende, allen Gefahren trotzende, phantasiebeflügelte ist, während 3 eine bedächtige, mehr ordnende, mit Ruhe ausfüh=rende Schrift darstellt, — welche von beiden Handschriften, so frage ich, kann wol feuriger lieben — 2 oder die mehr trockene 3, die sich die Hörner abgelaufen hat? Welche von beiden kann sagen:

> Mein Arm ist stark und groß mein Muth,
> Gieb, Vater, mir ein Schwert!

Unstreitig 2. Nicht ohne Wehmuth sehe ich, da ich ein ganzes Blatt sowol von 2 als auch von 3 vor mir habe, auf diese letzte Nummer, die anfängt herbstlich zu werden und an der die Blätter nach und nach sich falben — während 2 noch im blühenden Früh=lingsalter üppig ausschlägt, grünt und voll Saft ist. Es ist dies ein Gefühl, welches sich wirklich nicht beschreiben läßt und zwar deshalb nicht, weil hier Jugend und Mannesalter von derselben Persönlichkeit neben einander liegen. Diese geistige Vergegenwär=tigung der verschiedenen menschlichen Zeitalter ist nur der Handschrift möglich. Im Portrait ist mehr der Körper als der Geist ver=treten. Ihr Damen und Herren, die ihr euch wieder einmal jung sehen wollt, vergleicht nur eure Handschriften aus den verschiedenen Lebensperioden, sie sind euch der Wunderspiegel, in welchem ihr eure Jugend, die rosafarbene Vergangenheit mit all ihren herzdrückenden Augenblicken wiederfindet. Wir möchten jedem rathen, eine Handschriftensammlung aus seinen verschiedenen Lebens= und Schicksalsperioden anzulegen. Eine solche Sammlung ist das schönste Stammbuch, ein Erinnerungsbuch, dessen Durchblättern stets versöhnend auf uns einwirkt und also einen

moralischen Nutzen gewährt. 1 ist eine Concepthand und bil=
det den Uebergang von 2 zu 3: hier kommt die lustige 2 zur Be=
sinnung, sie kehrt in sich zurück und findet in 3 Ruhe.

Nachdem der Besitzer obiger Handschrift die Wahrheit meiner
Kritik brieflich bestätigt hatte, antwortete ich ihm in der Illustrirten
Zeitung: „Daß uns Ihre Handschrift interessirte, daß ich also einen
außergewöhnlichen Mann in diesen Zügen fand, dafür mag Ihnen
die Beurtheilung Ihrer Handschrift nach deren verschiedenen Lebens=
altern, die wir unter 490—492 ausnahmsweise vorführten, den
Beweis geben. Ich ging mit Liebe an Ihre Schrift und war ge=
spannt, Ihren Namen, dessen Mittheilung Sie uns zusagten, zu
erfahren. Nachdem ich nun weiß, mit wem ich durch meinen gei=
stigen Telegraphen, die Schrift nämlich, Bekanntschaft machte, wun=
dert es mich fast, daß ich nicht geradezu in jener Entzifferung Sie
mit Ihrem Namen bezeichnet habe! Es ist mir in der That eine
größere Anerkennung, als Sie vielleicht ahnten, daß Sie uns die
öffentlich erschienenen Urtheile über Ihren Entwickelungsgang, Ihr
Streben, Wirken und sonstiges Wesen zum Vergleiche vorlegen,
um, wie Sie sagen, zu sehen, „wie ich so völlig Alles getroffen
und Alles trefflich enträthselt habe“. Was in Brockhaus’ und
Pierer’s Conversations=Lexikon über Ihre Persönlichkeit gesagt
ist, das habe ich, ohne mir schmeicheln zu wollen, etwas besser —
unbekannterweise aus Ihrer Schrift — gesagt.“

Eine Dame fragte mich einst: „Wie alt bin ich nach meiner
Handschrift?“

Ich antwortete:

Die Dame schrieb zurück: .... „Sie haben Recht: Schier dreißig
Jahre bin ich alt ....“

18*

II.
Handschriften aus verschiedenen Lebensaltern.

Wie bereits in dem Vorstehenden erwähnt, ist die Handschrift der Taufschein des Menschen. Aber sie ist auch zugleich das Barometer der zeitweiligen Verhältnisse und Lagen, in welchen sich der Mensch befindet. Ich erinnere nur an Schiller's Handschriften Seite 31 und 32. Um noch einen frappanten Beleg zu liefern, lasse ich die Handschriften Napoleon's aus seiner Glanz- und aus seiner Dunkelperiode folgen.

Züge aus dem Leben Napoleon's.

Erster Abschnitt.

1804.

Napoleon's Unterschrift als Kaiser. — Aeußere Würde, Livree und Hofstaat, — der gekrönte Kaiser.

1805.

Aus einer Proclamation nach der Schlacht von Auster-litz vom 2. December 1805. — Der kecke Sieger, mit zurück-geworfenem Kopfe, bergauf! bergan!

1806.

Unterschrift seit dem Feldzuge von 1806. — Sie hat Eile und spartanische Kürze.

Zweiter Abschnitt.

1812.
(21. September.)

Beim Einzuge in das brennende Moskau. — Schrift mit Rothglühhitze.

(6. October.)

Beim Wegzuge aus Rußland. — Immer noch kühn, aber nachdenkend.

1813.

Unterschrift auf einem Documente, das er nach der verlorenen Schlacht bei Leipzig am 23. October 1813 Mittags in Erfurt unterzeichnete. — Unmuth und Drohung.

1814.

Am 4. April 1814 in Fontainebleau. — Kleinlaut.

Unterschrift auf St.-Helena. — Sie geht bergab, ist verkümmert, zerfallen, mißmuthig.

III.

Kann man aus der Handschrift auf das Aeussere des Menschen schliessen?

Allerdings ist es möglich, aus der Handschrift mittelbare Schlüsse zu machen. Wir erklären dies an einem Beispiele. Helle, blonde Haare deuten auf einen sanften, dunkle dagegen auf einen heftigen, feurigen Charakter, — sieht man nun in den Schriftzügen, daß diese oder jene Eigenschaft vorhanden ist, so kann man natürlich auch folgerechte Schlüsse auf ein helles oder dunkles Haar machen; — ferner: krause Haare, besonders wenn sie sich am Hintertheil des Kopfes locken, deuten auf Störenfriede, — findet man nun eine Schrift, aus der man diesen Charakter lesen kann, so ist natürlich der Schluß, daß der Besitzer jener Handschrift krause Haare haben müsse, auch bald fertig. Ferner läßt sich von der Handschrift mit größter Bestimmtheit auf die Gestalt der Finger schließen. Da man nun nach der bestätigten Ansicht der Physiologen von einem Gliede eines lebenden Wesens auf den ganzen Körper richtige Schlüsse machen kann, so kann man also auch nach der Handschrift den ganzen Körper, sowie einzelne Theile des Körpers nach ihrem äußern Habitus, bezeichnen.

IV.

Lässt sich bei Persönlichkeiten, deren Charakter bekannt ist, bestimmen, wie sie geschrieben haben?

Ohne Zweifel! Wenn es wahr ist, daß man aus der Handschrift den Charakter beurtheilen kann — und dies ist wahr —, so muß man folgerichtig auch umgekehrt von dem bekannten Charakter auf die Handschrift schließen können. Z. B. sagt man mir, dieser Mann ist ein Krittler, so behaupte ich mit aller Bestimmtheit, daß er kleine, spitze Buchstaben hat; sagt man mir, jener Mann ist geizig, so muß seine Schrift nothwendig stehend und zusammengedrängt sein.

V.

Lässt sich aber umgekehrt nach der Handschrift eines geschichtlich merkwürdigen Mannes aus früheren Jahrhunderten bestimmen, wie sein Charakter war?

Ganz mit demselben Rechte! Diese Abhandlung ist so wichtig, daß ich derselben meine besondere Aufmerksamkeit widmen und den Beweis für die Wahrheit dieser Behauptung an den handelnden Persönlichkeiten des Dreißigjährigen Krieges liefern werde. Gerade diese Helden sind für diesen Fall um so passender, da ja Schiller, der bekanntlich sich möglichst an die Geschichte hielt, dieselben Persönlichkeiten in seinem „Wallenstein" auch geschildert hat.

Einige der hervorragendsten Persönlichkeiten in Schiller's „Wallenstein".

Vergleich ihrer Handschriften mit Schiller's Charakterschilderungen.

Es ist bekannt, daß Schiller vor Bearbeitung eines geschichtlichen Dramas gewissenhafte und gründliche geschichtliche Studien

machte und sich bei der Ausarbeitung streng an die Geschichte hielt.
Wir wissen auch, daß Schiller zu den Darstellungen der großen
Trilogie: Wallenstein's Lager, die Piccolomini und Wallenstein's
Tod, vorher die Quellen genau studirte und daß die Charakter=
schilderungen nicht in seiner Phantasie, sondern nach dem Leben
entworfen sind. Was er also über die einzelnen Helden des Dreißig=
jährigen Krieges sagt, ist das Resultat seiner Forschungen auf dem
Gebiete der Geschichte. Wir müssen also annehmen, daß die Helden
wirklich so waren, wie der Dichter sie geschildert. Ich werde nun
zunächst die Handschrift geben, dann nach dieser Handschrift den
Charakter schildern, und dann wollen wir hören, was Schiller und
die Geschichte über die Persönlichkeit sagt.

Heinrich Holck, stammt aus einem sehr begüterten freiherrlichen Geschlecht auf der Insel Alsen.

Die Schrift ist stumm wie der steinerne Gast, kalt wie ein
Gletscher, stumpf wie Eisen und gefährlich wie ein schwimmender
Eisberg, der zwar langsam kommt, aber Gefahr mit sich bringt.
Die Schrift ist ungewaschen. Blinder Eifer, Wunder der Tapfer=
keit, Ausdauer. Und deshalb konnte Wallenstein den Holck so gut
gebrauchen. Ein Sohn der Wildniß, ein Haudegen, giebt er nichts
auf Aeußeres, nichts auf Regeln, daher die Zuchtlosigkeit, welche
mit ihm und durch ihn bei den ohnedies genug verrufenen Heeren
einriß.

Wir wollen nun auch hören, was Schiller über diesen Hel=
den sagt.

Zweiter Jäger.

Wetter auch! wo ihr nach uns fragt,
Wir heißen des Friedländers wilde Jagd,
Und machen dem Namen keine Schande —
Ziehen froh durch Feindes und Freundes Lande,
Querfeldein durch die Saat, durch das gelbe Korn —
Sie kennen das Holckische Jägerhorn! —
In einem Augenblick fern und nah,
Schnell wie die Sündflut sind wir da —

Wie die Feuerflamme bei dunkler Nacht
In die Häuser fährt, wenn niemand wacht.
Da hilft keine Gegenwehr, keine Flucht, —
Keine Ordnung gilt mehr und keine Zucht. —
Es sträubt sich — der Krieg hat kein Erbarmen —
Das Mägdlein in unsern sehnigen Armen.
Fragt nach, ich sag's nicht, um zu prahlen;
In Baireuth, im Voigtland und Westfalen,
Wo wir nur durchgekommen sind —
Erzählen Kinder und Kindeskind
Nach hundert und aber hundert Jahren
Von dem Hold noch und seinen Schaaren.

Gottfried Heinrich Graf von Pappenheim, geb. 29. Mai 1594, gest. 7. November 1632. Begeistert für den Kaiser und seine Kirche. Reiteroberst. „Fröhlich sterben" war sein letzter Auftrag an Wallenstein, da mit ihm am selben Tage der Feind seines Glaubens gefallen sei.

Kampflustig, ungestüm und derb abgehärtet, doch ritterlich und begeistert. Ohne Zärtlichkeit, ohne Ruhe, ohne Sinn für den ruhigen Gang des Lebens. Die Schrift gleicht jener von Holck.

Schiller:

Marketenderin.

's ist ein Wallon'! Respect vor dem!
Von des Pappenheim's Kürassieren.

Erster Dragoner.

Dies Regiment hat was voraus.
Es war immer voran bei jedem Strauß,
Darf auch seine eigne Justiz ausüben,
Und der Friedländer thut's besonders lieben.

Wallenstein.

Daran erkenn' ich meine Pappenheimer.

Albrecht, Herzog zu Friedland (Wallenstein), geb. 14. September 1583, ermordet 25. Februar 1634, 1617 Graf von Waldstein (czechisch Wallenstaina), 1622 Reichsgraf, 1623 Reichsfürst, 1625 Herzog von Friedland, 1628 von Sagan und Mecklenburg, auch General des baltischen und oceanischen Meeres.

Große, gewaltige Züge, die uns den Schöpfer und Lenker von Heeresmassen anzeigen. Es liegt aber auch so viel Offenheit, Ehrlichkeit in ihnen, daß man darin weder den Verräther, noch den Empörer und Kronenräuber erkennen kann, wenn wir auch zugeben, daß in ihm sich Ehrsucht, Stolz und Uebermuth aussprechen. Wer so weich schreiben kann, muß auch ein getreuer Gatte, ein liebevoller Vater, ein guter Verwalter seines Vermögens sein. Daß er einen mehr simpeln Charakter hatte, daß er sich gern Empfindungen hingab, daß er gemüthlicher Eindrücke fähig, beweist seine Vorliebe für die Astrologie. Daß er ein guter Mensch war, beweist der Umstand, daß seine Landsleute, trotz des Mistrauens, das er durch seine Religionsabtrünnigkeit einflößte, ihm die oberste Feldherrnstelle antrugen, die er aber ablehnte; er hielt sich dagegen entschieden zur kaiserlichen Partei.

Die Schriftzüge sind groß, hingeworfen, bewußt, ehrsüchtig, stolz, übermüthig, voll persönlichen Muthes, ganz im Einklange mit dem, was Schiller über diesen Helden so schön und wahr geschrieben. In demselben Grade, in welchem er als Feldherr über seine Zeitgenossen hervorragte, ragt auch seine Handschrift über sie hervor.

Schiller:

Max.

Was giebt's aufs neu' denn an ihm auszustellen?
Daß er für sich allein beschließt, was er
Allein versteht? Wohl! Daran thut er recht,
Und wird's dabei auch sein Verbleiben haben. —
Er ist nun einmal nicht gemacht, nach Andern
Geschmeidig sich zu fügen und zu wenden,

Es geht ihm wider die Natur, er kann's nicht.
Geworden ist ihm eine Herrscherseele
Und ist gestellt auf einen Herrscherplatz.
Wohl uns, daß es so ist! Es können sich
Nur Wenige regieren, den Verstand
Verständig brauchen. — Wohl dem Ganzen, find't
Sich einmal Einer, der ein Mittelpunkt
Für viele Tausend wird, ein Halt — sich hinstellt,
Wie eine feste Säul', an die man sich
Mit Lust mag schließen und mit Zuversicht.
So einer ist der Wallenstein, und taugte
Dem Hof ein Andrer besser — der Armee
Frommt nur ein Solcher.

Heinrich Neumann, Rittmeister, Geheimschreiber des Herzogs und Registrator der Kriegskanzlei.

Ein trockener Actenmensch mit blindem Gehorsam, aber ohne Gewandtheit und gesellschaftliche Politur. Obgleich Rittmeister, haben ihm doch die vier Wände der Kanzlei alle Poesie des Lebens genommen. Seine Züge stehen da wie eine entblätterte herbstliche Eiche.

Schiller:

Terzky.

Bringst du die Abschrift, Neumann? Gieb! Sie ist
Doch so verfaßt, daß man sie leicht verwechselt?

Neumann.

Ich hab' sie Zeil' um Zeile nachgemalt,
Nichts als die Stelle von dem Eid blieb weg,
Wie deine Excellenz es mir geheißen.

Walter Butler, einer der Mörder Wallenstein's und seiner Freunde, ein Irländer.

Mehr pfiffig als offen. Die gesuchten und gezierten Formen der Buchstaben deuten auf Ehrgeiz und die verstohlenen und heimlichen Buchstaben auf Mistrauen.

Schiller:

Butler.

Mag alle Welt doch um die Schwachheit wissen,
Die ich mir selber nie verzeihen kann!
— Ja! Generalleutnant, ich besitze Ehrgeiz:
Verachtung habe ich ertragen können.
Es that mir wehe, daß Geburt und Titel
Bei der Armee mehr galten, als Verdienst
Mit oder ohne Clausel, gilt mir gleich.
Versteht ihr mich? Der Fürst kann meine Treue
Auf jede Probe setzen, sagt ihm das,
Ich bin des Kaisers Officier, so lange ihm
Beliebt, des Kaisers General zu bleiben,
Und bin des Friedland's Knecht, sobald es ihm
Gefallen wird, sein eigner Herr zu sein.

Joan Lodovico Isolani, geb. 1580 in Görz, gest. im März 1640, der berühmte Kroatengeneral, 1635 Reichsgraf und General über sämmtliche Kroaten.

Unzierliche, aber stämmige und ernste Züge. Der hat sich nie viel um das Schreiben bekümmert; es giebt solche Husarenmajore, die gute Haudegen sind, aber ihren Geist nicht gern incommodiren. Diese Züge sind ruhig und können was vertragen. Das gutmüthige Gesicht ist in einen langen Schnurrbart gehüllt; die Buchstaben führen kräftige Worte und antworten auf Beleidigungen nicht mit Briefen, sondern mit dem Degen, ja womöglich mit Kanonen. Es behagt ihnen das Wirthshausleben und das Spiel. Uebrigens blinde Ergebenheit. — Wallenstein hat ihn mehr als einmal aus Schulden erlöst.

Schiller:

Isolani.

Herr Bruder, hab' ich's schon erzählt? Der Fürst
Will meine Creditoren contentiren,
Will selber mein Kassirer sein künftighin,
Zu einem ordentlichen Mann mich machen —

Marketenderin.

Ach du mein Heiland? Das bringt mir Fluch.
Die halbe Armee steht in meinem Buch.
Der Graf Isolani, der böse Zahler,
Restirt mir allein noch zweihundert Thaler.

Isolani.

Ich bin ein lust'ger Knab' und wär'
Mir auch ein rasches Wörtchen über'n Hof
Entschlüpft zuweilen in der Lust des Weins,
Ihr wißt ja, bös' war's nicht gemeint.

Gebhardt, Freiherr von Questenberg, gest. 1646, Kammerherr und Geheimrath, Kriegsrath und
Vice-Kriegsraths=präsident.

Schiller hat sehr wahr empfunden, wenn er von „Zusammen=
stecken" spricht; Questenberg ist eine von den Naturen, deren Art es ist,
die Köpfe zusammenzustecken. Ohne Energie, ohne Festigkeit im Han=
deln, nimmt er morgen zurück, was er heute zugesagt. Wegen
seiner Kargheit im Sprechen beliebt, vertrauenerweckend und schein=
bar anspruchslos. Er geht selbst im Sprechen auf Eiern, und wird
sich wol in Acht nehmen, der Katze die Schellen anzuhängen. Die
schuldlosen Mienen, die aus Ohnmacht entspringende Ruhe, mach=
ten ihn für diplomatische Sendungen geschickt.

Schiller:

Terzky.

Der Questenberger, als er hier gewesen,
Hat stets zusammen auch gesteckt mit ihm.

Wallenstein.

Geschah mit meinem Wissen und Erlaubniß.

Terzky.

Und daß geheime Boten an ihn kommen
Von Gallas, weiß ich auch.

Heinrich Matthes, Graf von Thurn, Hauptleiter des Aufstandes der Böhmen, der Geistesver=
fechter ihrer bürgerlichen und kirchlichen Gerechtsame, 1611 Oberbefehlshaber der ständischen
Truppen, focht später unter Gustav Adolf als schwedischer Generalleutnant.

Die Schriftzüge dieses Grafen von Thurn sind sehr weich, hauszahm, unsaftig, ungesalzen, unkernig, und verrathen am aller= wenigsten einen Krieger, einen Haudegen. Wenn man nun diese Charakteristik zusammenhält mit den Worten, in denen Schiller Thurn's Bravour andeutet, wenn man dessen aus der Geschichte bekannte kriegerische Züge in Betracht zieht, so sollte man wohl glauben, daß die Handschrift nicht in Harmonie stehe mit dem Cha= rakter des Mannes. Allein H. M. Graf von Thurn war seinem Wesen nach Nichts weniger als ein Feldherr. Die Geschichte hat uns den Beleg aufbewahrt. Am 3. October 1633 überfiel Wallenstein die Schweden an der Steinauer Brücke und nahm Duwall und Thurn gefangen. Duwall entzog sich durch heimliche Flucht, Thurn aber wurde freigelassen. Der Herzog wurde um der Freilassung Thurn's willen hart angeklagt. Seine Antwort war: „Was sollte ich mit dem unsinnigen Menschen anfangen? Wollte Gott, die Schwe= den hätten keine bessern Obersten als ihn."

Schiller:

> Erstaunenswerthe Dinge hoffte man
> Auf dieser Kriegesbühne zu erleben,
> Wo Friedland in Person zu Felde zog,
> Der Nebenbuhler Gustav's — einen Thurn
> Und einen Arnheim vor sich fand. Und wirklich
> Gerieth man noch genug hier aneinander,
> Doch um als Freund, als Gast sich zu bewirthen.

Guilelmus Lamormain

Gulielmus, Pater Lamormain, Beichtvater Kaiser Ferdinand's II., geb. 1570, gest. 22. Februar 1648, aus dem Luxemburgischen gebürtig.

Winterlandschaftliche, kahle und eiskalte Züge, ruhig, berechnend, gelehrt und nachdenkend, — langsam, aber sicher. Besonnenheit, Festigkeit, starker Charakter, die Stirn brütet über Plänen, daher Raum und Einfluß gewinnend. Persönlicher Muth, Selbstbewußtsein, Geistesgegenwart, Ruhe; — es fehlte ihm zum General nur der Degen. Schiller:

Wallenstein.

Ich merk', ich merk'. — Acht Regimenter — Wohl,
Wohl ausgesonnen, Pater Lamormain!
Wär' der Gedanke nicht so verwünscht gescheit,
Man wär' versucht, ihn herzlich dumm zu nennen.
Achttausend Pferde! Ja, ja, — es ist richtig,
Ich seh' es kommen.

Johann Georg von Arnimb, geb. 1581, gest. 18. April 1641. — Feldmarschall, Generalleutnant.

Johann Georg von Arnimb war eine der hervorragendsten Größen im Dreißigjährigen Kriege. Feste, ruhige, markige Züge, — Arnimb war ein fester Charakter, streng gegen sich selbst und seine Mannschaft, weshalb ihn die katholischen Soldaten den lutherischen Kapuziner nannten. Ein tüchtiger Soldat mit einem schweren Schwerte, der selbst im heißesten Kampfe den Kopf nicht verlor und deshalb eine gesuchte Waare war. Da er vielen und entgegengesetzten Herren gedient, so kam er in den Ruf der Doppelzüngigkeit und Grundsatzlosigkeit. Diesem widerspricht die Handschrift ganz und gar. Wie sehr er charakterfest war, zeigt die Thatsache, daß er nach der traurigen Katastrophe in Eger Nichts von Frieden und Bündniß mit dem Kaiser wissen wollte, sondern den Abschied nahm, als Sachsen gemeine Sache mit dem Wiener Hofe machte.

Schiller:

> Wo Friedland in Person zu Felde zog,
> Der Nebenbuhler Gustav's — einen Thurn
> Und einen Arnheim vor sich fand.

Carl Gustav Wrangel, wahrscheinlich im Jahre 1612 geb., gest. 1675, Liefländer von Geburt, — 1644 Admiral, — Generalissimus der schwedischen Heere.

Carl Gustav Wrangel hat große, unerschrockene, dictirende, kampfgerüstete Züge, die mit Kanonen zu spielen gewohnt sind. Ein Held im wahren Sinne des Worts. Charakteristisch und ganz im Einklang mit seiner Schrift ist der Streich, den er bei dem Festmahle, das bei Gelegenheit des letzten Friedensaktes in Nürnberg von dem Pfalzgrafen angestellt wurde, ausführte. Er verherrlichte nämlich dieses Festmahl Nachts ein Uhr durch eine obligate Kriegsmusik von Gewehrsalven, die auf seine Veranstaltung dreißig plötzlich in den Freudensaal eintretende Musketire, eine nach der andern, geben mußten.

Schiller:

Wallenstein.

Ihr nennt Euch Wrangel?

Wrangel.

Gustav Wrangel, Oberst
Vom blauen Regiment Südermanland.

Wallenstein.

Ein Wrangel war's, der vor Stralsund viel Böses
Mir zugefügt, durch tapfre Gegenwehr
Schuld war, daß mir die Seestadt widerstanden.

Wrangel.
Das Werk des Elements, mit dem Sie kämpften,
Nicht mein Verdienst, Herr Herzog!

Nicol. Graf Esterhazy Galantha, geb. 8. April 1585, gest. 1644, kaiserl. Kammerherr, seit
1626 Paladin von Ungarn.

Gespreizte Schrift mit vielen Umständen und Kratzfüßen. Liebt
die Hofsitte, seidene Strümpfe, gepuderte Perrücke und Goldtressen,
daher er, der kaiserl. Kammerherr, auch zum Kaiser hielt.

Schiller:
Isolani.
Auch Esterhazy, Kaunitz, Deodat
Erklären jetzt, man müss' dem Hof gehorchen.

Jaroslaw V. Borzita (Boruta) Graf Martinitz, geb. 6. Januar 1582, gest. 11. November 1649,
Kreishauptmann zu Slan, einer der zehn Statthalter Böhmens und Burggraf auf Carlstein, 1623
Oberlandrichter, — 1625 Oberlandkämmerer, — 1638 Oberstburggraf.

Mit allerhand Zierrathen im Geschmacke jener Zeit zusammen-
gedrechselte Buchstaben, aufgewichst, durchgittert. Kleinigkeitskram,

Meublement von Schnitzwerk, die Krause schön gefältelt, bei öffent-
lichem Erscheinen mit allem Anstande, ein Mann, der stets im Mantel
und vielwalliger Perrücke erscheint und selbst an jenem verhängnißvollen Morgen den Fenstersturz im Mantel und feiner Krause
durchmachte, liebt Festlichkeiten und Feierlichkeiten; Ersteres bewog
ihn, treu an dem kaiserlichen Hause zu halten, Letzteres machte ihn
zum Fanatiker seiner religösen Ansichten. Deshalb aber auch er-
öffnete man mit ihm den ersten Act des bekannten Fenstersturzes.

Schiller:

> .... — Die und Ihresgleichen laßt
> Den Krieg bezahlen, den verderblichen,
> Den sie allein doch angezündet haben.

Isabelle Katherina, Herzogin von Friedland, Wallenstein's Gemahlin. Sie war eine geborene
Gräfin von Harrach und Wallenstein's zweite Gemahlin, vermählt 1617. Die einzige Tochter
dieser Ehe wurde an den Grafen Rudolf von Kaunitz vermählt. Sie hieß nicht Thekla, wie
Schiller anführt (Piccol. II. Act 3. Auftr.), sondern Marie Elisabeth.

Versöhnende, wohlwollende und häusliche Züge. Ein grüner
Epheu, der sich an dem kräftigen Eichbaume hinaufschlängelt, um der
derben Kruste den Ausdruck der Weichheit und des Frohsinns zu geben.

Schiller:

> O, wenn's noch Zeit ist, mein Gemahl! — wenn es
> Mit Unterwerfung, mit Nachgiebigkeit
> Kann abgewendet werden — geben Sie nach —
> Gewinnen Sie's dem stolzen Herzen ab,
> Es ist Ihr Herr und Kaiser, dem Sie weichen!

VI.

Stehen Stimme und Schrift im Einklange?

An der Stimme kann man hören, wie jemand schreibt. Eine
Piccolostimme wird niemals eine derbe, und eine Baßstimme wird
niemals eine zwirnfadene Handschrift haben. Für diese Annahme
sprechen schon im Allgemeinen die Stimmen der Frauen und der
Männer im Vergleich mit den Handschriften derselben.

Neunzehnter Abschnitt.

Curiose Handschriften.

1.

Die Handschriften der Wahnsinnigen

sind sofort erkenntlich in den zerrissenen und unsichern Buchstaben. Die Belege bitte ich auf Seite 37 nachzusehen.

2.

Die Handschriften der Krüppel

sind meist klein, spitzig und zurückgeblieben.

3.

Handschriften mit Seelenleiden und Unmuth

zeichnen sich durch Zerrissenheit und schiefe Lage aus. Als Beispiel dienen die Schriftzüge von Louise Brachmann, Heinrich Stieglitz und Heinrich v. Kleist, welche ich in der Einleitung Seite 36 bereits gegeben habe.

19 *

4.
Die Schrift der Blinden

hat zwar ebenfalls Charakter, aber die Buchstaben laufen in einander. Mir wurde die Handschrift:

zur Beurtheilung vorgelegt. Unter Nr. 55 stellte ich folgende Diagnose: „Diese Schrift macht einen seltsamen Eindruck ...... aber woher der doppelte Ansatz bei dem „n“, woher das ungewöhnliche Zusammenrücken des „i“ und „ch“ in dem Worte „nicht?“ Die ganze Schrift bleibt uns selbst ein Räthsel, wenn wir nicht annehmen wollen, daß Sie beim Schreiben die Augen geschlossen hätten ......“

Später erfuhr ich, daß ich die Handschrift eines Blinden vor mir gehabt hatte.

5.
Handschriften der Vagabonden.

Montag Kunstreiter, Dienstag Rattenfänger, Mittwoch Seiltänzer und Donnerstag im Gefängniß.

Zwanzigster Abschnitt.

Wichtigkeit der Chirogrammatomantie für Behörden.

Die Handschrift ist für die Gerichte, namentlich für die Justiz- und Polizeibehörden, ein Gegenstand von größter Wichtigkeit. Daß diese Behörden die Schriftzüge bisher nur in seltenen Fällen ins Auge faßten und ihnen nicht die verdiente Aufmerksamkeit widmeten, läßt sich nur dadurch erklären, daß es eben an einem Meister in diesem Fache fehlte, der mit dem vollen Bewußtsein inneren Berufes die Sache in die Hand nahm, sie organisirte, auf die Vortheile aufmerksam machte, und die Wichtigkeit dieses Gegenstandes durch Thatsachen feststellte. Die Bedeutung der Handschriften ist von den Behörden in neuerer Zeit auch anerkannt worden.

Die Handschrift ist besonders wichtig in folgenden Fällen:

1) zum Nachweise von Schriftfälschungen in gerichtlichen wie in privatlichen Documenten; und
2) zur Entdeckung der Verfasser von Droh- und Schmähbriefen.

Wir betrachten zunächst

I.

den Nachweis von Schriftfälschungen.

Um Schriftfälschungen in Documenten (dahin gehören: Reisepässe, Vorweise, Sittenzeugnisse, Wanderbücher, Geburts- und Heimatscheine, dann Wechsel, Contracte, Schenkungen; ferner Brief-

marken, Stempel und Siegel 2c.) untersuchen und festftellen zu laffen,
beriefen die Behörden in der Regel Schreiblehrer oder doch Perfonen,
die fich mit Schreiben viel befchäftigten, welche dann nach der
äußern Form der Buchftaben ihre Meinung abgaben. Nun
aber steht feft, daß nicht die F o r m der Buchftaben, fondern nur der
G e i f t der Schrift die Identität feftftellen und als Richtfchnur
dienen kann. Die Form als Körperliches kann von gefchickten
Händen nachgebildet werden, Niemand aber vermag es, den Geift
zu copiren. Mit diefem meinen Grundfatze ftimmt auch der Ver-
faffer des Buches über „Gaunerthum“, der berühmte Ave-Lalle-
mant, überein, der wörtlich fagt: „Die Herbeiziehung von Schreib-
künftlern zur Beurtheilung von Handfchriften ift nicht immer ein
durchaus verläffiges Ueberführungsmittel. Der Schreibkünftler weiß
vollkommen die Schönheit und Methode einer Handfchrift zu beurtheilen, die Ermittelung gefälfchter Handfchriften erfordert aber eine
fcharfe Beobachtung des Charakteriftifchen, Abweichenden und Con-
gruenten in den zu vergleichenden Handfchriften, wobei gerade der
Blick des Schreibkünftlers, der nach beftimmter Methode lehrt und
darin leicht befangen werden kann, nicht immer vollkommen aus-
reicht.“ Soll das Gutachten über die Identität zweier Handfchriften
einen Werth haben, fo muß vor Allem ein beftimmtes Urtheil,
das keinen Zweifel mehr übrig läßt, auf's Präcifefte ausgedrückt
und durch Nachweife motivirt fein. Die Ausführung des Gutachtens überhaupt fei fo, daß felbft der Richter durch die angeführten
Belege aus beiden Schriftftücken die moralifche Ueberzeugung ge-
winnt; dann erft hat das Urtheil des Schriftvergleichers Werth.

Wenn man nun bedenkt, wie viel oftmals auf einen folchen
Ausfpruch ankommt, welch gute und böfe Folgen er nach fich ziehen
kann, fo liegt es gewiß im Sinne jeder Behörde, hier die höchfte
Zuverläffigkeit und Wahrheit anzuftreben.

In meinen Gutachten find es folgende vier Factoren, denen
ich eine ausführliche Betrachtung widme: 1) der fpecififche fubjective
Geift der Schrift (Schriftcharakter im Allgemeinen, Eindruck der
Schrift). 2) Die äußere Form der Buchftaben. 3) Der moralifche
Theil der Unterfuchung (Orthographie, Interpunktation, Entfernung
der Zeilen von einander, Entfernung der Zeilen vom Rande 2c.).
Zu Gunften des Verdächtigen widme ich dann noch 4) dem Unähn-
lichen und Abweichenden meine befondere Aufmerkfamkeit.

Wir gehen nun über zur Ermittelung der Verfasser von

II.
Droh- und Schmähbriefen.

Eine wichtige Rolle bei gerichtlichen Untersuchungen spielen Schmäh-, Droh- und andere anonyme Briefe. In solchen Fällen, in denen es mehr auf Erfassung des Geistes und Charakters der Handschrift als auf den Vergleich der Buchstabenformen ankommt, läßt die gewöhnlichen Schriftvergleicher ihre Wissenschaft im Stiche. Bei solchen Untersuchungen giebt es zwei Fälle:

entweder man hat Verdacht auf gewisse Persönlichkeiten, oder man ist ohne Spur.

Im ersten Falle kann man, wenn die Schriftzüge der Verdächtigen vorliegen, mit größter Bestimmtheit den Verdacht bestätigen oder verneinen. Im zweiten Falle kann man aus der Handschrift sofort erklären, ob sie den höheren oder niederen Ständen angehört, welche Landsmännin sie ist, welchen Beruf sie hat, ob jugendlich oder alt u. s. w. u. s. w. Dies Signalement muß natürlich denjenigen, dem der Schmähbrief gilt, auf die rechte Spur bringen; legt er nun die Handschriften derjenigen, die er nach diesen Andeutungen im Verdachte hat, einem tüchtigen Schriftvergleicher vor, so findet er den gesuchten Mann ohne Zweifel heraus.

Ein Beispiel.

In einer vielgelesenen Zeitung erschien eine Anzeige über das Hinscheiden des Gasthofsbesitzers P. in L., in bester Form abgefaßt und von den „trauernden Angehörigen" unterschrieben. In dem Begleitschreiben, in welchem um Aufnahme dieser Annonce ersucht wird, befindet sich noch die interessante Notiz, daß die Zeitungsexpedition die durch das Inserat entstehenden Kosten von der unterzeichneten Wittwe durch Postnachnahme erheben solle. Man denke sich das Staunen, als die betreffende Postanstalt nach Vorschrift die Nachnahme erheben will für die Todesanzeige von einem Manne, der sich noch am Leben befand. Es wurde also offenkundig, daß hier ein Schabernack gespielt war. Um nun den böswilligen Urheber zu ermitteln, der durch diese seine Motive irgend Etwas erreichen wollte, suchte man vor Allem von der Redaction jener

Zeitung die Handschrift des Einsenders der Annonce zu erlangen. Und diese liegt mir vor.

a, b, c, d sind Facsimiles aus jener Annonce. Ich schloß nun wie folgt: 1) der Verfasser jener Anzeige war ursprünglich Kaufmann, — der Beweis für diese Annahme liegt in dem ganzen Ductus, vorzüglich aber in dem „b" (c). Doch bemerkte ich in dem Worte „Wittwe", daß ein anderes Element den Kaufmann etwas in den Hintergrund gedrängt hatte, deshalb schloß ich 2) daß der Verfasser jener Annonce gegenwärtig in einer andern Beschäftigung sich bewege, und zwar gewahrte ich in dem „W" ein Zerkauen der Feder, also eine langweilige Beschäftigung in irgend einem Verwaltungsfache; 3) was nun den Charakter des Verfassers jener Annonce anbelangt, so ist die Schrift offenbar leichtsinnig genug, um so Etwas auszuführen, — ein Mann mit kräftiger Schrift ist hierzu gänzlich unfähig, weil der Verstand die Folgen zu bedenken giebt; 4) daß der Schreiber der Annonce auch zugleich der Verfasser war, oder doch, daß er in vollkommenster Mitwissenschaft war, beweist unzweifelhaft das Wort „Heute" (a); man sieht, der Verfasser hatte entweder seine Schrift verstellen wollen, oder das Bewußtsein des unwürdigen Vorhabens wirkte so auf ihn, daß dieses Wort gegen die gewöhnliche Schrift (man vergleiche das Wort „standen" in b) außergewöhnlich absticht. Das Resultat meines Urtheils war: Der Urheber dieser Schmähschrift war früher Kaufmann und ging später in ein Verwaltungsfach über. Ich fragte nun bei dem Beleidigten an, ob er eine solche Persönlichkeit kenne, worauf er mir umgehend eine bejahende Antwort ertheilte und mir deren Handschrift zum Vergleichen einsandte. Und hiermit war der Vogel gefangen. Ich habe zum Vergleich das Wort „Besoldung" gewählt, — selbst der Laie gewahrt hier denselben Ductus, nur daß in dem letzten Worte mehr Bedächtigkeit herrscht, während in der Annonce die Schnelligkeit vorwaltet. Im „f" habe ich noch einige gleichlautende Buchstaben, die sich in beiden Handschriften besonders markiren, mitgetheilt; der erste gehört der Annonce, der zweite der verglichenen Handschrift an. Wer auf den Unterschied zwischen Reinschrift und Schnellschrift irgend aufmerksam geworden ist, der wird in dem „A" und „g" eine Verwandtschaft nicht verkennen. Die eingeleitete Untersuchung hat mein Urtheil glänzend gerechtfertigt.

Ein zweites Beispiel.

In einem Städtchen wurden von Zeit zu Zeit Brandbriefe gefunden. Der dortige Beamte sandte mir einige derselben zu mit dem Ersuchen, ihm alle Folgerungen und Schlüsse, die sich aus dem Charakter der Schrift auf die Persönlichkeit des Schreibers machen ließen, genau anzugeben. „Es ist die verstellte Handschrift eines Kaufmannes", schrieb ich zurück. Merkwürdigerweise war nur ein Kaufmann am Platze. An Gerichtsstelle beschieden und mit dem Inhalte meines Gutachtens bekannt gemacht, mochte es von ihm urnaiv klingen, als er meinte: „Er wolle es gestehen, habe aber, da er Agent einer Brandversicherung sei, die Briefe nur geschrieben, um die Leute vorsichtig zu machen!"

In wichtigen Fällen könnte man ein Facsimile irgend eines Satzes aus dem Briefe im betreffenden Localblatte abdrucken lassen mit der Bitte, daß alle diejenigen, die über den Besitzer dieser Schriftzüge Auskunft geben könnten, in der Expedition des Blattes ihre Mittheilungen niederzulegen hätten. Daß dies ein sehr wirksames, ja ich möchte sagen unfehlbares Mittel ist, hat mich die Erfahrung gelehrt. Die Sache hat eine pikante Seite und beschäftigt die Neugierde. Das Geheimnißvolle der Sache bietet eine angenehme Unterhaltung und veranlaßt zum Rathen. Jede Handschrift ist in einem gewissen Kreise stets bekannt und, je nach der Stellung ihres Urhebers, häufig sehr bekannt, Jeder hat seine Feinde und Freunde, was die Ersteren aus Schadenfreude thun, verrathen die Letzteren aus Geschwätzigkeit.

Als ein Beispiel, welchen moralischen Eindruck eine öffentliche Annonce macht, mag folgendes Stückchen, das mir selbst vor einigen Jahren passirte, dienen.

Einer meiner Verwandten hatte eine Mappe mit fünf Thalern verloren. Ich ließ also folgende Annonce in das Leipziger Tageblatt (Beilage zu Nr. 262, 1858) einrücken:

Verloren wurde vorgestern eine Brieftasche mit einem Fünfthalerscheine und einer Anzahl Thurn und Taxis'scher Briefmarken. Man bittet, den Fund in der Schnauß'schen Buchdruckerei (Querstraße) gegen Belohnung gefälligst abgeben zu wollen. Sollte der Finder aber hierzu nicht geneigt sein, so bittet man ihn wenigstens um gefällige Angabe, ob sich in der Brieftasche ein Heimatschein vorfand. Letztere Angabe wolle derselbe gefälligst ohne jede weitere Bemerkung unter Chiffre A. H. poste restante in den ersten besten Briefkasten werfen.

Ich erhielt hierauf durch die Stadtpost einen Brief dieses Inhalts: „Geehrtester Herr! In der Mappe befand sich kein Heimatschein. Uebrigens danke ich Ihnen für die fünf Thaler, Sie erhalten dieselben nicht zurück."

Nun erließ ich im Tageblatt (Beilage zu Nr. 269, 1858) diese Annonce:

A H poste restante

„Nicht dem Heimatscheine galt's, sondern Ihrer Handschrift! Diese habe ich nun in Händen und erwarte, daß Sie in kürzester Frist den Fund an die früher bezeichnete Adresse befördern. Im andern Falle werde ich den Verfasser des obigen „poste restante" zu bezeichnen wissen. Es handelt sich weniger um den Inhalt der Brieftasche, als um den interessanten Beleg, daß man durch die Handschrift sein Eigenthum wieder erlangen kann!!"

Und einen Tag später erhielt ich die verlorenen fünf Thaler durch die Stadtpost mit Adresse von derselben Hand, von welcher der erste Brief geschrieben war, zurück.

Einundzwanzigster Abschnitt.

Standeswahl und Verbindung.

I.

Das Kapitel über Standeswahl.

Im vierzehnten Jahre ist der Charakter der Handschrift vollkommen ausgeprägt. Von diesem Zeitpunkte an kann man also nach der Handschrift bestimmen, wozu deren Besitzer die meiste Anlage hat. Ich habe bereits über die Handschriften der einzelnen Stände im vierten, fünften, sechsten, siebenten, achten, neunten und zehnten Kapitel ausführlich mich ausgesprochen und dort die Stände mit den ihnen entsprechenden Handschriften genau markirt. Ich verweise deshalb auf jene Kapitel mit dem Bemerken, daß man sich, wie sich von selbst versteht, die Handschriften der Kinder fester und älter zu denken hat.

II.

Das Kapitel über Freundschaft.

Innige Freundschaften können nur unter Menschen, welche denselben Charakter haben, geschlossen werden. Hieraus folgt nothwendig, daß auch die Handschriften sich gleich sein müssen.

So würden z. B. nachstehende zwei Handschriften:

[handschriftliche Signatur]

von denen die erste derb und die zweite empfindlich ist, nicht zu=
sammen harmoniren; dagegen würde das folgende Handschriftenpaar

[handschriftliche Signatur]

vortrefflich zu einander passen.

III.

Das Kapitel über kaufmännische Verbindungen.

Soll eine Association Segen bringen, so müssen die Charaktere
zu einander passen, sie dürfen sich nicht widerstreben, müssen gegen=
seitig die Vorzüge bereitwillig anerkennen, und die Schwächen er=
tragen. Ein Krakehler paßt also niemals zu einer Association, weil
er sich und den Andern das Leben erschweren würde. Je mehr
Aehnlichkeiten die Handschriften nachweisen, um so ersprießlicher
wird die Verbindung.

Ich werde dies Thema an einigen Beispielen klar machen.

[handschriftliche Signatur]

Würden sich bald in den Haaren liegen, da „Selbstsucht und
Eitelkeit" ein Krakehler ist.

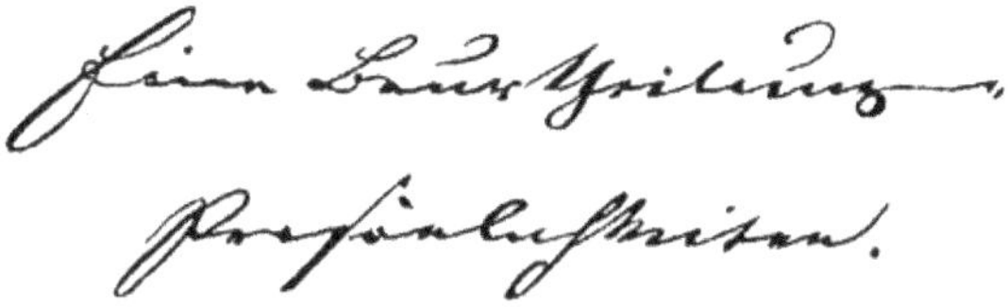

[handschriftlicher Text]

Vollkommenste Harmonie. Da Beide zugleich Geist, Kenntniß, Energie, Ausdauer und Arbeitsluft aufzeigen, so kann man den vereinten Bestrebungen den besten Erfolg in Aussicht stellen.

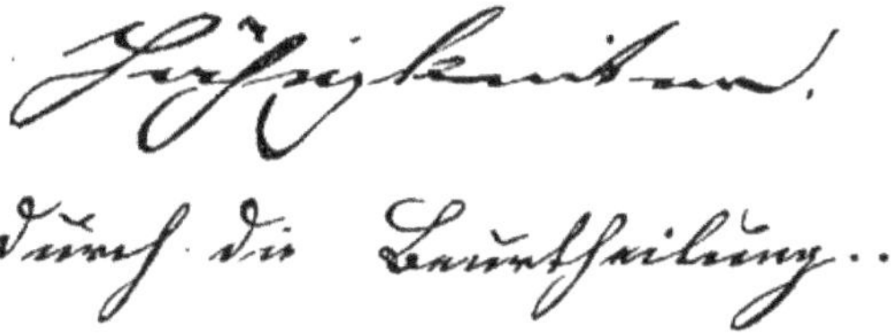

[handschriftlicher Text]

Die erste Handschrift zeigt Kraft, Thätigkeit, Energie und führt das Wort, die zweite ist herzensgut, läßt sich leiten und spielt eine stumme Rolle. Bei der edeln Gesinnung beider Persönlichkeiten wird das gute Einvernehmen nur sehr selten gestört werden.

IV.

Das Kapitel über Heirathen.

Die Bemerkungen über „Krakehl" haben auch für diese Rubrik ihre volle Geltung. Ich will die möglichen Fälle an Beispielen erläutern, da diese instructiver sind, als lange Erklärungen.

[handschriftlicher Text]

Eine harte Nuß, ein stumpfer Zahn,
Ein junges Weib, ein alter Mann
Zusammen sich nicht reimen wohl.
Seinesgleichen Jeder nehmen soll.

Sie führt das Commando, und Er ist unter dem Pantoffel

Sechs mal sechs ist sechsunddreißig,
Und der Mann ist noch so fleißig . . . . . .

Harmonie der Handschriften. Glückliche Ehe.

Zweiundzwanzigster Abschnitt.

Die Handschriften der Temperamente.

Sanguiniker

Choleriker

Phlegmatiker

Melancholiker

Die neuern Psychologen fanden in den vier Temperamenten etwas Gemeinschaftliches mit den vier Lebensaltern, und dies Bild ist gut, da es sofort die Natur der Temperamente kennzeichnet. Das sanguinische Temperament entspricht dem kindlichen Zeitalter, das cholerische der Sinnesart des Jünglings, die melancholische Seelenform der des Mannes, und das phlegmatische Temperament der Sinnesart des höhern Alters. Von unsern Abbildungen stellt der erste den Kopf des Sanguinikers, der zweite den Choleriker, der dritte den Phlegmatiker und der vierte den Melancholiker dar; 1 reizbar, doch bildsam und nachgiebig; 2 rasch, heftig, feurig; 3 gleichgültig und fahrlässig; 4 düster und mit getäuschten Hoffnungen. Selten aber treten diese vier Temperamentsarten ganz bestimmt und in ausgeprägter Reinheit bei den Menschen hervor, und es giebt deshalb Variationen, die von der einen in die andere Naturart hinüberspielen. Diese Erscheinung hat denn aber auch einige Psychologen zu der Meinung veranlaßt, daß man überhaupt gar keine Temperamente annehmen könne — eine irrige Ansicht, die das Kind mit dem Bade ausschüttet.

Wenden wir uns zunächst zu dem Sanguiniker und sehen wir, wie sich sein Wesen durch Geist und Körper äußert. Die Künstler stellen den Sanguiniker mit Blumen, Trinkschalen, Würfeln und Schmetterlingen dar, und bezeichnen damit seinen wahren Charakter. In der sanguinischen Naturart zeigt sich vorzüglich Bildsamkeit, leichte Erregung ohne eigentliche Kraft, daher wechselnde Gefühle, eine auflodernde Flamme, die ein Windhauch dämpfen kann.

> Berauscht von süßen Blumendüften
> Schmückt sich der Lenz mit Blütenpracht,
> Die Rose sproßt aus morschen Grüften,
> Der Vogel träumt in Waldesnacht.
> Es ist ein Jubeln und ein Singen,
> Ist eine Freude liebesroth,
> Als könne nie die Lust verklingen,
> Als komme nie des Frühlings Tod.

Immerhin bleibt das wahre Temperament der Kinder des Glücks, der Freude, des Witzes und der Laune das sanguinische. Es ist das Temperament der Kinder, der Jugend und der Frauen, von denen die Franzosen sagen: Elles ont du tempérament. Trotz aller Fehler ist es, vermischt mit einer Dosis Phlegma, das

beste und glücklichste, das auch Andere wirklich glücklich macht; ihm
ist gefallen das Loos ins Liebliche und ein schön Erbtheil worden,
denn der Herr ist mit ihm!

Die zarte, länglich=runde Form der Gliedmaßen, die weiße
und dünne Haut, das helle, blaßgelbe, röthliche oder lichtbraune
Haar, das belebte blaue Auge, die mit Weiß und einem bei der
leisesten Gemüthsbewegung sich weiter ausbreitenden Roth gemengte
Gesichtsfarbe, sowie das leicht bewegliche, bei jedem Affect von Be=
deutung die Gefäße der Haut ausfüllende Blut und die von der
Blutbewegung abhängige wechselnde Lebenswärme sind die sichtlichen
Kennzeichen davon. In Hinsicht seines psychischen Zustandes bietet
der Sanguiniker die charakteristische Seite, daß jeder Eindruck ihn
augenblicklich, aber nur oberflächlich berührt, ohne irgend eine Gegen=
wirkung von Bedeutung hervorzurufen oder eine lange anhaltende
Erinnerung zurückzulassen. Entbehren körperlicher und geistiger
Bewegungen, sowie sehr deprimirende oder durchaus unerwartete,
stumpfen ab und veranlassen ein gänzliches Zurücktreten der Vitalität.

Zu den Krankheiten, welchen die Sanguiniker unterworfen sind,
gehören vorzugsweise die acuten, entzündlichen und nervösen.
Weibliche Individuen dieses Temperaments leiden häufig an Bleich=
sucht, Wassersucht und Hysterie.

Das Bild unsers Cholerikers zeigt Raschheit, schnelles Blut,
Glut der Empfindung, Heldenmuth und das Bewußtsein der That=
kraft. Die Kunst giebt ihm als Attribut den Löwen, den welschen
Hahn oder einen Schild mit Flammen —

> Wenn in wildrasenden Sturms Gefahr
> Der Feige verzweifelnd zerrauft das Haar,
> Dann tritt der bisher lautlos war,
> In die Mitte der erbleichenden Schaar,
> Der Kühne, der den Beruf erkannt.
> Mit festem Blick, mit sichrer Hand
> Bahnt er sich den Weg durch die zagenden Massen,
> Und wird vom Steuer nicht wieder lassen,
> Bis er gelenkt das entmastete Schiff
> Vorbei an dem drohenden Felsenriff.

Die hohe Stirn, das schwarze, leuchtende Auge, die bräunliche
Gesichtsfarbe des Cholerikers zeugen von einem lebhaften und kräf=
tigen Willensvermögen des Geistes; sein starker, fester Knochenbau,
die Derbheit seiner Muskeln, seine trockene, fest aufliegende Haut,

seine gleichmäßig vortheilhafte höhere Körperwärme, sein kräftiger und mit geistigen Eindrücken harmonirender Puls lassen ihn als einen Menschen von Kraft und Gewandtheit erscheinen. Der Choleriker erfaßt jeden Augenblick rasch, und pflegt zu raschem Entschlusse zu gelangen, dem Gedanken die That folgen zu lassen; zugleich verfolgt er die einmal ergriffene Geistesrichtung, gleichviel welche, mit der größten Leidenschaftlichkeit. Sein Temperament verleiht ihm eine vorwaltende Anlage zu rein activen Krankheitsformen, und läßt ihn bei längerer Dauer der Krankheit selbst oder unter andern ungünstigen Umständen dem Zehrfieber oder Lähmungen verfallen. Vorzugsweise sind es Gallenkrankheiten, Hämorrhoiden und Gicht, welche ihn heimsuchen.

An unserm Phlegmatiker sehen wir Gleichgültigkeit, ein interesseloses Aufnehmen der Erscheinungen; dies Aufnehmen regt das Innere nicht auf, die Seele verhält sich passiv, das Blut rollt langsam durch die Adern, die Nerven sind ohne Elektricität. Die Kunst giebt ihm als bezeichnende Sinnbilder die Schildkröte und den Mohn. Sein Grundsatz ist: Um ruhig zu sein, muß der Mensch nicht denken, er muß nur träumen. Als Spardenker, der seinen Magen nie seinem Kopfe aufopfert, seinen Nervensaft nie für die Befruchtung eines tiefsinnigen Gedankens verschwendet, ist er das leibhafte Bild der Gesundheit. Sein Gesicht ist kein Register des Gehirns, aber auch kein Beispiel seiner Verwüstung. Sein Kopf ist keine Werkstätte der Kopfgeburten, und eben darum auch keine der Kopfschmerzen.

Körperlich ist das phlegmatische Temperament ausgedrückt durch einen großen runden Kopf, durch dicken Hals, breites, gedunsenes Gesicht, kleine Nase, unansprechende Gesichtsbildung, vorwaltende Fettbildung, wässerige Beschaffenheit des bleichrothen Blutes, langsamen und kleinen Puls und geringe äußere Hautwärme. In geistiger Beziehung sind gänzliche Indolenz gegen Eindrücke jeder Art, Trägheit und Langsamkeit in allen willkürlichen somatischen, sowie Sinnes- und Seelenthätigkeiten die charakterisirenden Grundzüge eines für die menschliche Gesellschaft werthlosen, sich und Andern lästigen Phlegmatikers. Das einzig Werthvolle in dem Charakter eines solchen ist in der Regel sein Glaube und seine Rechtlichkeit. Ist dagegen dieses Temperament mit einem Anfluge von dem cholerischen verbunden, so ist es höher zu achten. Chronische,

auf dem langsamen Vorsichgehen sämmtlicher Lebensfunctionen be=
ruhende Krankheitszustände sind die gewöhnlichern, welche dem mehr
pflanzlichen als animalischen Dasein ein Ende machen.

Der Melancholiker macht ein so verdrießliches Gesicht, daß
man ihm zurufen möchte: „Fliegen fangen ist immer noch mehr
werth, als Grillen fangen.“ Dieser Selbstpeiniger bedornet jeden
stechenden Augenblick mit zwei unsichtbaren Stachelreihen, mit der
vergangenen und mit der künftigen, und blutet so an drei Zeiten
zugleich. Die Kunst giebt ihm einen Kranz von verdorrtem Laube,
um ihn herum Fledermäuse. Es giebt aber eine Art von Melan=
cholikern, die freilich unserm Bilde nicht entspricht, welche Zu=
neigung und Ehrfurcht einflößt —

> Den Seelen fern, die mit Gefühlen scherzen,
> Und fremd der Brust, die starres Eis umzieht,
> Erwählet gern der Gott der Schmerzen
> Zur Wohnung sich das zartere Gemüth.
> Dort haust er still, und mit wohlthätiger Kühle
> Umwaltet er den Frühling der Gefühle,
> Der in der Glut des ew'gen Glücks verdorrt,
> Und tilget sanft mit jungfräulichen Zähren
> Die Flecken, die das Zartgefühl entehren,
> Von dem Krystall der reinen Liebe fort.

Hier das Stillleben der Seele, eine stillglühende Flamme, die
aber nur auf dem Altare des eigenen Ich in seliger Zurückgezogen=
heit geschürt wird; es ist der Mond, der in der dunkeln Nacht
hereinleuchtet und sehnsüchtige Träume weckt; es ist die Klage=
stimme des Jeremias, der auf Salems Trümmern seiner gepreßten
Brust in hehren Liedern Luft macht; es ist die allgemeine Stimme
der Natur um ein verlorenes Paradies, die in allen weichen Herzen
mehr oder weniger wiederklingt.

Der Melancholiker ist gewöhnlich von brauner Gesichtsfarbe
und hat dabei ganz dunkelfarbiges Haar, schwarze, große und
finstere Augen, würdevolle Stirn und längliche Nase. Die Blut=
bewegung geht langsam vor sich, zeigt einen hohen und vollen Puls
und veranlaßt eine hohe und anhaltende Hauttemperatur. Das an
Stärke und Tiefe des Empfindens das cholerische überragende
melancholische Temperament erliegt um so eher stärkern geistigen
Eindrücken, theils weil sich diese mit den vielen tiefempfundenen
subjectiven, auch imaginären Gefühlen des Melancholikers vermischen,

daher weniger klar vor das Bewußtsein treten, theils weil die
Reactionskraft der Seele bei ihm weniger energisch ist und nicht so
augenblicklich hervortritt. Eben dieses abgeschlossene Leben des
Geistes erhebt den Melancholiker bezüglich der Fähigkeit des ab=
stracten Denkens weit über den Choleriker und zieht ihn mehr zum
Ideellen und Ueberirdischen, während dieser in stetem activen
Wechselverhältniß zwischen Realem und Irdischem begriffen ist. Die
Eigenthümlichkeit dieses Charakters besitzen auch alle Störungen des
animalischen und geistigen Lebens bei den Melancholikern.

Und welches Temperament ist nun das beste? Vier Priester
stehen im weiten Dom der Natur und beten an Gottes Altären,
den Bergen, — der eisgraue Winter mit dem schneeweißen Chor=
hemd, — der sammelnde Herbst mit Ernten unter dem Arme, die
er Gott auf den Altar legt, — der feurige Jüngling, der Sommer,
der bis Nachts arbeitet, um zu opfern, — und endlich der kindliche
Frühling mit seinem weißen Kirchenschmuck von Blüten, der wie
ein Kind Blumen und Blütenkelche um den erhabenen Geist herum=
legt. — — Und für Menschenkinder ist ja der Frühling der schönste
Priester!

> Der Frühling ist ein starker Held,
> Ein Ritter sonder Gleichen,
> Die rothe Ros' im grünen Feld
> Das ist sein Wappen und Zeichen.

Dreiundzwanzigster Abschnitt.

Die psychologische Handschrift.

I.

Kann man aus der Handschrift auf die Zukunft des Menschen Schlüsse machen?

Wichtig wäre es, wenn man aus der Handschrift auf die Zu=
kunft des Menschen Schlüsse machen könnte. Dies ist aber nur in=
sofern möglich, als wir von der Schrift auf den Charakter und von
diesem wieder auf den Gang seines Schicksals Schlüsse machen können.
Wir gestehen übrigens, daß unvorhergesehene Ereignisse unsern
Ausspruch unwahr machen können. Nur in Fällen, wo Handschriften
ganz besondere Eigenschaften, deren Aeußerungen nach der täglichen
Erfahrung in allen Lagen des Lebens sich gleich bleiben, an sich
tragen, läßt sich psychologisch richtig ein Schluß auf des Menschen
Zukunft machen. Es giebt z. B. Handschriften, welche die Gut=
müthigkeit und das Unpraktische so recht zur Schau tragen: diesen
darf man es prophezeien, daß ihr Urheber es nie zu Etwas bringen
wird; — es giebt Damenhandschriften, denen man es ansieht, daß
ihre Urheberinnen mehr für die Trottoirs der Residenz als für die
bescheidene Wohnung eines Dorfpfarrers geboren sind, — findet
nun eine dem Innern widerstrebende Veränderung statt, so ist an=
zunehmen, daß dieser Mißgriff einen gewissen Unmuth erzeugen
wird, der sich zuletzt in eben nicht rühmenswerthen Extremen
äußert.

II.

Die Handschrift ist der Schlüssel zu vielen psychologischen Erscheinungen.

1.

„Ich fühle seit einigen Jahren", so schrieb mir Jemand in Wien, „einen so unwiderstehlichen Drang nach Etwas in mir, ich werde förmlich gequält, ich kann kaum ruhen, weiß aber nicht, nach was sich mein Herz so sehnt. Ich glaubte anfangs, es sei die Sehnsucht nach einer Frau, — und ich muß gestehen, daß ich von diesem Wunsche nicht ganz frei bin. — Ein hiesiger Arzt hat mir diesen Seelenzustand durch folgendes Gleichniß geschildert: Ich komme ihm vor, sagte er, wie eine Pflanze, deren Blüte mitten im Winter aufbrechen wolle, aber durch die rauhe Jahreszeit zurückgehalten werde u. s. w." Hätte Ihr phantasiereicher Arzt Ihre Handschrift einer Diagnose unterzogen, so würde er bald gefunden haben, daß der Trieb nach Vielwisserei in Ihnen steckt, von Gründlichkeit ist wenig Spur, — es ist dies in Ihren Jahren ein unnützes Ding, dieser Trieb, man könnte ihn glückselig nennen, er nutzt aber Nichts für's Leben und wir haben die Erfahrung, daß solche Leute immer nichts Rechtes anfangen, weil sie von Einem zum Andern getrieben werden.

2.

„Wie ist mein Charakter im Allgemeinen? Ich schaffe mir leicht viel Feinde, obschon ich allen Menschen stets nützen und nie= mals schaden möchte, — welchen Fehler mag ich dabei begehen und ist derselbe dann zu bessern? Was können Sie mir über meine Zukunft in meinem Berufe sagen?" Eine gefällige Schrift, die Formen= und Schönheitssinn, Anlage zum Zeichnen entwickelt. Ihr Benehmen der Umgebung gegenüber ist gewiß ein freundliches, ein friedliebendes, — der Grund zu der angeführten Erscheinung, die uns übrigens bei solchen Schriften schon häufig vorgekommen, ist dieser: Sie sprechen sehr wenig, oder, um uns des gewöhnlichen Ausdrucks zu bedienen, Sie halten hinterm Berge, desto mehr faßt man Ihre Worte auf, wenn Sie sprechen. Nun aber sind Sie nicht geeignet, wir möchten sagen aus Launigkeit, den Leuten auf Ent= gegnungen zu opponiren, Sie nehmen Alles ruhig hin und ziehen sich vom Schlachtfelde zurück, daher kommt es, daß Sie überall der Sündenbock sind. Bei dem Gelehrten hat das freilich wenig zu sagen, aber bei dem Kaufmanne, der Sie sind, ist das mehr oder weniger nachtheilig. Der Fehler ist schwer zu bessern, hier hilft keine Kunst, man muß sich eine edle Dreistigkeit angewöhnen, den Leuten zur rechten Zeit antworten. Und dieser Fehler wird Ihnen auch in der Zukunft schaden, es ist derjenige aller Idealitäts= menschen, die sogar häufig bei all ihrer Gutmüthigkeit den Schein von Falschheit auf sich laden.

III.
Kann aus der Handschrift gesagt werden, ob ein Lebensfond vorhanden?

1.

Drückt sich, so schrieb ich dem Besitzer dieser Schrift, in der Handschrift das innere Wesen des Menschen aus, spricht also, um uns bildlich auszudrücken, die Seele durch die Handschrift, ferner — drücken sich die Gemüthsbewegungen selbst bei charakterfesten Menschen, bei denen also das unruhige Werkzeug der Schrift, die Hand, keinen Einfluß hat, in den Schriftzügen aus, warum soll es nicht möglich sein, daß die Seele, der wir ein Ahnungsvermögen nicht absprechen können, dem Menschen auf gewisse Fragen eine Antwort ertheilen könnte? Es handelt sich dabei um diese Fragen: Kann das Wesen in uns, das wir, im Gegensatze zum Körper, Geist nennen, in die Zukunft sehen? Hat die Seele das Vermögen zu ahnen? Steht dieses Wesen feindlich oder freundlich zum Körper, oder, mit anderen Worten: möchte es dem Körper Winke geben, und ist es in dieser Beziehung, was man im christlichen Sinne „Gewissen" nennt? Kann sich dieser Geist wirklich durch die Handschrift begreiflich machen und wäre es wohl dem Menschenauge gegeben, seine Aeuße= rungen zu lesen? Wäre anzunehmen, daß die Handschrift, dies Ge= präge des Geistes, einen geistigen Telegraphen abgeben könnte? Kann also diese geistige Kraft sich hier ebenso zum Bewußtsein bringen, wie sie es in vielen andern bekannten Fällen thut? Ist es, um ein Analogon zu geben, allgemein begründet, daß, wenn man sich Abends vornimmt, den andern Morgen zu einer bestimmten Stunde aufzuwachen, man auch zu dieser Zeit wach wird? Wie ist es zu erklären, daß, wollte man überhaupt dies körperliche Auf= wachen mit der Seelenruhe erklären, man gerade zur bestimmten Stunde, nicht früher, nicht später, erwacht, wie kann man er= klären, daß das geistige Leben, um uns des festlichsten Ausdrucks zu bedienen, die Uhr vor sich sieht und sich der Zeit vollkommen be= wußt ist? Wir wollen über diese Fragen unser Urtheil zurückhalten, auch Ihre Frage in diesem Sinne nicht beantworten, sondern ledig= lich uns auf den rein empirischen Standpunkt stellen, von dem aus Sie die Frage thun und die Antwort wünschen. Sie sagen: „Wiewohl Alles, was Sie mir sagen werden, mich interessiren wird, so erlaube ich mir doch, Sie auf einen Punkt besonders aufmerksam zu machen: Ich bin nämlich noch jung, aber seit längerer Zeit leidend. Ob ich wohl gesund werde? Die Frage dürfte für Sie diese sein: Spricht sich in meiner Handschrift ein tüchtiger Fond von Lebenskraft aus.‟ Wir sind im Stande, aus Ihrer Handschrift Ihre Frage genau zu beantworten: Diese Schriftzüge sind die leben= digsten, die aufgeregtesten, die es nur giebt, — wo diese Lebendig= keit ohne tieferes Denken vorhanden ist, da ist sie nicht nur nicht nachtheilig, sondern sogar für den Körper vortheilhaft, dasselbe gilt auch im entgegengesetzten Falle, wenn nämlich tiefes Denken ohne große Gefühlswärme sich zeigt, — ist aber, wie es bei Ihnen der Fall, das wärmste Gefühl mit dem tiefsten Denkerblicke vorhanden, dann giebt es eine innere Reibung, einen geistigen Kampf, bei dem, da jede causa efficiens gleich kräftig ist, der Körper, als der dritte schwächere Theil, nothwendig leiden muß. Betrachten wir einmal Schiller's geistige und körperliche Natur und vergleichen hiermit seine Handschrift, — auch bei ihm ist tiefes Denken mit dem wärm= sten Gefühle verbunden, aber sein Körper mußte darunter leiden, auch er wurde das Opfer dieses geistigen Kampfes. Betrachten Sie einmal Schiller's Handschrift, welche Kraft, aber auch welches Ge= fühl liegt in diesen Zügen, — vergleichen Sie damit die Goethe'= schen Schriftzüge, welche Seelenruhe, hier ist kein Ringen in der Schrift bemerkbar, daher auch keine Unterdrückung des Körpers, daher sein hohes Alter! Führen wir Sie weiter herunter in die untern Schichten, — nehmen Sie einen Mann an, der die Manie,

diese in der That unglückselige Manie besitzt, im kunstgewerblichen
Fache Erfindungen zu machen, bei dem also einerseits die Hin=
neigung zur Kunst, also Gefühl, und andererseits die Hinneigung
zum Denken sich kundgiebt — er ist der unglücklichste Mensch, er
kommt in diesem Leben des Ringens nie zur Ruhe — seine blassen
Wangen, seine frühen Falten sind die Meteore des innern Kampfes, —
und in welchem wunderbaren Einklange stehen zu diesen Erschei=
nungen die Schriftzüge! — Sie sind Schriftsteller in verschiedenen
Richtungen, die wir bereits oben angedeutet, — prüfen Sie unsere
Ansicht und finden Sie solche bestätigt, so suchen Sie der einen
oder andern Richtung Schranken zu setzen, stecken Sie den Pegasus
ins Joch und vermögen Sie dies, so halten Sie sich überzeugt,
daß auch die körperliche Ruhe zurückkehren wird.

2.

Auf eine spätere Zuschrift desselben Autors schrieb ich demselben:
Es ist eine frappante Aehnlichkeit zwischen Ihrer Handschrift und
jener von R. Wagner, dessen geistiger Sohn Sie zu sein scheinen.
Es hat Sie selbst überrascht, wie richtig die Chirogrammatomantie
die verschiedenartigsten Thätigkeiten und Aeußerungen in der Werk=
statt der Seele belauscht und bestimmt, — auf der einen Seite
steht bei Ihnen der Genius der Kunst, nach Idealen ringend, auf
der andern jener der Wissenschaft, schaffend und ringend, — jene
bezeichnete Kreise werden Sie, trotz Ihrer Reizbarkeit, mit Bestimmt=
heit überstehen. Unsere Schlüsse in Bezug auf Ihren Lebensfond
und Ihre Krankheit mögen Sie überrascht haben, — wir stehen
nicht an, Ihnen unsere Logik in dieser Sache mitzutheilen. Die
Handschrift ist der treue Berichterstatter des Innern, sie sagt, wie
wir das schon hundert und aber hundert mal bewiesen haben, ob es
innen ruhig, oder aufgeregt ist, ob innen mehr kühles Denken oder
mehr aufregendes Schaffen wohnt, sie ist also der Ausdruck der
Seele. Insofern nun die Krankheit aus der Werkstatt der Seele
herrührt, müssen sich also auch die Symptome aus ihrem äußern
Compaß, der Handschrift, zeigen. Bekanntlich aber besteht die erste
Kunst des Arztes in der richtigen Erkenntniß der Krankheit, und
diese Kunst wäre durch die Handschrift erleichtert. Der Psycholog wird
nun, wenn er einmal den Ursprung der Krankheit kennt, um die
Mittel zu deren Dämpfung, oder doch zu deren Linderung nicht

verlegen sein. Wir bemerken aber ausdrücklich, daß diese Richtung auf die äußeren Krankheiten keine Anwendung findet. Vergl. M. Bering: Psychische Heilkunde, 1817, — ganz besonders aber in dem Werke des berühmten G. H. v. Schubert: „Die Geschichte der Seele", das Capitel, in welchem er von der Macht der Seele über den Leib spricht.

3.

„Sie deuteten in einer Diagnostik an, daß Sie von der Hand=schrift auf Lebensfond schließen könnten. Ich stelle nun, als eine Folge hiervon, die Frage: Wie muß ich leben, um weise zu leben, um alt zu werden?" Ihre Handschrift trägt den Charakter des cholerischen Temperaments, also des thatkräftigen Strebens. Da diesem Temperamente die gehörige Ruhe fehlt, so ist allerdings ein rascher Verbrauch der Kräfte zu befürchten. Sie haben also, um diesem Verbrauche entgegen zu arbeiten, vorzüglich darauf zu achten, daß Sie Allem eine gewisse Besonnenheit entgegensetzen, daß Sie keine geistige Aeußerung, sei es durch Wort, Schrift oder That, unternehmen, ohne erst die Frage an sich zu richten: hast du auch die gehörige Ruhe, ist das geistige Material nicht überspannt? Nur dadurch wird in dem Innern eine wohlthuende Gleichmäßigkeit er=halten, die das Nervensystem in der gewohnten Ruhe erhält und keine Ueberspanntheit erzeugt. Das braucht der Phlegmatiker nicht, ihm möchten wir eher rathen, eine kleine Aufregung dann und wann künstlich herbeizuführen, damit eine Veränderung in das geistige Wesen eingreife und die Thätigkeit nicht erschlaffe.

IV.

Kann aus der Handschrift gesagt werden, ob Jemand Wohl-habenheit und Reichthum erwirbt?

Zeigt die Handschrift bei entsprechenden geistigen Anlagen auch Energie, Umsicht und praktischen Sinn, so kann man den Unter=nehmungen ganz natürlich ein günstiges Prognostikon stellen. Eine solche Handschrift ist diese:

Vierundzwanzigster Abschnitt.

Ueber Autographen und Stammbücher.

I.

Autographen.

Die Liebe, Autographen von berühmten Männern zu sammeln, steigert sich mit jedem Tage. Engländer und Franzosen pflegen diese Liebhaberei schon lange. Diese Sucht ist jedoch wol bei keinem Volke größer, als bei den Chinesen. Wie bei uns Bilder und dergleichen die Kirchen schmücken, so zieren dort Handschriften die Tempel, — in jenem zu Peking z. B. befinden sich die Autographen der seit 2000 Jahren regierenden Kaiser. Es ist dort Gebrauch, sich gegenseitig Handschriften zu schenken. Als eine kaiserliche Gesandtschaft dem Könige von Frankreich Geschenke überbrachte, war das Erste und Werthvollste eine vollständige Sammlung Facsimiles von den Handschriften sämmtlicher Kaiser. Die Handschrift eines berühmten Richters aus dem 3. Jahrhundert nach Christi Geburt wurde mit 210 Thalern bezahlt. Unter den vielen Sammlungen, welche wißbegierige Menschen veranstalteten, als Münz=, Wappen=, Schmetterlingssammlungen, sind die Sammlungen von Autographen diejenigen, die alle andern in sich vereinigen. Sie sind Münz= sammlungen, denn sie zeigen das Gepräge der Hand und des Kopfes, — Wappensammlungen, denn sie enthalten die Adelsprobe des Geistes, — Schmetterlingssammlungen, denn sie enthüllen uns bald einen schwerfälligen Nachtvogel, bald einen leichten Tagfalter. Ja, eine Handschrift, ausdrücklich von Jemandem bestellt, und für ihn ge=

schrieben, ist für den Empfänger ein freundlicher Gruß, ein trau-
licher Handschlag.

„Gewöhnlich hat man geglaubt, das Bestreben eifriger Sammler dadurch zu rechtfertigen", sagt der geistreiche Autographensammler von Radowitz, „daß man die Autographen unter dem Gesichts-
punkte historischer Thatsachen anzusehen und von ihrer Vereinigung
einen beträchtlichen Nutzen für die nähere Kenntniß der betreffenden
Epochen vorausgesetzt hat. Angaben dieser Art gehen jedoch entweder aus Misverständniß oder aus wohlgemeinter Vorspiegelung
hervor. Autographensammlungen sind keine Archive oder Manuscript-
bibliotheken; während bei letzteren allein der gehörig beglaubigte
Inhalt des Schriftstücks dessen Bedeutung ausmacht, so beruht dieser
für den Autographensammler auf der Handschrift selbst. Beides
schließt sich allerdings nicht gänzlich aus, auch der Bibliothekar hat
es als eine erfreuliche Zugabe anzusehen, wenn das durch seinen
Inhalt werthvolle Manuscript zugleich die Eigenschrift des Verfassers ist, und der Autographensammler ist selten bis zu der groß-
artigen Unbefangenheit gekommen, daß ihm der Inhalt seines eigenhändigen Papiers vollkommen gleichgültig wäre. Immer aber bleibt
es sicher, daß der Bibliothekar und Archivar auf diejenige Eigenschaft der ihm anvertrauten Schätze den Accent legt, welche dem
Sammler erst in zweiter Reihe steht und ebenso umgekehrt."

Scheue man sich daher nicht, einfach und unumwunden zuzu-
gestehen, daß das Wesen des Autographensammlers eben eine sogenannte
Liebhaberei wie jede andere ist. Diese trägt ihre Berechtigung in
sich selbst, es bedarf dazu weder eines außerhalb liegenden Zwecks
noch der Hinweisung darauf, wie viel berühmte Männer ähnlicher
Schwachheit schuldig befunden worden, ja, daß die Gipfel deutscher
Geistesthätigkeit in Staat und Literatur, daß Metternich und Goethe
eingestandenermaßen derselben anheimgefallen sind.

Ist erst durch dieses offene Geständniß die Wahrheit in ihre
vollen Rechte eingesetzt, so kann dann unbedenklich angedeutet werden, daß die Liebhaberei doch keineswegs ausschließe, an die erwor-
benen Gegenstände eine weitere Bedeutung zu knüpfen. Nur muß
diese nicht auf unrichtigem Wege gesucht werden. Autographen
haben nicht die Aufgabe, das historische Studium zu beleben und
zu erwecken, sie vermögen nicht, den Kunstgenuß der Sammlungen
von Bildwerken zu bereiten, sie können nicht den Nutzen der natur-

historischen Kabinete gewähren; dennoch sind sie nicht als bloße Kuriositäten zu betrachten, sondern es knüpft sich für jeden einigermaßen Fühlenden ein geistiges Interesse an die Personen selbst.

Bei Männern und Frauen, die irgend eine Bedeutung erlangt, an deren Namen und Bild sich irgend eine Reihe von Sensationen knüpft, übt Alles zu ihnen Gehörige einen Reiz aus, der in geradem Verhältnisse mit ihrer historischen Erscheinung selbst steht. Niemand wird ohne Bewegung erfahren, daß der vor ihm stehende Sessel derjenige sei, auf welchem einst Karl's des Großen irdische Reste in dem Aachener Grabgewölbe vorgefunden wurden; das jener Degen der sei, den Franz I. bei Pavia dem Connetable von Bourbon verweigerte, dem Herrn von Lannoy übergab; daß dieser unscheinbare Hut einst das Haupt des großen Friedrich bedeckte; daß jenem Tintenfasse die Schriften entquollen sind, mit welchen Kant die neuere Philosophie begründete; daß jener zierliche Hausaltar die Gebete der noch unglücklichern als schuldbeladenen Maria Stuart empfangen hat. Von Allem nun, was der Mensch hienieden zurückläßt, gehört ihm vielleicht Nichts so ganz eigen an, als seine Handschrift, ein Product seiner geistigen und leiblichen Thätigkeit, ein eben so unmittelbarer und dabei greiflicher Ausfluß seiner Persönlichkeit, als seine Handlungen selbst. Keiner jener eben bezeichneten Reste hängt so innig mit ihm selbst zusammen, bei keinem ist die Gemeinschaft so wenig zufällig, bei keinem daher die Erinnerung so tief und lebendig. Bringt dem Unempfindlichsten, bringt einem solchen, der jedes andere Interesse als sein eigenes Steckenpferd für baren Aberwitz hält, die eigenhändigen Schriftzüge eines jener großen geistigen Agitatoren vor Augen, mit welchen sie einst die Gedanken ihrer Zeitgenossen gelenkt; zeigt ihm auch nur den Namenszug eines der Gewaltigen, deren Rathschluß oder Degen das Schicksal der Welt bestimmt hat, er wird diese Reliquien nicht ohne eine Mischung von Scheu und Theilnahme betrachten können. Ist es daher nicht des Schweißes der Edlen werth, sie vor dem Untergange in sichere Häfen zu bergen?

Die höchste und wichtigste Bedeutung jedoch haben die Autographen durch die Chirogrammatomantie erhalten. Es gewährt nicht allein Genuß, sondern es ist auch wichtig und nützlich, von der Handschrift auf den Charakter schließen zu können. Es ist von höchstem Interesse, sowohl die Eigenschaften von bekannten Personen wieder zu erkennen, als auch bei minder bekannten Männern von den Schriftzügen auf den Charakter zu schließen und vielleicht manches Räthselhafte aus dessen Leben aus seinen Schriftzügen zu enträthseln. Diese neue Seite wird künftig jeder Autographensammlung den anziehendsten Werth verleihen.

II.
Stammbücher.

Die Stammbücher scheinen im 16. und 17. Jahrhundert in Deutschland entstanden zu sein. Der Wunsch, sich Derer, mit denen man in einem näheren guten Verhältnisse gestanden hat, von Zeit zu Zeit erinnern zu können, lag nahe. Und sicher war Nichts sinniger, Nichts bleibender, Nichts einfacher, als eben die Handschrift. Man hat an ihr auch selbst dann noch ein Andenken, wenn die Freunde längst zum ewigen Frieden eingegangen sind. Und welche beseligende Erinnerung an vergangene Stunden ruft ein solches Blatt hervor, wenn der Verwandte, der Freund, der die Schriftzüge mit eigener Hand niederschrieb, vielleicht in fernen Gegenden weilt? Iffland's alter Wanner durchblättert mit seinem Selbert sein Stammbuch, das er von der Universität noch besitzt und spricht: „Alle Jahre geh ich einmal ganz allein in ein einsames Zimmer; da setze ich denen ein Kreuz, die vorangegangen sind, trinke auf ihr Gedächtniß und das Wohl der Lebenden. So ist dies Buch eine Wanderung auf die Gräber meiner Freunde für mich." Der Gebrauch der Stammbücher war ein ehrwürdiger, und nur eine gemüthlose Zeit, die in Lösung der materiellen Fragen ihre Aufgabe sucht, konnte sie verdrängen. Bei unsern Aeltern war das Stammbuch ein theures Erbtheil für die Kinder, daher der Name Stammbuch. Um einen wie viel größern Werth hat nunmehr ein solches Erinnerungsbuch, da wir wissen, daß sich in der Handschrift zugleich der Geist, der Charakter abspiegelt, damit unsere fernsten Nachkommen diese geistigen Richtungen herausfinden und vergegenwärtigen können. Und deshalb wünschen wir, daß diese liebliche Sitte wieder allgemeiner werde.

Fünfundzwanzigster Abschnitt.

Praktische Uebungen.

Verschiedene Beurtheilungen von Handschriften lebender Persönlichkeiten.

1.

Sehnsucht

Diese Schrift? Piccoloflöte, thaufrisch wie das junge Gras und lieblich wie das Johannesfünkchen, das freilich nur an sommerlichen Abenden existiren kann. Zarte Sehnsucht, süßes Hoffen. Eine Bräutigamsphysiognomie, dem vom ewigen Lächeln der Mund langweilig wird —

> Und sie sprach: O blase wieder —
> Und der gute Junge blies. —

Blanke Knöpfe mit Jungfernkranz und veilchenblauer Seide, — das ist das Studentenexemplar, das in Heine's Harzreise „Mimili, Mimili" seufzt. Aber stillbeglückter Damon, das Leben ist zwar schön, aber auch kostspielig, es lacht uns kein ewiger Frühling, auch ist Arkadien heutzutage ein Brachfeld geworden; der Mensch lebt nicht allein von dem, was der Vater erworben, sondern er soll sich auch fragen: Was werden wir essen, was werden wir trinken! Sie sind ein Goldsohn, ein träumerisches Frühlingskind, aber Sie haben weder Willens= noch Thatkraft.

2.

Aufgebot

„Welchen Stand habe ich gewählt?" (Gute Zeiten jetzt ..
Korn theuer ... Weizen theuer ... Mai kühl und naß ...

> Was hilft uns Jasmin, die Viole, die Tulpe, die Rose?
> Laßt Kartoffeln uns baun, diese sind praktisch allein.)

„Wie finden Sie meine Schrift im Vergleich zu andern?" (Ei,
hübsch rund und genährt, sie macht jeden Mittag ihr Schläfchen
und hat gesunde Verdauungsorgane.) „Ich bin schon hoch in den
Jünglingsjahren ... wie muß die Dame beschaffen sein, mit der ich
glücklich durchs Leben gehen könnte?" (Passen Sie auf, sind ihre
Schriftzüge ungefähr wie Erbsenranken, dann liebt sie schöne Kleider und ist ein Spatz, der Ihnen das Korn vom Boden holt; sind
sie gedehnt und liegend, wie das vom Hagel und Platzregen ge-
lagerte Kornfeld, so schläft sie zu lange; sind sie aber stämmig, so
ungefähr wie das Kartoffelkraut, dann bestellen Sie das Aufgebot!)

3.

Beurtheilung

Duftet nach Schule. Sie sind so ein Mann, der Sonn-
abends, wenn die Jungen Vogelnester suchen, ein weißes Hals-
tuch anlegt, den baumwollenen Regenschirm mit dem großväter-
lichen Griffe unter den Arm nimmt und seine Collegen besucht. An diesem Zeichen sollet ihr sie erkennen. Ein Schulmann,
der sich schon lange daran gewöhnt hat, die irdische Glückseligkeit
dem Gedanken, Lehrer des Volks zu sein, unterzuordnen. — Und
Sie haben Recht — da es nun doch einmal nicht anders sein kann.
Es ist ein erhabener Gedanke, der Unsterblichkeit werth, daß wir
nach diesem Jammerthal in Abraham's Schoose mit einstimmen in
das große Halleluja. Sie haben, wie Schiller von Don Carlos
sagt, „ausgebrannte Augen, hoch geröthete Wangen", — sollte die Empfindung Liebe sein? Nein, nein, das sind die Symptome des Kaffee-
satzes, das sind die Reflexe des Goethe=Faust'schen Raisonnements:

Was heißt das für ein Leben führen,
Sich und die Jungens ennuyiren.

Glücklicher Mann, der Jahr ein, Jahr aus seinem Berufe lebt und
aus innerster Ueberzeugung mit seinen Kindern beten kann:

Unser täglich Brot gieb uns heute!

4.

Recht so! Nachdem kein männliches Herz in des Lenzes Tagen
sich in Ihr Herz einnisten wollte, haben Sie es zu einem Blu=
mentopfe ausgehöhlt und Nelken, Levkoien, Lack und Reseda hinein=
gesäet! — Schade, das gäbe einen herrlichen Herzens=Blumen=
busch, wenn es nicht schon zu spät an der Zeit wäre!

Im Sommer such' ein Liebchen dir,
Im Garten und Gefild!
Da sind die Tage lang genug,
Da sind die Nächte mild!
Im Winter muß der süße Bund
Schon fest geschlossen sein,
So darfst nicht lange stehn im Schnee
Bei kaltem Mondenschein!

Ja — — wenn wir noch daran denken, als wir noch jung
waren! Duftender Jasmin, süße Schwärmerei, raunende Rasensitze
und Auerbach'sche Laubengeschichten und nebenan die Weiden, von
denen Sie Sprossen zu den bewußten Körben schnitten, die Sie zu
verschenken pflegten! Holde Sappho! „Hat mich der Genius der
Poesie angelächelt, oder gehöre ich hinter den Küchentopf?" (... Hauch
Gottes, Poesie, o komm mich anzuhauchen, in deinen Rosenduft
die ganze Welt zu tauchen — in deinen Himmeln — müssen Messer
und Gabeln verschimmeln!) — „Passe ich in den Salon?" (Frei=
lich, aber Schaumünzen nimmt kein Krämer — nur eine Curiosität
für Sammler, und die sind selten!)

5.

[Signatur]

Eine einnehmende, Süßholz raspelnde Handschrift! „Wie bin ich?"

> . . . . Er weiß nicht viel zu reden,
> Und Alles, was er spricht,
> Ist immer nur dasselbe,
> Ist nur Vergißmeinnicht!

„Weiß ich mich in die Menschen zu schicken oder . . . ." (Sie sind ein Glacéhandschuh, und der zieht sich nach der Hand!) „Bin ich sanft, oder . . . ." (Sanft wie Latona, nur meinen wir, wer lauter Süßigkeiten ißt, verdirbt sich den Magen.) „Wie kommt es, daß das Geschick . . . ." (Merken Sie sich: Das Glück ist ein Heuschober; zupfe davon, so hast du!) „Wie bin ich im Punkte der . . ." (. . . . ein Frauenhaar zieht mehr als ein Glockenseil!) „Geben Sie mir eine gute Lehre . . ." (Ihre Schrift ist zu süß, sie ist für diese Welt viel zu fein construirt! Werden Sie Mensch, und denken Sie bei Allem wie jener Bauer: Mit der Gabel ist's eine Ehr', mit dem Löffel kriegt man mehr!) „Treu oder flatterhaft?"

> Summ, summ, summ!
> Bienchen summt herum!
> Sucht in Blumen, sucht in Blümchen
> Sich ein Tröpfchen, sich ein Krümchen!
> Summ, summ, summ!
> Bienchen summt herum!

6.

[Signatur]

„Was bin ich?" (Geistliche reinigen das Gewissen, Aerzte den Leib und Juristen den Beutel!) „Meine ich es ehrlich?" (Wo lex voran, da fraus Gespann!) „Sie werden mir in Ihrer gewohnten Weise vielleicht eine Rhabarbertinctur reichen, halten Sie mich für gutmüthig genug, daß ich . . ." (Nur nicht ängstlich! Am Raben hilft kein Bad!) „Bin ich weichherzig?" (Das Brot bäckt nicht im kalten Ofen!) „Können Sie mir sagen, was für ein Landsmann ich bin?"

(Sachs, Baier, Schwab' und Frank',
Die lieben all' den Trank!)

„Wie war ich als Jüngling in der Liebe?" (Viel Zucker in
der Jugend macht ungesunde Zähne im Alter!) „Bin ich beliebt?"

(Man sagt, es sei nicht gut, wo viel Juristen leben,
Es müsse wenig Recht und vielen Zank dort geben.)

„Und wie stehe ich mit meinen Collegen?" (Collegae, qui ejusdem
sunt muneris — der Eine bäckt, der Andere braut! Wasch' du mich,
so wasch' ich dich, so sind wir beide schöne Jungens, sagte Fritzchen!)

7.

Arbeiten

„Die Handschrift, die ich unter 1 beifüge, gehört einem jungen
Manne an, mit dem ich in einem freundschaftlichen Verhältniß stehe,
und die Handschrift unter 2 gehört dessen Vater. Sie gehören der
adeligen, ich der bürgerlichen Sphäre an. Der Vater sieht unserm
Verhältniß stillschweigend zu. Da nun aber neuerdings eine Freun=
din der Meinung war, daß dies lediglich eine Folge anderweitiger
Verpflichtungen sei, da er meinem Onkel schulde, so . . . ."

(Guten Morgen, Marie! so frühe schon rüstig und rege?
Dich treuste der Mägde, dich machet die Liebe nicht träge.
Ja, mähst du die Wiese mir ab von jetzt in drei Tagen,
Nicht dürft' ich den Sohn dir, den einzigen, länger versagen!)

„so geht mir das durch den Kopf. Im Vertrauen auf die reellen
Absichten habe ich Alles gethan, was . . . ."

(Die Sonne versinkt, es tönet das Abendgeläute,
Wohl rufen die Nachbarn: „Marie, genug ist's für heute!"
Wohl ziehen der Mähder, der Hirt und die Heerden von hinnen,
Marie, sie dengelt die Sense zu neuem Beginnen!)

„Leider ist die Liebe blind, und ich sehe nicht, was andere Leute
sehen wollen, nämlich — Adelstolz und kalte Rücksichtslosigkeit; ich
wende mich deshalb an Sie mit der Frage: Meinen die beiden
Herren es ehrlich, würde . . . ."

(Guten Morgen, Marie! Was seh ich? O fleißige Hände!
Gemäht ist die Wiese! Das lohn' ich mit reichlicher Spende;
Allein mit der Heirath — du nahmst im Ernste mein Scherzen —
Leichtgläubig, man sieht es, und thöricht sind liebende Herzen!)

21*

8.

Lü bei... [handwritten signature]

„Ich soll eine Leidenschaft an mir haben, welche ist es?"

> (Was ist das für ein durstig Jahr!
> Die Kehle lechzt mir immerdar,
> Die Leber dorrt mir ein.
> Ich bin ein Fisch auf trocknem Sand,
> Ich bin ein dürres Ackerland —
> O schafft mir, schafft mir Wein!)

„Bin ich bigott oder Freigeist?" (So eigentlich sind Sie gar Nichts — Ihre Kirche hat eine Firma, und man läutet da mit den Gläsern zusammen!) „Bin ich glücklich?" (Je größ'rer Schelm, je größer Glücke; je krümmer Holz, je bess're Krücke!) „Hat mein Name guten Klang?" (Gespalten Geschirr klappert!) „Mag sein, daß ich einige Fehler . . . . „aber Erziehung . . . ." (Ha, ha! wenn der Schreiber Nichts taugt, soll die Feder Schuld haben!) „Bin ich immer thätig, oder lasse ich es manchmal an mich kommen?)" (Unser Herrgott hat viele Kostgänger, sagt ein altes Sprichwort.) „Bin ich bei den Damen beliebt?" (Wie der Spitz in der Garküche.) „Wie ist mein Aeußeres?" (Schöne Hütten, schlechte Sitten!)

9.

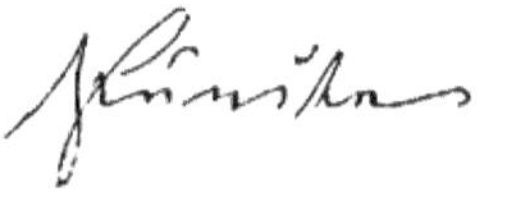

[handwritten signature]

„Entwerfen Sie mir gefälligst zuvörderst in kurzen Umrissen mein Portrait!" (Signalement für den Studiosus juris a + b in W.: Haupt: bemoost — Mund: Mein Lebenslauf ist Lieb und Lust . . . Auge: weg corpus juris, weg Pandekten . . . — Stimme: Auf Brüder, laßt uns lustig leben . . . — Besondere Kennzeichen: Wer niemals einen Rausch gehabt . . .) „Bin ich bei der schönen Welt beliebt?"

> (Manche Schöne macht wohl Augen,
> Meinet, ich gefiel' ihr sehr,
> Wenn ich was nur wollte taugen,
> So ein toller Kerl nicht wär'! . . .)

„Bin ich überhaupt weichherzig und dem schönen Geschlechte zugeneigt?" (Als Ihr Haupt noch nicht mit Moos überwachsen war, als es noch hieß: ... O selig, o selig, ein Fuchs noch zu sein . . . . wie ganz anders war es da, — die guten Zeiten sind dahin! Nur manchmal um Mitternacht, zur Geisterstunde, giebt es Augenblicke, wo Sie sentimental werden können — da sehen Sie im Geiste die Jugendspielräume und Gespielinnen, grüßen die längst entwohnten Schwalben= und Vogelnester — ja, Karl Moor — dann stiehlt sich eine Thräne in Ihre Augen und einstimmen Sie in den Chor:

> Vivant omnes virgines
> Faciles, formosae,
> Vivant et mulieres
> Bonae, laboriosae —

„Ist meine jetzige Handlungsweise die richtige, oder muß ich mich ändern?" (Mein Freund:

denn es kommt eine Zeit ... in der es heißt: Und zur Heimat kehr' ich wieder . . . . nicht in die böhmischen Wälder — — Karl! Karl!)

10.

„Wie ist die Art meiner Liebe? Habe ich schon geliebt?"

> (Mir ist so eigen, ist so trübe,
> Mein Herz strebt in die Ferne fort,
> Es denkt an seine alte Liebe,
> Und träumt den Traum der Liebe fort.)

(Ein entlaubter Flitterkranz auf dem Grabe der Liebe, — die Blumen sind verwelkt, die Bänder verblaßt, und über die Haide fährt der frostige Abendwind! Der Markt der Liebe ist still, der Ofen kalt geworden, und nur die Trophäen der Liebe hangen noch an den zerzausten Aesten des Herzens.) „Ein gewisser Unmuth . . . ." (Wer gut gefrühstückt, dem will das Mittagessen nicht munden.)

„Meine Bestrebungen haben nicht den Erfolg . . . ." (Alles schon dagewesen, — Mancher bringt Nesseln nach Haus und ging nach Myrthen aus.) „Möchte ich gern heirathen?" (Tantalus ward damit bestraft, daß er, vor Durst verschmachtend, in der klaren Flut vergehen mußte, in welcher ihm die Wellen bis ans Knie schlugen und zurückwichen, wenn er seine Lippen benetzen wollte, — ebenso ging's ihm mit einem fruchtbeladenen Zweige, der über ihm hing.) „Denke ich mit Wehmuth oder mit Freude an die Vergangenheit?" (Jeremias auf den Trümmern von Jerusalem! Und dennoch —

> Und dennoch, brächte man dir Lethe's Flut,
> Und spräche: Trink, du sollst genesen sein,
> Sollst fühlen, wie so sanft Vergessen thut,
> Du sagtest: Nein!

Denn, Andromache, deine Liebe stirbt im Lethe nicht!)

www.ingramcontent.com/pod-product-compliance
Lightning Source LLC
Chambersburg PA
CBHW022136020426
42334CB00015B/920